教えるから学ぶへ

― 協同的学びとの出会い ―

丹松美代志・丹松美恵子 [著]

晃洋書房

刊行に寄せて

　授業実践は，現在，歴史的転換を遂行している．旧来の黒板を背にして教壇に教師が立ち，教科書を中心に，前向きに列をつくって座った生徒たちが，教師の指示通りに学習する．この一斉授業のスタイルは，世界各国で 140 年前ほぼ同時に成立したシステムである．この授業システムは，国民国家の構築と産業主義社会の発展という 2 つの推進力によって成立していた．しかし，1989 年のベルリンの壁の崩壊以降のグローバリゼーションによって，国民国家の時代は終わりポスト・産業主義社会の時代に突入して，1990 年代以降，一斉授業は博物館に入り，授業の様式は，学習者中心の「思考・探究」と「協同」による「21 世紀型の学び」へと転換してきた．現在，文部科学省が推進している「主体的で対話的で深い学び」（アクティブ・ラーニング）も本書が主題としている学びの共同体による授業改革の実践も，この歴史的転換の挑戦として位置づいている．

　しかし，これまで「教えること」を中心として遂行されていた授業を，子どもが「学ぶこと」を中心とする授業へと転換し，しかもその学びを「探究」と「協同」による質の高い学びの創造として結実させることは容易ではない．本書は，その道筋を具体的な実践事例によって鮮やかに描き出している．

　本書は，質の高い学びを探求してきた丹松美代志さんの教職生活の集大成というべき珠玉の著書である．どのページにも一途に授業づくりと社会科研究を積み上げてきた丹松さんの控えめながら心のこもった洞察がちりばめられている．本書の冒頭で丹松さんも述べられているように，若い教師たちと教職を志す学生たちに，ぜひ読んでほしい授業づくりの入門書でもある．

　丹松さんと私との出会いは，丹松さんが大阪府池田市の細河中学校校長を務められていた 15 年ほど前のことである．丹松さんの学びの共同体の授業改革はこの時始まった．その後，丹松さんとは，大阪府の社会科教育研究大会，大阪学びフォーラムでもご一緒したほか，何よりも学びの共同体研究会のスーパーバイザーとして，共に多くの学校の授業改革において協同の活動を続けてき

た．

　本書は，若い教師たちと教職をめざす学生のための「テクスト」として執筆されているが，熟練教師にとっても示唆深い内容が多く，私のような教育研究者にも啓発されるところの多い良書である．すべての教師に一読を薦めたい．

日本教育学会元会長　佐 藤 学

は じ め に

　本書は，教職をめざす学生のみなさん，そして若い先生方に読んでほしいと考えて上梓しました．二人の教師の，教師としての愚直な実践を披歴しています．それが，若いみなさんの一助になることを願っています．

　私は，38年間の中学校教員生活の後，大学で中等社会科教育法，生徒指導論・キャリア教育論，教育課程論を担当しています．中学校社会科教員は17年間だけでしたが，社会科教育が私の原点です．

　大学では，歴史学を舟ケ崎正孝先生，岩瀬昌登先生，芳賀登先生に学び，社会科教育学を歓喜隆司先生に学びました．大学の先輩でもある木下百合子先生には，教育学について指導を受けました．40台前半の教頭時代に佐藤学先生の提唱される「学びの共同体」に出会い，大阪府池田市立細河中学校で校長として実践する機会を得ました．この時，元静岡県富士市立岳陽中学校校長の佐藤雅彰先生をスーパーバイザーとして迎え，「協同的学び」について，授業での生徒の姿に即して教えを受けました．5年間の取組みの後，志半ばで転勤し，それが自身の今の学びの共同体スーパーバイザーの原動力になっています．

　AIと共存する時代が身近に迫り，世界初の急激な人口減少社会に突入した日本にあって，未知の世界に足を踏み入れざるを得ない目の前の子どもたちが，困難を乗り越えて自分らしく生きぬく力を身につけるには，対話的コミュニケーションと協同をめざす「協同的学び」が大きな力を発揮すると思います．そこで，「協同的学び」に出会い，「教えるから学ぶへ」と進もうとする私と妻の教師の歩みを披歴したいと思います．

　私事になりますが，妻・美恵子は3度の癌の手術を経験しました．とりわけ，3度目はステージ4という厳しい状況でした．幸い，すばらしい医師団に恵まれ，抗癌治療を続けながら現職復帰を果たし，教職を全うしようとしています．手術の後遺症で声が出にくい中，生徒に助けられ，生徒と共に楽しい英語授業を展開しています．二人の存命のうちに，人として，教師として懸命に生きた証を遺すことが，これまでお世話になった多くの方々に対し，そのご恩に報い

ることになると考えました．また，我が子に対しても，親としての生き様を伝
える機会にしたいと思いました．

　ご一読いただき，みなさんのご感想やご批判をお待ちしています．

　　　2019 年　春　　　　　　　　　　　　　　　　丹 松 美 代 志

● 目 次 ●

刊行に寄せて
はじめに

第1章　教えるから学ぶへ
──「協同的学び」の授業を創る── 1

1 「協同的学び」の授業づくり　（1）
　　──社会科を中心に学生及び若い先生に向けて──
2 大阪府における中学校社会科教育研究の現状と展望　（17）
3 2013年全国中学校社会科教育研究会・大阪大会の
　めざしたもの　（30）
4 「学びの共同体」づくりによる学校変革　（31）
　　──校内研修体制の確立による徹底した授業研究
　　　　　　　　　（静岡県富士市立岳陽中学校の視察から）──
5 池田市立細河中学校の「学びの共同体」　（37）
6 池田市立北豊島中学校での実践　（49）

第2章　「協同的学び」の発展をめざす
おおさか学びの会の活動 65

1 おおさか学びの会の発足　（65）
2 おおさか学びの会の歩み　（66）
3 「学びの会だより」の発行　（70）
4 「協同的学び」に出会って　（70）

第3章　生徒指導・キャリア教育の実践 79

1 生徒を導き，生徒に導かれ　（79）
　　──私が出会った生徒たち──
2 池田市立石橋中学校での実践「『荒れ』の克服から『いい学校』
　づくりへ」　（81）
　　──学校と保護者・地域との協働──

3 池田市立細河中学校での実践「地域と協働する学校づくりから
キャリア教育の構築へ」 （85）
4 池田市立渋谷中学校での実践「教育コミュニティーの核として
の学校づくりをめざして」 （102）
5 池田市立池田中学校での実践「共に歩むことこそ」 （108）

第4章 「協同的学び」のための教育課程アラカルト …… 116

1 学習指導案と授業デザイン （116）
2 授業研究者・実践者としての教師 （121）
3 特色ある教育課程「中学校選択学習から『総合的な学習』を展
望する」 （122）
4 中学校社会科における「適切な課題を設けて行う学習」 （135）

第5章 人権教育・平和教育の構築に向けて ……………… 149

1 同和教育・人権教育の歩みと共に （149）
2 平和教育の構築「池田市立池田中学校の平和教育」 （168）
　　　──解放教育に位置づけた全校平和学習──

補章 社会科教師・英語教師としての礎 ……………… 190

1 社会科教師としての礎 （190）
　　　──日本史研究「近世大坂画壇の先駆者・
　　　　　　　　福原五岳」──

2 英語教師としての礎 （209）
　　　──海外研修，国際交流で学ぶ英語教育──

索 引 （225）

初めて担任したクラスの文集の表紙，
絵は YU 女作

第1章
教えるから学ぶへ
──「協同的学び」の授業を創る──

① 「協同的学び」の授業づくり
──社会科を中心に学生及び若い先生に向けて──

2017年3月，2020年から小学校より順次実施される新しい学習指導要領が告示された．この学習指導要領では，「主体的・対話的で深い学び」が柱となっている．

文部科学省は，この学習指導要領の策定に当たって，2014年11月中央教育審議会に諮問した．それは，児童生徒の学びと社会との接続をめざした，いわゆる「アクティブ・ラーニング」の実現を期待するものであった．それを受けて，中央教育審議会は翌年には中間まとめを公表し，アクティブ・ラーニングが教育界を席巻する勢いであった．学校現場では，アクティブ・ラーニングに取り組むために，とにかく形だけでもグループ学習を導入しようとする空気が強かった．

そもそも，文部科学省が初めてアクティブ・ラーニングに言及したのは，2012年の高等教育の改善に向けてであった．この間，アクティブラーニングの導入に最も積極的だった大学の1つが東京大学教養学部であった．その成果を示した『アクティブラーニングのデザイン 東京大学の新しい教養教育』［永田敬・林一雅編，東京大学出版会，2016年］では，1980年代より欧米の大学が取り組んできたアクティブラーニングを振り返り，次のように整理している．

同書によると，アクティブラーニングには，主に以下の12種類の活動がある．

〈1〉コンセプトマップ：アイディアを図にする

〈2〉協同的執筆：章を分割して執筆し，持ち寄ってまとめる

〈3〉ブレインストーミング：できるだけ多くのアイディアを出す

〈4〉協調学習（協同的学び）

〈5〉ミニットペーパー・自由記述：教員からの問いかけに数分で短文を書く

〈6〉シナリオ・事例研究：教員の用意したものについてディスカッション

〈7〉問題設定学習：学習者が知識や技能を獲得しそれを問題解決に応用するプロセスを教員が支援

〈8〉チーム学習：協調学習の一形態，基礎的な部分は予習として行ってくる，グループで応用問題に取り組む

〈9〉事例設定型教授：問題設定型学習のバリエーション，必要な知識や技能について学び，その後現実の状況に学んだことを適用する

〈10〉パネルディスカッション

〈11〉教えることによって学ぶ・相互教授

〈12〉ロールプレイ・演劇・シュミレーション

この中で，筆者は，本書の中心課題である「協同的学び」こそ，児童生徒が学びの作法を身につけ，学びの主役としての資質を磨く最良の理念であると考えている．

アクティブ・ラーニングの基底には，経験主義の哲学がある．ジョン・デューイは「経験をとおして学ぶ」ことを提唱した．そして，今日の教育心理学の基礎を築いたピアジェは，人間が環境に働きかけて学ぶことを発見し，ヴィゴツキーはそれを発展させて，社会的関係の中で学びが成立するとした．「学びの共同体」は，ジョン・デューイとヴィゴツキーの哲学を理念の柱としている．

新しい学習指導要領が，「主体的・対話的で深い学び」＝アクティブ・ラーニングをめざすのは，世界の教育学研究の当然の帰結である．

それでは，「協同的学び」の授業をどう創ったらいいのか，社会科を例に示したい．

(1) 中学生にとって社会科はどんな教科？
① 中学生は社会科が好き？　嫌い？
　中学生は社会科をどう捉えているのだろうか．次のグラフ（図1-1）は，文部科学省がベネッセに委託して調査した児童・生徒の教科の好き嫌いについてのものである．
　グラフからわかるように，「社会科が好き・どちらかと言えば好き」と答えた中学3年生は40％を切っている．ということは，60％を越す生徒が社会科嫌いということになる．私たちが社会科の授業を考えるとき，この現実を直視する必要がある．
　では，社会科はどんな教科と言えるのだろうか．「先生，社会科はどうして学ばなければならないんですか．覚えることが山のようにあってたいへんです．できればやりたくないですが……．」こんな生徒の疑問に，あなたはどう答えるか……．
　小・中学校の学習指導要領では，社会科の教科目標は「公民的資質の基礎を養う」となっている．また，全国社会科教育学会は『社会科教育実践ハンドブック』[明治図書，2011年]の中で，社会科の目標と学力について，次のように示

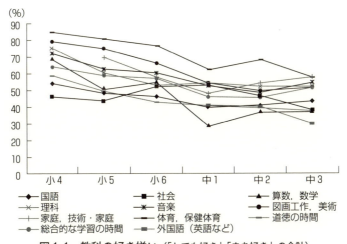

図1-1　教科の好き嫌い（「とても好き」「まあ好き」の合計）
出所）平成16〜17年度文部科学省委嘱調査報告書「義務教育に関する意識調査　中間報告書」，ベネッセコーポレーション，2005年．

している.

　　第1は,「社会をしる」ための力の育成
　　第2は,「社会がわかる」ための力の育成
　　第3は,「社会に生きる」「社会をつくる」ための力の育成
　この社会を「しる・わかる・つくる」が,社会科の教科目標ということにな
る.つまり,社会科は世の中と直結した教科だといえる.問題なのは,私たち
が進めている日々の授業が世の中と直結したものになっているかどうかである.
生徒の生活と結びついている,校区の課題とつながっている,今日のわが国の
課題と重なっている,国際間の今日的課題につながっている,生徒が将来を考
える上で多くの示唆が得られる,というような授業内容になっているだろうか.

② 教科と実社会とのつながり

　教室での学びが社会とつながっていないのは,社会科に限った課題ではない.
2014年11月に文部科学省は次の学習指導要領の改訂に向けて,中央教育審議
会に以下のような諮問をした.

　　ある事柄に関する知識の伝達だけに偏らず,学ぶことと社会とのつなが
　りをより意識した教育を行い,子供たちがそうした教育のプロセスを通じ
　て,基礎的な知識・技能を習得するとともに,実社会や実生活の中でそれ
　らを活用しながら,自ら課題を発見し,その解決に向けて主体的・協働的
　に探究し,学びの成果等を表現し,更に実践に生かしていけるようにする.

　これは,新しい時代に必要となる資質・能力の育成,いわゆるアクティブ・
ラーニングの姿を示したものである.
　どのようにすれば,生徒にこのような資質・能力を培うことができるのか,
このシリーズで一緒に考えていきたいと思う[『社会科NAVI』Vol.13,日本文教出
版,2016年].

(2) 今,求められる社会科授業とは?
① アクティブ・ラーニング登場の背景
　(1)でも触れたように,アクティブ・ラーニングは実社会や実生活とのつなが

りを求めて登場した．2020年から小学校を手始めに中・高と実施される新学習指導要領は，アクティブ・ラーニングの柱として「どのように社会・世界と関わり，よりよい人生を送るか」を掲げている［中央教育審議会教育課程特別部会資料，2015年］．社会科はその中核を担う教科である．

　ところで，我が国の産業別就業人口［総務省，2010年］は，第一次産業4％，第二次産業24％，第三次産業72％である．でも，現状の社会科の教科内容は，第一次・第二次産業が中心である．21世紀の担い手となる生徒には，彼らが生きる時代にふさわしい教科内容を準備したいものである．今後，人工知能やロボットの登場で産業構造は大きく変化し，幅広い知識と柔軟な思考力にもとづく個々の判断力がいっそう重要とされる．そこで登場したアクティブ・ラーニングは，生徒に，主体的・能動的・協同的に学び，思考力を深めることを求めている．

　アクティブ・ラーニングを社会科で実践するには，生徒と実社会・実生活とをつなぐ手立てが必要である．そのために次の3つの視点を大事にしたいものである．

- 「今」：今日的課題，タイムリーな課題，時事問題とつながっている
- 「ここ」：校区や学校のある市町村・都道府県とつながっている
- 「私」：生徒の生活や学校の課題，地域の課題，我が国の課題とつながっている

　例えば，アメリカの多様な民族や移民の問題を取り上げる時，人口減少の始まった我が国はそこから何を学ぶのかにも言及してほしいと思う．他地域の学習をするときは，自分の住んでいる地域とのかかわりにも目を向けてほしい．これらのことは，学ぶ意味を探ることにもつながる．

② 生徒中心の学びへ

　経済協力開発機構（OECD，2010年）は共同研究として「学習科学」を提唱し，学び手中心の学びを提起している．「チョーク＆トーク」の教師中心の授業から，生徒自らが課題を追究し学び合う授業への転換が求められている．「対話と協同」の授業を創るために，机の配置は**図1-2**のようになる．

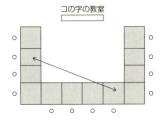

図 1-2　コの字と 4 人グループ
出所）筆者作成．

　生徒中心の学びを実現するために，生徒どうしが互いの表情やしぐさも含めてコミュニケーションをとることのできる学習形態として，「コの字」と男女混合の 4 人グループによる授業展開が行われている．そこでは，聞きたい生徒が必要な時に仲間に尋ねて，学び合っている．今，求められている授業は，生徒自身が教師の支援と仲間との協同で学習課題を追究する授業である［『社会科NAVI』Vol. 14, 日本文教出版，2016 年］．

(3) 対話と協同の社会科授業をつくるには？
① シンプルな授業デザイン

　「学びの共同体」のモデルになったニューヨークのセントラル・パーク・イースト中等教育学校は，かつては生徒の貧困が深刻で，家庭崩壊や非行などさまざまな課題が山積した学校だった．その学校が，学校改革を始めた 1980 年代から今日までニューヨークでトップレベルの学力水準を維持し続け，卒業生の 9 割以上が大学に進学している．そこで，校長として，教師として，改革をリードしたデボラ・マイヤーは 3 つの原則を掲げている［『学校を変える力』岩波書店，2011 年］．

　△ Less is more
　　（少なく学ぶことがより多くを学ぶこと）
　△ Simple is better
　　（カリキュラムと学校組織は単純なほど好ましい）

△ Small is sensible

（小さな共同体によって繊細な関係が可能となる）

そこで，授業デザインを次のような「2段ロケット」で，シンプルにつくる．

〈1〉導入：コの字の体型で，本時の課題に生徒を誘う仕掛けを考える．
〈2〉「共有の課題」：4人グループで，教科書を活用して，本時の基礎事項を習得する．
〈3〉「ジャンプの課題（発展の課題）」：4人グループで，教科書レベルを越える高い質の課題にチャレンジさせる．
〈4〉振り返り：課題が達成できたかを各自が振り返える．

② 導入の工夫

教師の考えた課題を，生徒がいつの間にか夢中になって追究する姿が，授業の醍醐味である．そのためには，具体物（写真，動画，実物，模型等）を用意して，生徒を本時の課題に引き込む必要がある．黒板には，そのねらいと授業の流れを明示したいものである（図1-3）．

③ 「共有とジャンプの課題」の設定

授業の前半は，本時の基礎事項を丁寧に学ばせる「共有の課題」を設定する．教科書の本文はもちろん，図表や写真なども読み取らせる課題を考えたいものである．後半は，「共有の課題」をテコにして，社会科ならではの高い質の課題

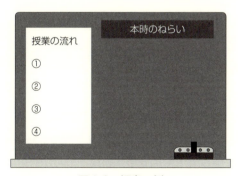

図1-3　板書の例

出所）筆者作成．

に挑戦させる．そのためには，生徒が追究できる資料を用意する必要がある．いずれも4人グループでの学び合いをベースに，時には，それをクラス全体に広げて対話を深める．教師と仲間との対話と協同で，内容を深める資質を生徒に育みたいものである．そのためには，生徒どうしのケアする関係が必要である．

　1人の教師が40人の生徒をケアするには限界がある．生徒どうしの支え合いがあってこそ，一人残らず学ぶことができる［『社会科NAVI』Vol. 15，日本文教出版，2017年］．

(4) 学び合いの社会科授業とは？

① 主体的・対話的で深い学び

　2020年より小学校から順次施行される学習指導要領が告示された（高校版はこの秋に出される予定）．社会科では，従来，公民的分野の現代社会をとらえる見方や考え方として「対立と合意，効率と公正」が示されていたが，今回は小中を通じて全ての分野で社会の見方・考え方の育成が強調されている．

　今回，2014年の中央教育審議会（以下，中教審）への諮問文にあった「アクティブ・ラーニング」の文言はなく，「主体的・対話的で深い学び」という表現になっている．この間，現場ではどんな動きがあったのだろうか．

　毎週，小中高の現場に足を運んでいる筆者が感じたのは，「アクティブ・ラーニング」という言葉が独り歩きして，「とにかくグループ活動を入れた授業をしたらいいんだ」という雰囲気が強かったように思う．でも，理念のないグループ学習は，「生徒が無駄話をする」「進度が遅れる」といった課題も露呈していた．そこで，グループ学習とは何か，学び合いとは何か，について考えてみたいと思う．

② グループ学習のめざすもの

　我が国では，すでに「大正自由主義教育」の時代に小グループの活動が見られた．第二次大戦の敗戦後にも集団主義教育の立場から，「班競争」を核とする小集団の学習が盛んであった．戦前・戦後と長期にわたり国語教育の実践者であった大村はまは，次のように述べている［橋本暢夫『『大村はま国語教室』の創

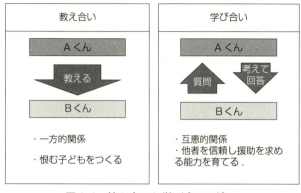

図 1-4　教え合いと学び合いの違い
出所）佐藤学『学校を改革する』岩波書店，2012 年を基に筆者作成．

造性』渓水社，2009 年］．

- 自分の話を相手の人にわかってもらうということ，それから人の話を自分がわかるということなどでも，…グループでないとできないと思います．
- 一斉学習，グループ学習をしていても，それは個人を伸ばすためにあるのであって，個人が伸びなければ，社会は進んでいかないといえます．

「協同的学び」（協働学習，協同学習，学び合い）では，小集団学習を個人作業の協同化ととらえている（図1-4）．

　すべての生徒を主体的・能動的な学び手に育てるには，学びに行き詰まった生徒自らが「わからないから教えて」という言葉を発することが必要である．聞かれた生徒は，単に答えを教えるのではなく，考え方や解き方を誠心誠意答える．一方，教え合いでは，良く分かっている生徒が課題を抱える生徒に一方的に教える関係になりがちである．高い課題にチャレンジする時につぶやきが生まれ，互いの考えを交流するようになり，学び合いが生まれる．継続的・組織的な取組みが，生徒に学びの作法を身につけさせ，対話的な深い学びを引き出すのである［『社会科 NAVI』Vol. 16，日本文教出版，2017 年］．

(5) 対話と協同の授業に教科書をいかす
① 単元計画に教科書の目次を活用する

日本文教出版の歴史的分野の第4編「近世の日本」の「中世から近世へ」の単元は,

1 キリスト教の世界とイスラムの世界
2 つながれてゆく世界
3 ヨーロッパ人の来航と信長
4 天下統一と近世社会の基盤づくり
5 秀吉の海外政策
6 安土桃山時代の文化

となっている. ここからわかることは6時間の授業計画であること, そして, 世界史における大航海時代の中で, 我が国が近世社会を迎えるということである. その時, 世界と日本を結ぶキーワードは銀の生産である. 当時の貿易には銀が使われていた. 教科書 p. 101 の⑥の挿絵「銀の採掘に働かされるインディオ」は, その一端を示したものである. 1526年に博多の豪商・神谷寿禎が石見銀山の開発を始めると, 我が国の銀の生産は最盛期を迎え, 近世のはじめにかけて, 世界で流通する銀の1/3を生産したという. 当時, 我が国は「銀鉱山王国」と認識されていた (1568年にポルトガル人の作成した地図に表記). このことが, やがてポルトガル人による鉄砲の伝来やイエズス会によるキリスト教の布教につながるのである.

② 本文の見出しから本時の課題を探る

本単元の4「天下統一と近世社会の基盤づくり」のねらいを,「学習課題」と本文の見出しから探る. 課題は「天下統一を果たした豊臣秀吉は, どのようにして人々を支配していったのだろう」であり, これに対する答えとして, 見出しの3つを繋いで答えを導き出す (図1-5).

「秀吉の全国統一」により, 全国的に「太閤検地」と「刀狩」を実施し, 荘園制を否定し, 検地帳に記載された百姓が年貢を負担する社会になった (近世社会の到来).

第1章 教えるから学ぶへ　11

図1-5　教科書の活用
出所)『中学校社会歴史的分野』日本文教出版，2015年．

③ 教科書を発展的にいかす

「天下統一と近世社会の基盤づくり」に迫るために，織豊政権の成立を意識して，天下統一は，信長と秀吉によって成し遂げられたことに留意する．そこで，教科書の②「信長・秀吉の全国統一」の歴史地図を活用して，信長と秀吉の統一事業を一体的にとらえることができれば，30年かかった統一事業の全体像がはっきりする．授業のねらいを明確にすることができれば，教科書の再構成が可能になる［『社会科 NAVI』Vol. 17, 日本文教出版，2017年］．

(6) 社会科の深い学びを創る
① 新学習指導要領の移行期間を迎えて

2017年3月に告示された新学習指導要領が，いよいよ2018年4月より移行期間に入る．新学習指導要領は，「主体的・対話的で深い学び」をめざしている．

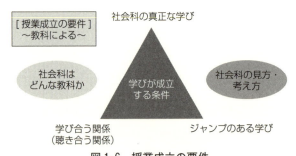

図1-6　授業成立の要件
出所）佐藤学『学校を改革する』岩波書店，2012年を基に筆者作成．

そこで，社会科の深い学びとは何かを探ってみたいと思う．

② 協同学習の視点から深い学びを探る

社会科の真正な学び，すなわち社会科ならではの，社会科らしい学びを実現するためには，「学び合う関係」と「ジャンプのある学び」（教科書レベルを越える高いレベルの課題へのチャレンジ）が必要になる（図1-6）．「学び合う関係」を築くためには，自分の意見を通すことより，相手の意見を聴くことが肝要である．そして，教師には，率先して，生徒の声を聴くことが求められる．

教科書レベルを越える高い質の学び，すなわち，「深い学び」を実現するには，社会科がどんな教科かが絶えず問い直される必要がある．また，新学習指導要領の求める深い学びを実現するための社会科の見方・考え方は，「課題を追究したり解決したりする活動において，社会的事象等の意味や意義，特色や相互の関連を考察したり，社会に見られる課題を把握して，その解決に向けて構想したりする際の視点や方法である」としている［中学校学習指導要領解説　社会編，文部科学省，2018年］．

③ 歴史的分野の深い学び

協同学習の理論と親和性のある「学習科学」では，人はどう学ぶかを研究し，学習者中心の学びを提唱している．そこでは，歴史学者のように学習者が一次資料から歴史を読み解くことを求めている．

深い学びの例として，大阪教育大学附属平野中学校の井寄教諭（2008年当時）の「一遍聖絵から中世社会の特色を考える」という授業（10時間の単元）を紹介

写真 1-1　大阪・四天王寺の門前
出所）大阪教育大学附属平野中学校.

する．国宝「一遍聖絵」から4つの場面を選び，生徒に追究させ，各自に 1000 字のレポートを作成させた．そこには「13 歳の歴史家」が誕生していた．

写真 1-1 は，一遍が最初に布教のため訪れた大阪・四天王寺の門前である．今でも，この門前では彼岸の日に人々が集い，沈みゆく太陽に合掌する姿の見られることを生徒に気づかせ，現代とのつながりを示した．生徒は，一遍聖絵を通して，中世社会と対話し，深い学びを実現したのである［『社会科 NAVI』Vol. 18, 日本文教出版, 2018 年］．

(7) 新聞活用で深い学びを創るには？
① NIE を社会科で

NIE（教育に新聞を！）の取組みが各地で進められいている．総合的な学習の時間や国語科などで取り組まれているが，社会科こそ，新聞の活用が有効な教科である．なぜなら，社会科はこの世の中で起こること，起こったことを対象にしているからだ．新聞を活用すれば，自ずと生徒を社会とつなぐことができる．

NIE の学習は，以下のように多様に展開されている［全国社会科教育学会『新社会科授業づくりハンドブック　中学校編』明治図書, 2015 年］．

①スクラップの切り抜き，さらにはそれらを生かした探究学習などへの展開
②同じ事件や内容を扱った複数紙の記事や社説などの読み比べ

③社説や記事，投書欄などを活用した討論やディベート
④社会的な問題などについての新聞社への投書
⑤学習のまとめとしての新聞づくり
⑥新聞を家族で読んで意見を出し合うなどのファミリー・フォーカス
⑦新聞社見学，新聞記者への聞き取りなどに基づいて新聞を批判的に学ぶ学習

② 新聞活用で社会科らしい深い学びを

大阪府島本町立島本第一中学校の飯島教諭は，毎日，五大紙（朝日，毎日，読売，産経，日経）と地方新聞を切り抜いてB4用紙の両面に印刷して，生徒に読ませている．2017年11月22日のこの学校の授業を紹介したいと思う．

この日は，2・3年生の合同授業である．授業のねらいは，「憲法改正を通して国の形を考えよう」である．

授業では，2・3年生がそれぞれチームを組んで，憲法96条の改正試案（憲

写真1-2 グループの発表

写真1-3 発表に関する質疑

写真1-4 グループ討議

出所）写真1-2～1-4 筆者撮影．

法改正の国会の発議の条件を各議院の総議員の過半数に）や 9 条に自衛隊の必要性を明記する案，9 条改正が徴兵制につながるという護憲の意見等が主張され，報告に対して，質問や意見など論戦が繰り広げられた．それを受けて，生徒は，グループごとに我が国の将来像を思い描きながら，憲法改正をどのように考えるのか深い議論を展開した（**写真 1-2～1-4**）．

③ 新聞活用の成果と課題

普段から新聞に親しんでいる生徒ならではの提案や議論には，社会科のめざす深い学びがあり，シティズンシップの育成におおきな成果をあげている．

NIE の今後の課題は，質の高い情報を見分け，自分自身の考えを多面的・多角的に組み立てることができる生徒を育てることである［土屋武志「真価問われるNIE」『社会科 NAVI』Vol. 5, 2013 年］．その意味からも，普段から生徒が複数紙に出合っている島本第一中学校の取組みが注目される［『社会科 NAVI』Vol. 19, 日本文教出版，2018 年］．

(8) 黒板を有効活用するには？

① 教壇・教卓・黒板のあり様

本年度より，「主体的・対話的で深い学び」が求められる新学習指導要領の移行期に入っている．単元全体の見通しを持ちながら，50 分の授業で，対話的コミュニケーションを軸にする授業展開をめざすには，我が国の近代教育の中で大事にされてきた教壇・教卓・黒板のあり様を改めて問い直すことが必要である．

教壇のある学校はずいぶん少なくなった．それは，教師と生徒が共に授業を創っていくための当然の流れである．多くの教室には教卓があるが，背の高い教卓が生徒の視線を遮り，教師と生徒の距離を隔てることになっていないだろうか．教材・教具を置くためであれば，低い机がサイドにあればいいであろう．黒板はどうだろうか．

② 板書は何のために書くのか

何のために板書するのか，考えたことがあるだろうか．板書の機能は，次の 3 つに整理できる．

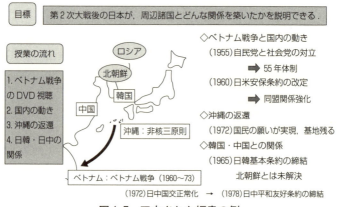

図 1-7 工夫された板書の例
出所) 筆者作成.

① 教師が自分の伝えたい情報をまとめ，整理したもの
② 生徒の意見を整理し，要点をまとめて書き，議論を促すもの
③ 生徒に，実際に問題を解かせて，答えを導く過程を確認するためのもの

中学校社会科の授業では，圧倒的に①が多く，生徒が機械的に板書を写す光景をよく見かける．分量が多ければ，時間もかかる．板書は，生徒が間違ったとき，分からなくなった時に参照するための情報をストックするものである．そして，教師と生徒による授業を創るには，黒板を活用して，本時のテーマと目標，本時の流れを全体で共有する必要がある．

そこで，図 1-7 のような板書を求めたいと思う．分量はコンパクトにし，地図・年表・写真・図表・チャート図などを活用したいものである．

③ ネーム版の活用で価値判断の授業

大阪教育大学附属平野小学校の安野教諭は，前述の②の板書をしながら，児童に価値判断を迫り，意思決定を行わせる授業を展開している．

写真 1-5，1-6 は 2016 年 3 月 7 日「(5年) TPP と私たちのこれからを考えよう」の研究授業の場面である．板書とネーム版を活用し，深い学びが成立して

写真 1-5　ネーム版の活用
出所）筆者撮影.

写真 1-6　タブレットを活用した児童の発表
出所）筆者撮影.

いる［『社会科 NAVI』Vol. 20，日本文教出版，2018 年］．

　学び手である生徒中心の学びの確立に向けて，対話と協同を軸にした協同的学びの必要性がますます高まっていると言える．プロジェクト型の多様な意見のすり合わせによる深い学びが，先行き不透明な今こそ，求められている．

② 大阪府における中学校社会科教育研究の現状と展望

(1) はじめに

　筆者が初めて大阪府公立中学校社会科教育研究会（以下，府中社）のメンバーとして活動を始めたのは，池田市立渋谷中学校の新任教頭として赴任した 1993 年である．この年，豊能地区代表の理事として参加し，以後，地区代表の常任理事，そして副会長・会長を歴任し，現在は顧問を務めている．また，2009 年より，近畿中学校社会科教育研究会（以下，近中社）会長・全国中学校社会科教育研究会（以下，全中社）副会長として活動した．

　府中社の参加校は，府内の全公立中学校 464 校と 2009 年度から参加の大阪教育大学附属中学校 3 校の計 467 校である．府中社の悩みは，役員が各市町村の校長会の役割分担で決まる場合が多く，継続した研究体制が組織しにくい点である．その点，大阪市教育研究会中学校社会部（以下，市社会部）は，研究体制が確立しており，大阪の社会科教育研究の牽引役を果たしてきた．

(2) 大阪における全国中学校社会科教育研究会全国大会の歩み

大阪では，過去3回全国大会を開催しており，その経緯を振り返ってみたい．

① 第19回大会（1986年）

この頃は，全中社が組織拡大を図っている時期で，全国大会を開催する都道府県がなかなか決まらない状況にあり，今日のように20〜30年後の開催地に立候補する都道府県が後を絶たない現状とは隔世の感がある．そんな中で，市社会部が単独で第19回全国大会を開催した．大会研究主題は「やる気を育てる指導と評価——社会科学習における形成的評価の研究——」である．大会誌から紐解いてみたい．

大会実行委員長の上野和平校長によると，1976年度より学習内容の精選を中心に「何を教えるか」という問題に取組み，1978〜79年度はそこからは発展して「どう教えるか」について考え，学習計画を作成した．そして，1980年度以降，確かな学力を身につけさせるために，「どう教えたか」ということを見返ることが重要な課題であると考えるようになった．そこで，1983年度から大阪大学人間科学部の梶田叡一助教授を迎えて指導と助言を得た．大会当日も梶田氏に「確かな学力と個性的成長を」と題して記念講演をお願いした．指導と評価の一体化に向けて，学力を保障するために，教師は教えたツモリ，こうやったら生徒がわかるハズ，といった「ツモリ・ハズ」の主観的なやり方ではなく，本当に生徒が理解できたかを見極める対応をめざした．そこで，「学習目標総括表」を作成し全体計画を示すとともに，「知識・理解」「資料活用の能力」「問題発見の能力」「社会事象に関する関心・態度」の各項目の観点を明らかにし，「学習目標分析基礎表」で各単元の評価の観点と「他分野との関連」を示した．さらに，「学習指導計画一覧表」で各単元の配当時間を明示し，評価しつつ指導を進めていくという手法を，あらかじめ計画化した．そのため，例えば歴史的分野では140時間の内，単元学習に103時間を配当し，各単元に1〜2時間ずつ計14時間を形成的評価の確認に充てた．また，歴史的分野では，「身近な郷土資料を活用し，歴史学習への興味と郷土への関心を高める」「人権尊重の観点から，社会の矛盾を見抜き，身の回りの不合理な差別を許さないとする態度を育てる」の2点を重視した．そして，形成的評価を行うために，生徒の

学習到達度を確かめるものとして「基本目標」（具体的な個々の知識）・「中核目標」（因果関係などの総合把握）・「発展目標」（時代の流れや世界史的視野）の三段階の評価基準を作成した．すべての生徒に中核目標の段階まで到達させたいと考え，中核で「確認」し，補充で「基本」を，深化で「発展」へというパターンを基本に考えた．そして，実践する中で，原則として毎回1回は「確認」を行うこととし，単元の終わるたびにノートに自己評価を書かせた．

　取り組んだ結果として，「毎時間の授業の中で補充と深化の学習活動をどう両立させるか」「知識理解以外の目標について『確認』の方法はどうか」「一斉指導の中で個別指導をどう生かすか」「それらを含めた授業改善をどう進めるか」という4つの課題が浮上した．この大会について，当時の全中社高山会長は「当面する教育課題の中で最も解決困難とされている課題に取り組んだ研究」と高い評価を与えた．この時期は，1977改訂の学習指導要領で歴史的分野と公民的分野の時数がそれぞれ35時間削減された中であり，その対応を迫られていた．この大会は，大阪府の社会科教育研究が全国的にも高いレベルにあることを示すとともに，その後の府内の社会科教育研究の素地を築いた画期的なものである．

② 第 26 回大会（1993 年）

　再び，大会誌から紐解いてみたい．大会は，市社会部部長の山本坦校長を実行委員長に，「ひとりひとりが生きる授業——問題を発見し追求する能力や態度を育てる指導の在り方——」を研究主題に取り組んだ．この年は，情意面をより重視した新しい学力観を標榜する1989学習指導要領の全面実施の年に当たっていた．山本校長によると，「本大会では具体的で実践的な，また，民衆に視点を置いた学習に留意するなど，大阪らしさを発揮した指導のあり方を提示することを目指しました．公開授業では，三分野とも大阪をフィールドとし，各々分野の特色を生かし，作業的・体験的な学習を含めた『課題学習』の事例を示します．」としている．記念講演は，前回大会に引き続いて大阪大学の梶田叡一教授に「ひとりひとりが真に生きる教育を」と題してお願いした．大会運営は府中社と市社会部の共同開催の形をとっているが，府の取組みは堺市の地理的分野の研究発表があるのみである．内容的には，前回の形成的評価の実

践が，いわゆる「落ちこぼれ」をつくらず，わかる授業をめざしていたことを引き継いでいる．そこで，基本目標・中核目標・発展目標の3つの段階において評価基準表を工夫し，例えば地理的分野では地域の規模・現状の考察・将来の展望とし，歴史的分野では時代の大観・時代の考察・深化とした．また，問題発見の能力への取組みについては，大阪市では1973年から1991年までの指導要録の観点に「問題発見の能力」を挙げ，その趣旨を「科学的な認識に立って，社会的事象を多面的に考察し，矛盾や不合理に気づき，問題を発見することができる」とした．そして，新しい指導要録の観点にある「社会的な思考・判断」の趣旨として「社会的事象から課題を見出し，多角的・多面的に考察して，社会の変化に的確に対応し，公正に判断する」とあり，「問題発見の能力」はこの中に含まれると判断した．問題発見の能力は，学習者である生徒が，自らの「問い」をもつことから始まり，それを追求する授業展開の中でこそ育つものである．そのためには，具体的に見る，関係的に見る，視点を変えて見る，大きな視点から見る，など繰り返して継続的に指導することが必要である．さらに，人権尊重の視点については，人権尊重の立場で教材を選択し授業を展開していくことが大切である．「民衆」に視点を置いた教材内容の構成に心がけたり，社会的事象を取り上げる場合，人間や生活とのかかわりあいを重視する，などである．そして，授業の過程においては，一人ひとりが自由に多様な発言ができる学習集団づくりも大切である．授業の中での発言について，級友から笑われたり，無視されたりすることがなく，どのような発言にも耳を傾け，互いに認め合い，支え合う学習集団の育成を目指した．また，年2回の課題学習を計画し，1回の課題学習に歴史的分野では10時間前後，公民的分野では5時間前後というまとまった時間を配当した．これは，調査や表現活動（発表や新聞づくりなど）に当てるためである．そして，歴史的分野では課題学習に当たって，生徒一人ひとりが役割分担を持ち，いきいきと活動するためには，一班5〜7人の班編成がよいと考えた．

1969年指導要領改訂から「π型」に変化する中で，1977年改訂・1989年改訂を経ても，大阪では引き続き「座布団型」が主流であり，大阪独自の研究を進める気風が強い．ともあれ，今日に繋がる府中社・市社会部の共同研究の端緒が開かれた意義は大きい．そして，その発展として，1995年に府中社・市社

会部が近畿の他の府県に働きかけて近中社を立ち上げ，今日に至っている.

③ 第 34 回大会（2001 年）

　筆者が準備大会から本格的に参画した大会である. 次年度に新教育課程への移行と学校週五日制の完全実施を控えて，市社会部部長の藤井俊弘校長を実行委員長に「一人一人の学びが育ち，『生きる力』が身につく社会科学習——参画・探索そして表現へ——」という研究主題で取り組んだ. 記念講演は，京都大学の山﨑高哉教授に「今日の教育改革と社会科教育」と題してお願いした.

　この大会では，過去 2 回の全国大会を次のように振り返った. 第 19 回大会では，到達目標を明確にし，「落ちこぼれ」を作らず，一人ひとりを大切にしたわかる授業をめざすためにはこの「形成的評価」を取り入れた指導は有効であった. しかし，そこで問われた学力は，知識・理解が中心であった. 第 26 回大会では，生徒が興味・関心を持ち主体的に学習しようとする意欲や態度が「調べ学習」では見られたが，発表では単に調べたことを発表するだけに終わった感があり，生徒一人ひとりの生き方や話し合いを通じて生徒自身の高まりまでは至らなかった. そして，今大会に向けて，基礎・基本を重視した重点化・焦点化による厳選を図った.「一人一人の学びが育つ」主題は，人権尊重の視点からの取組みである. 知識のみではなく，学習の過程を重視する中で「学び」のスキルと態度の育成に重点を置いた. また，表現活動においても一人ひとりが自由に多様な発言ができ，互いに認め合い・支え合う学習集団の育成をめざした. 今回の主題は，従来の研究・実践を発展しつつ，生涯学習を視野に入れ，「一人一人の学び」を育て，激動の時代にたくましく「生きる力」を身につけさせる社会科学習のあり方の研究・実践であり，人間尊重の精神を基盤としたものである. 1998 学習指導要領のめざす学びは，自己教育力としての学びであり，端的にいえば「問題解決能力」である. 社会科の特質としては，資料等に基づき，一面的にならないように留意して，多面的・多角的に社会の成り立ちやあり方を追求することである. 今回の主題で取り上げた「参画」は，教師主導の講義形式を脱し，生徒主体の学習を創造するためには，生徒自らが課題を発見し，調べ方や学び方などの学習方法を計画する必要があると考えた. 生徒が自ら問題を発見することにより，学習への参加の意欲が喚起される. また，「表

現」については，生徒自らの経験や価値観により自らの意見を持ち，言葉・文章・地図・グラフなどにより意見を表明し，論議・論争の集団的思考を通して，生徒自らの意思の決定や行動ができる資質や能力を身につける必要があると考えた．そして，攻撃的ではなくかつ自分を抑え込まないで自分の思いや考えを相手に伝えるコミュニケーションが，互いに切磋琢磨し合う中で自己を見つめ，意思決定や行動ができる資質や能力を育て，社会性を培うとした．市社会部がこれまでの大会から継続して取り組んできた評価基準表については，横軸を「学び方」，「知識・理解」，「表現」の３つに分けた．そのうち，「表現」については，地図・グラフ・図等で描くことができる技能や能力のみならず，「学び」によって自分なりに判断した考えを他者に伝えようと発表したり，主張したり，行動したりする表現力が備わったかを評価する．また，他者との集団思考を通じて，人の話をよく聞き，自己を見つめ，社会の一員として自覚し行動できる社会性の評価もある．縦軸は，今回の研究では基礎・基本による厳選を図ることをより重視しているため，従来の基本目標と中核目標をひとつにまとめ基本(中核)目標として基礎・基本の明確化を図った．発展目標については，学習をより深化・発展させるものとして位置付けた．

　今後の課題は，自己達成感や自尊感情を育む自己評価・他者評価のあり方について研究を深める点である．教師の役割，評価の実践，選択社会や総合的な学習との関連については，引き続き研究していきたい，と総括した．今大会の成果は，企画の段階から府中社と市社会部が共同研究を進め，公開授業は３分野とも大阪市が担当したが，大阪府を北部・中部・南部の３地域に分け，それぞれの地域が各分野の研究提案を行ったことは，大阪の社会科教育研究の推進の上ではたいへん有意義であった．このように共同研究が大きく前進したのは，当時の府中社会長の木下義尚校長の功績が大きい．

⑶ 研究の転機となった第 13 回近中社大阪大会（2007 年）

　これまで見てきたように，大阪では３回の全国大会を経験し，社会科教育の本質を追求しようとしてきた．しかし，残念ながら現状の社会科の教室は旧態然としていると言わざるを得ない．指導内容が多いことを理由に，教師主導の一斉画一型の授業を抜け出せない．教師は声高で多弁で，生徒は受け身になら

ざるを得ない．生徒は，ひたすら聞き，板書を写し，覚えることが仕事になる．生徒が，必死に課題に向かったり，共に学ぶ姿勢を求めるには無理がある．時には，穴埋め式のワークシートに書き込むことが授業の中心になる．「公民的資質の基礎を養う」(学習指導要領の社会科の目標) には程遠い現状がある．これでは，社会科は「暗記科目」と言われても仕方がない．

筆者は，1990年代後半に「学びの共同体」に出会った．そして，2003年に池田市立細河中学校で，校長としてその研究推進を図った．「学びの共同体」は東京大学大学院教育学研究科佐藤学教授 (前日本教育学会会長) が提唱者である．すべての生徒の学びの保障をめざして，コの字型の座席・男女4人の小グループを活用した授業・「共有とジャンプのある学び」をめざし，そこにこそ小グループの活動を入れる．授業改革のモデルは，静岡県富士市立岳陽中学校である．岳陽中学校は，「活動的で協同的で表現的な学び」を教育目標にしている [佐藤学・佐藤雅彰編著『公立中学校の挑戦』ぎょうせい，2003年，及び本章4]．「学びの共同体」では同僚性の構築をめざし，教師の専門家としての学びを保障する．「学び続ける子どもは崩れない」という確信のもとに，子どもの学びの保障と学びの挑戦をめざす．学びは，モノ・他者・自己との対話である．教師は「学びの専門家」「学びのデザイナー」としての役割が期待される．

2004年，東京大学大学院教育学研究科が事務局となり「教育のアクションリサーチ研究会」が発足し，本年度で7年目を迎えている．この研究会は，佐藤学教授を会長に「学びの共同体」をめざす全国の小中高の教師が集い，ビデオ収録した授業の検討会を中心に運営されている．筆者は，その中心メンバーである岳陽中学校佐藤雅彰元校長の勧めでこの研究会に参加し，現在はスーパーバイザーを務めている．

そこで，筆者は2004年に大阪の社会科教育の改革を求めて，府中社・市社会部に対して「学びの共同体」に挑戦する提案を行った．当然，一教科の研究会として学校の組織を挙げての取組みを提案するわけにはいかない．そこで社会科教育の改革を求めて「協同的学び」の追究をめざすことにした．取組みは，2004年度の放送大学「教育の方法」(担当，佐藤学教授) の第15回の視聴からスタートした [佐藤学『教育の方法』左右社，2010年]．その後，毎年4回程度のビデオによる授業検討会を重ねた．そこでは，大阪教育大学社会科教育研究室の木

下百合子教授の参加を得て，指導助言を受けてきた．検討会の参加者は30～50人であり，若手の教師が多い．研究会で活用するビデオは，会員自身の授業収録したもの・「学びの共同体」のネットワークで入手したものを活用する．後者の場合は，パイロット校の事例に触れ，授業デザインや「聴く→つなぐ→もどす」の展開方法，そして「より質の高い課題への挑戦」について学びたいとの思いからである．授業検討会は，「教室の事実」を基に，生徒がどこで学び，どこで学びから離れているかを出し合い，参加者は1回以上発言するスタイルをとっている．

　そんな中，2007年，近中社大阪大会を府中社と市社会部が共同開催するに当たり，研究主題を「一人一人の学びを見つめ，育てる社会科学習——評価の視点を取り入れた協同的な学びの創造——」とした．研究会は，3分野の提案授業を基に，「教室の事実から語る」授業研究を柱にした．そして，府中社が初めて公民の提案授業を担当した．従来の公開研究会は，ほとんど研究発表がメインで，研究授業が中心となる研究会は皆無と言ってよい．記念講演は，佐藤学教授に「協同的な学びによる社会科授業の改革」と題してお願いした．「協同的な学び」の実践は，緒についたばかりであったが，間違いなく，大阪における取組みの裾野を広げた．

(4) 社会科における「協同的な学び」の追究

　第13回近中社大阪大会に向けての準備から始まった府中社の「協同的学び」の取組みを振り返り，今後の展望を探りたい．

① 近畿大会の取組み

　大会誌及び大会報告集から振り返ってみたい．大会に向けての取組みから「協同的な学び」については，「座学から『活動的な』学びへ」・「一方的な伝達・説明の授業から『対話的』学びへ」・「一斉授業・個人的な学びから『協同的』学びへ」・知識の習得・暗記型の学習から『探究・表現する』学びへ」との認識に到達した．大会当日に大阪府が担当した公民的分野の研究授業から到達点を確認したい．

　授業者は，池田市立細河中学校の森山聡子教諭である．単元は「私たちの生

活と経済」で，指導計画は「消費と貯蓄」1時間・「消費者の権利と保護」1時間・「生産のしくみ」3時間・「流通のしくみ」2時間（本時はその2時間目）の計7時間である．単元目標は，「経済活動の意義や生産・流通・消費といった経済の大まかなしくみを，身近で具体的な事例を通して理解させる．調査・作業等さまざまな課題学習を行う中で経済への興味・関心を高めさせる．」の2点である．本時の目標は，「実際の商品の価格がどのような要因で変化するかを考えさせる．」ことである．授業デザインは，一斉授業（コの字型）で「よのなか科」の手法を取り入れて「風が吹けば桶屋が儲かる」から，自分なりに「風が吹けば……」の続きを考えさせながら，「世の中は繋がっていて思いもかけないところに影響が出る」ということが経済の学習にもあてはまることに気付かせる．そして，個人学習から4人班になり「自分で調べてきたレポートや新聞記事から結論を選び，原因を探る」ことでそれを価格に置き換えて考えさせ，それをコの字に戻して共有化を図る，というものである．当日の授業は，会議室を教室に見立てた環境であったが，しっとりした雰囲気で進んだ．

　この教室の事実として，対話的な学びについて，指導助言者の河原和之「授業のネタ研究会」常任理事は次のように評価した．

　まず特徴的な個の学びができている．新聞のスクラップを授業で生かしている．情報を読み取る力は良かった．因果関係も良かった．個の学びでやったことを班で行うのは無理ではない．需要と供給の教え方，ものの見方，考え方まで踏み込んで考えさせている．どうして富士山のジュースは高いのかなど素朴理論を克服している．日常の社会から価格の本質を見ている．見えるものからいろいろな情報を整理して，見えないものを導き出している．今日の授業から次のステップは難しい．子どもは黙々と板書をしていたが，あれは板書がいいのか，板書せずに考えさせてもいいのではないか．「温暖化→価格上昇」このことを通して地球環境問題から価格に結びつけている．教室全体が学び合っている雰囲気があった．

　もう一人の指導助言者である大阪府教育委員会上申和則指導主事からは，次のような批評を得た．

　今日の授業はアットホームで，中学校も楽しいなーと思った．安心できる雰

囲気があった．従来の授業から脱皮するために新しい試みをしている．一斉授業は，効率はいいが受け身になってしまう．日本の子どもを前向きにさせるためには，「暗記社会」ではなく，本物を持ち込む授業をする工夫が必要である．本物とは何か．史実に基づいた点で，今日の授業は弱い．根拠に基づいて授業をしなければならない．子どもの学習意欲をかき立てるような本物教材を用意することが必要である．授業が淡々と流れてきた時に，思考の揺さぶりが大切である．比較するものがあればとっかかりやすい．独占価格の場合なども，子どもの追求に耐えられる教材，データを用意する．例えば計算すれば答えが出るなどの数字も取り入れればよい．社会科は間口を広げれば収拾がたいへんである．「なぜ？」が難しければ「どっちを選ぶ？」という問いかけでもいいのではないか．コの字の段階で，隣に聞いてみてそれから意見を発表してもよい．

大会研究部長の大阪市立加美東中学校の李洪俊教諭は，「協同的な学び」の追究の視点から今後の研究課題を5点挙げている．

〈1〉教師の専門性と力量を高めることが最も重要な課題である．
〈2〉教師の同僚性と授業検討会の充実が必要であり，その条件づくりが課題である．
〈3〉年間計画及びカリキュラム・学習内容を工夫する課題がある．
〈4〉「学び」のための教材開発が求められている．
〈5〉ワークシートの分析と評価に関する交流と実績の積み重ねの課題がある．

② 府中社授業検討会

年4回程度実施している授業検討会の一例として，2010年6月16日に実施したものの概略を振り返ってみる．検討会に使ったDVDは，佐藤雅彰氏の撮影・提供のものである．授業は昨年度岳陽中学校で実践されたものである．映像資料は，基本的に前方の窓際でとる．学びがどこで成立し，どこで切れているか，生徒の表情を中心に撮影する．したがって，授業者や提示資科・板書などは必要最少限の撮影となる．今回の授業のテーマは「伊藤博文とアン・ジュングン——暗殺者が英雄か?!——」である．毎回，進行役を務めている筆者が，

あらかじめ授業の流れを時間配分とともにプリント配布した．授業デザインは，4人班で伊藤とアンのさまざまな時代の顔写真を確認した後，授業者が用意した個表を並べて伊藤に関する年表作りをし，この年表を手掛かりにコの字に戻して，年表から何がわかるか考え，再び班にして年表の疑問点を追求するというものである．班活動に委ねられた時間は22分である．具体物として用意されたのは，2人のさまざまな時代の顔写真・年表の個表（黒板にも）・伊藤暗殺の韓国の動画資料・アンが収監中に書いた書，である．教室には各班で活用できるだけの複数の資料集・歴史事典が用意されている．参加者には，あらかじめ，全員発言とDVDから見てとれる教室の事実に基づいて発言することを求めた．参加者の発言を拾ってみる．

- 年表で時代背景が捉えられる．
- 子どもが授業に入りやすい環境になっている．
- 韓国のビデオはどのようにして手に入れたのか．
- あそこまで先生の指示が入るものなのか．他教科でもこのような取組みをしているのか．
- ポイントになる部分ははっきりしているが，資料が多い．
- 生徒のつぶやきを拾っている．まとめはしないのか．
- 教科書を使わず，高校の内容に近い．
- 選択社会の授業か，オプションの授業か．
- 昨年から学校を挙げて取り組んでいるが，行き詰まっているのは，コの字の時どのように子どもに発言させるか．
- 考えさせる授業だった．
- いい意味で，子どもの目線がショック．具体的な課題があれば子どもはくらいつく．
- 我々の意識改革が必要である．
- 教材設定がすごい．
- （木下百合子教授）歴史で，これだけは教えておかなければならないもの，正しいものがあるという前提になっていないか．世界的潮流では，相対的なものと捉えている．今日の授業では，「伊藤がなぜ暗殺されたのか」「アン・ジ

ュングンは英雄か」という2つの問いを持った. 本当は1つで良かったのではないか. 年表を丹念に作ったことで, 子どもが課題意識を持った. そこに課題解決型の授業になりうる要素が生まれた. 課題解決については, 教師は待ち, 子どもに委ねる. 考える教材が必要である.

毎回, 授業検討会のメンバーは変動しており, 「協同的な学び」の理論を基に深めることが難しい. 特に, 具体的な子どもの姿を基に, 個々の子どもの学びがどうなっているか, という視点は弱い. しかし, 着実にすそ野は広がっており, 若手の参加者が多い. 今回の授業を見た初めての参加者からは, 率直な感想として, 授業のレベルが高いことに驚きの声が上がっていた. 高いレベルへの挑戦が大きな課題で, そのことが日常の授業で実践されていることを理解するいい機会になった. スーパーバイザーとして, 佐藤雅彰氏には, 年2回, 検討会に参加いただいている.

(5) おわりに

大阪の地で「学びの共同体」の取組みが弱いのは, 「学校づくりとしての授業改革」の視点が弱いのも一因ではないかと考える. 「学びの共同体」に取り組む学校は着実に増加しており, 確実に成果を示している学校も多い. 「学びの共同体」の大阪版ネットワークを構築したい. 府中社としては, 2013年の全中社大阪大会に向けて引き続き「協同的な学び」の取組みを進め, 授業デザインの研究を深めたい. 同和教育・人権教育の研究の先陣を切ってきた大阪だからこそ, 「協同的な学び」においてもそのような役割を果たしたい. そして, 授業検討会に若手教師の参加が多いことに明日への希望を見出したい.

注記

中学校での「学びの共同体」としての実践の成果が刊行されたのは, 2000年の佐藤学・新潟県長岡市立南中学校による『地域とともに「学校文化」を立ち上げる』[明治図書]が初めてである. 続いて, 『公立中学校の挑戦』が2004年に刊行され, 中学校での「学びの共同体」のモデルとなった. 2010年度に入り, 茨城県石岡市立柿岡中学校の取組みが岩本泰則前校長により『「学びの共同体」をめざして』[一茎書房]として刊行された.

第1章 ▌教えるから学ぶへ　29

資料　池田市立細河中学校の「学びの共同体」のめざすもの（「2006 年学びと人権Ⅵ」より）

１．班活動（4人班）を進めるための5つの原則
　⑴ わざわざ，教える必要はない．全く動きのない人には，「どうしたの？」と声をかける．
　⑵ わからなければ，先生に聞く前に，班の人に「教えて」と尋ねる．
　⑶ 「教えて」と言われた人は，わかるまで誠心誠意教える．
　⑷ それでも困難な生徒には，授業者がきちんとついて指導する．
　⑸ 班替えと座席位置の交代は柔軟に行う．
２．班活動を使う授業の流れの例　　※当然，他の進め方のパターンもある．
　⑴ 演習による班活動（5分程度）
　⑵ 一斉またはコの字で課題提示
　⑶ 探求による4人班の活動（20～30分）
　⑷ コの字を使って全体発表（ただし，班の答えではなく個人の考え，全体でまとめない）
　⑸ 必要に応じて班で全体発表の再確認→本当に分かったかを班で確認
３．生徒の活動をつなぐための言葉かけの例
　⑴ 「今のことを隣の2人でお互いに言い合ってみよう．2人が互いにわかれば合格．」
　⑵ 「Aさんはここまでわかったんだね．さあ，ここから続きを説明できる人いるかな．」
　⑶ 「Bさんは，そう考えたのか，なるほど．それについて，Cさんはどう思う？」
４．「聴く」ことをどう進めるかの例
　⑴ 前の人の意見を聞いて（受けて）
　　•「〜さんの意見について，〜の部分は同じですが，〜については○○と思います．」
　⑵ 班で相談するとき
　　•全員の意見を聞いて，自分の考えをもう一度振り返らせる．
５．授業検討会で議論すること→検討の視点
　⑴ 対話のある授業をつくっているか
　　•対話や話し合いは「聴くこと」であることを生徒に意識させる．
　　•50分の中で「聴く」「対話する」．
　　•一人の発言を全員に返す（つなぐ）．
　　•1時間の授業形態の工夫（場面ごとの一斉，班席，ペアの使い分け）．
　　•わからないことを互いに（班に返して）聴き合う雰囲気づくり．
　　•教材（課題）に対して協力して取り組む．
　⑵ 学びを深める（自分のものにする）ための工夫
　　•「問い（疑問）→探究→表現（解決）」という授業の流れを確立する．
　　•具体物の活用．
　　•全員が背伸びできる（新しい概念の獲得，考えを深める）ときを作る→高い課題に挑戦．

出所）『大阪教育大学社会科教育学研究』第9号，大阪教育大学社会科教育学会，2010 年．

③ 2013 年全国中学校社会科教育研究会・大阪大会のめざしたもの

　2013 年 11 月にクレオ大阪中央及び大阪教育大学天王寺キャンパスにおいて，大阪では 4 回目となる全国中学校社会教育研究大会・大阪大会が開催された．筆者は，大会顧問としてこの大会に参加し，歴史的分野の指導助言を担当した．これに先立ち，2007 年の近畿中学校社会科教育研究大会・大阪大会では，筆者の提案により，協同的学びによる地理・歴史・公民の公開授業を行った．その間，全国大会に向けての理論研究と共に授業検討会を重ねてきた．

　全国大会では，各分野とも 2 本の公開授業を実施し，それぞれの授業について各 1 時間の授業カンファレンスの時間を設定し，授業中心の研究会をめざした．教科の研究会で，授業研究が柱になるのは画期的なことである．そして，記念講演は佐藤学氏（東京大学名誉教授，学習院大学教授）にお願いした．佐藤氏の講演の演題は「授業研究の伝統と革新──学びを中心とする教育の創造──」である．その講演の骨組みは，21 世紀の社会と教育・変わる世界の教室・授業研究の歴史の概要・大正自由主義教育による授業研究の革新・新教育における授業研究の革新・戦後教育における社会科の誕生と授業研究・大学における「授業科学」の成立・授業研究のパラダイム転換・社会科の授業研究の革新へ・学びの成立要件，といったものであった．記念講演・研究授業・研究協議が一体となって協同的学びを深めるものとなった．

　準備段階では，協同的学びを教育の手法ととらえる議論があった．模擬授業やビデオカンファレンスを通じて，ヴィゴツキーやデューイの哲学を踏まえた教育の理念としてとらえるように議論を進めてきた．その後の各府県での近畿大会においても，授業研究の重要性が継承され，理論的な研究発表にとどまる点は払拭されつつある．折しも，本年度（2018 年）は近畿大会・大阪大会が開催される．前回の全国大会の成果が継承・発展されることを期待したい．

　ここで，今後の社会科教育研究の進化のために，佐藤氏が講演で指摘した社会教科育の課題について整理しておきたい．

① 社会科の質の高い学びには，課題のデザインと資料が決定的である．

② 社会科のジャンプ課題は，概念を使って問題を解決したり，資料間の関係を発見したりすることが必要である．安易に，オープンエンドにしない．資料を読み，資料から出発する，事実から出発する．それを言葉で表現していく．

③ 校内研修のスタイルは，生徒がどこで学んだか，どこでつまずいたかを研究する．どういう教材で，どう課題と結びついてどうなったかを研究する．授業を評価していると，教師は学びあうことができない．

④ 社会科の目的は，「市民性の教育」，「シチズンシップ教育」である．その内実は，主権者教育・公共的モラルの教育・葛藤解決の教育・ボランティア教育である．そのために，教科書では，「社会と出会う・社会を知る・社会を生きる」の3つが大切である．

④ 「学びの共同体」づくりによる学校変革
──校内研修体制の確立による徹底した授業研究
（静岡県富士市立岳陽中学校の視察から）──

(1) はじめに

2004年10月13日，富士市立岳陽中学校の校内研修会の日に合わせて，同僚とともに同校を訪問した．すでに研究会等で同校の「学びの共同体づくり」の成果を耳にしていたが，実際の授業のようす，同僚性にもとづく日常の校内研修の姿をこの目で見たいと思い，無理をお願いした．

(2) 学校の概要

岳陽中学校は，昭和49年開校で，2004年現在，24学級・生徒数808名，教職員46名の大規模校である．校区は，富士山麓の丘陵地に位置し，農業地域から住宅地域に変貌をとげている．校区には2つの小学校がある．玄関口にある事務室前の掲示板には，本年度赴任された藤田修一校長の提唱による合言葉「五つのステージ」が張り出され，目を引く．この合言葉は，前期後期制を採る同校が，2〜3カ月を区切りにして，活動にメリハリをつけるねらいによる．

- 第1ステージ （4～5月）　　ひらく
- 第2ステージ （6～7月）　　つながる
- 第3ステージ （8～10月）　　ひろげる
- 第4ステージ （11～12月）　　ふかめる
- 第5ステージ （1～3月）　　のびる

　そして，校長室に入ると額縁に収まった学校教育目標「自らの学びを表現しあう学校」の大きな文字が飛び込んでくる．また，同校は，ノーチャイム制を採っており，一部，モジュール学習を導入している．その中で，授業を終えて移動する生徒がいても，授業継続中のクラスの生徒の集中は切れることがない．しかも，学年が進むにしたがって確実に学びが深まっていることが実感できる．ここに，この学校の3年半の「学びの共同体づくり」の成果を目の当たりにした思いがした．

(3) 授業参観から

　各教室に入って目を引くのは，男女隣合わせの「コの字型」の座席である．前半分は内側を向き合い，後ろ半分は前を向いている．生徒どうしがお互いの学びの様子を実感し，いつでも，隣どうしまたは前後で学びあうことのできる座席の工夫である．同校では，毎時間の授業の中で生徒の意見をすり合わせ，学びを深めるために，必要な場面で「コの字型」から移行して，男女混合の3～4人の班席を取り入れている．そして，単に教科書だけを教材にする授業から，具体物を授業に取れ入れる工夫が見られる．ビデオの活用，自作の教具の作製，具体物の活用などの先生方の努力が問題解決的思考を促し，推論したり，探求したりする活動を可能にしている．これらの取組みが，校内研修会の場で論議され，共有化されていく．ビデオ分析による授業研究会は教科の壁を越えて組織され，学びあう「同僚性」のある教師集団の創造を生みだしている．

(4)「学びの共同体」づくり

　岳陽中学校の「学びの共同体」づくりは，前年度まで校長であった佐藤雅彰先生が赴任された3年半前に始まった．教室に入らない一部の生徒，多くの不

登校生の存在など課題が山積していたという．その学校が，今では，学年進行にしたがってしっとりと落ち着きのある授業を展開し，学びを深めている．それは，校区内にある小学校で4年間，佐藤学東京大学教育学部長の提唱する「学びの共同体づくり」に取り組んだ経験をもつ佐藤雅彰前校長のリーダーシップに負うところが大である．

ここで，同校のめざす「学びの共同体づくり」の内容を，同校より提供していただいた資料を基に整理してみたい．

① 教育課題

潜在的な能力を持ち合わせていながら，

〈1〉 進んで行動したり，表現したりすることをせずに集団に埋没している生徒が少なくない．一人ひとりの「伸びる素質」をいかに育てるか．

〈2〉 豊かな環境に恵まれているにもかかわらず，「人やモノやこと」とのかかわりが希薄である．一人ひとりの「かかわる力」をいかに育てるか．

② 特に育てたい力

感ずる力，聴く力，探究的な思考力，コミュニケーションをとる力，依存する力，ケアする力，の6つである．

③ 経営方針

授業改革を中心とした「学びの共同体としての学校」づくりを実践する．

「学びの共同体」とは，生徒や教員がさまざまな人やモノやことに出会い，協同的な学びを通して新たな自分づくりを行う場であり，親や地域住民が学びに参加する学校である．

④ 学校教育目標

「自らの学びを表現しあう学校」．自らの学びの「自ら」は生徒だけではない．生徒の周辺にいる大人も含めて，自律的におのずから学び合うという意味を込めたい．また，「表現しあう」は生徒の表現だけではない．教員や親・地域住民の表現にも広げられる．生徒とかかわるさまざまな人たちが，自分の考えを伝え合うという意味を込めたい．

⑤ 学校教育目標具現化に向けての取組み

〈1〉 教員が生徒の内面的心情を理解し，生徒へのかかわり方を柔らかくする．

〈2〉 学ぶことが楽しい学びの創造を図る．教室に聴き合い，つなげ合い，学び合うかかわりを構築する．そのために，授業では「活動的で協同的で表現的な学び」を創造する．

〈3〉 教員の同僚性を高め，学びを中心とした授業づくりを図る．そのために校内研修を充実させる．教員全員が年1回は公開授業を行い，それを基にしながら授業反省会を実施し，教え込みの「勉強」から「交わり」と「つながり」のある学びを展開する．

〈4〉 保護者や地域住民が，日常的に教育活動へ気軽に参加できるシステムの構築を図る．

〈5〉 基礎的基本的内容の定着を図る．学ぶ喜びを味わうためには，基礎的・基本的内容の定着は必要である．選択教科の履修幅の拡大などを通しての補充学習や発展学習を行う．

〈6〉 読書活動の充実を図る．

〈7〉 総合的な学習の充実を図る．

〈8〉 親や地域住民の参加による学校評価システムの開発を図る．

〈9〉 開かれた学校の一環として学校評議員等の活用を図る．

〈10〉 校区の2小学校との連携を図る．

(5) 校内研修体制の確立

　岳陽中学校の3年半にわたる「学びの共同体づくり」の取組みは，確かな学力の定着を生み出している．それを可能にしているのは，徹底的に会議をカットし，月2回の校内研修会の時間を確保し，全員が年1回以上授業を公開するシステムを確立していることによる．ビデオ分析による月2回の研修会は，1回は全体で，もう1回は学年単位で実施する．公開授業と授業反省会をセットで行い，スーパーバイザーの来校するときは全員が授業参観する．会議日は，5限で授業が終わり，部活動のない水曜日に設定している．

(6) おわりに

　岳陽中学校では，毎年3分の1の教員が異動する．校内研修会を中心に，この新しく迎えた仲間と同僚性を構築する営みが，「学びの共同体づくり」の意味を問い直し，校長が変わっても，引き続き継続し，深化する取組みを可能にしている．

　7時間に及ぶ同校の滞在時間の中で，懇切丁寧に説明し，資料提供をいただいた藤田修一校長先生，稲葉義治教頭先生，そして，私たちのために授業を公開し，校内研修会に参加させてくださった岳陽中学校の先生方に感謝の意を表したい［『中学の広場』第180号，大阪府公立中学校教育研究会，2004年］（**図1-8**）．

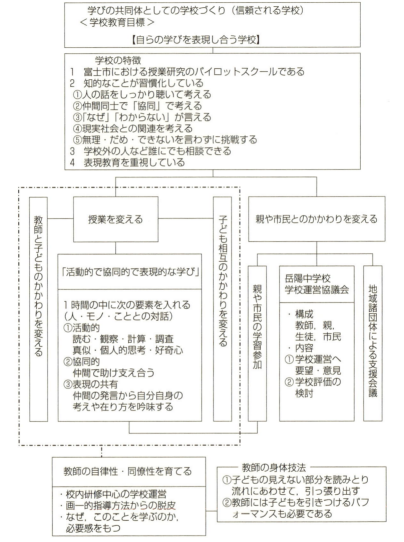

図 1-8　学校づくりの構想

出所）岳陽中学校「学校経営方針」, 2004 年.

第1章 ▌教えるから学ぶへ　37

⑤ 池田市立細河中学校の「学びの共同体」

(1) 私の学校経営論「協同的な学びの創造」——尊重し高め合う場を構築——

　本校は，大阪府の北西端に位置し，校区には植木産業の盛んな農村地帯と，新興住宅地とがある．2006年で，開校25年目を迎えている．「同和教育推進校」としてスタートし，現在，人権教育を柱に，学校教育目標「命・人権・出会い・学び」の実現をめざして教育活動を展開している．生徒数は279人，校長・教員23人である．

　今日までの本校の人権教育の到達点は，人間関係づくりと協同的な学びの追究である．

① 人間関係づくり

　教育活動の基盤となるのは，大人である教師が，まず生徒を1人の独立した人格として尊重することである．生徒と，授業を通じて柔らかい人間関係を構築していく．高みから生徒を見るのではなく，まず生徒の現状を受容しながら，あるべき方向へ導いていくとともに，生徒も教師と共に学びを創造する主体であることを肝に銘じたい．

　日々の各学級での「リレー日記」を活用した集団づくりや，各学年の宿泊行事での「クラスミーティング」の取組みとつなぎながら，あくまでも授業を通じて人間関係を深めたいと考えている．

② 全員が学びの主体

　公立学校の使命は，どのような家庭環境にあろうと，どの生徒にも学びを保障しきることである．校長は，その責任を負っている．生徒は授業の中で学びを追究する主体であり，教師は生徒と教材をつなぎ，生徒どうしをつなぐ，同時に自らも生徒とつながる，その中で教師と生徒が共に学び合う関係をつくり上げていく．

　そのために，本校では，毎月，校内で授業研究会を開催し，あらかじめ収録したビデオを活用しながら授業の事例研究を積み重ねている．

　教科の壁を取り払って全員参加で授業のあり方を検討する．どの授業も公開

されることが当たり前であり，授業者も授業批評者として検討会の場に臨む．他の教師は，生徒の立場に立って授業分析を行い，そこに，外部からコメンテーターを招聘する．毎年，秋には公開研究会を開催している．

　本校のめざす授業は「活動的で，協同的で，表現的な学び」である．教室の机の配置は「コの字型」が基本であり，分からない生徒は疑問点を隣の生徒や班の生徒に聞いてよい．聞かれた生徒は全精力を傾注して説明しきる．生徒どうしの意見の擦り合わせや考えを深めるために，4人班での活動の時間を設定する．その結果，生徒は，自分の考えを練り直し，自分の意見を発表する．

　生徒の荒れに直面すると，ともすれば管理強化に走りがちであるが，あくまでも協同的な学びの追究により，学びに向かう生徒を育てたい．この実践こそ，教師力の向上と生徒の確かな学力を育む要諦であると確信している［『日本教育新聞』2006年7月31日号］．

(2) 豊かな「学び」が育つ学校づくり──2004年度の取組みを中心に──
① はじめに

　細河中学校でビデオによる授業検討会がスタートして4年目も終わろうとしている．この間に検討会にかけられた授業数は70本以上，録画した授業だけなら100本近くある．この4年間の研究発表会での外部の方の意見を集約してみて，私たちは本校の授業や生徒の様子が良い方向へシフトしていることを確信した．「生徒が自ら学び，共に学びあう授業をつくる」「教師と子どもがつながっていく」「生徒・保護者・地域から信頼される授業」という課題は今も引き継いでいるが，検討会発足時の「荒れて学ぶことから逃避する子どもを教室に戻す」というフレーズはなくなり，より高度な目標である「すべての子どもたちに確かな学び」を追求する毎日である．ここでは，2004年度の授業検討会を中心とした校内の取組みを報告する．

② 授業検討会とは
事前準備
〈1〉予め授業者の順を決めておく（年間予定）．
〈2〉授業者は授業研のために，授業を撮ったビデオを用意する．撮影者は，

授業検討部会または該当教科担当者.

〈3〉全員で1人の授業ビデオを見る全体会を基本とする.

〈4〉できればビデオだけでなく,多くの人に実際に授業を見てもらう.

〈5〉可能な限りコメンテーターをお願いする.

検討会の進行（1回あたり1時間30分くらい）

〈6〉授業者が個人テーマや授業のねらいなどをコメントする.

〈7〉ビデオを見ながら,授業者のコメントや,参加者が質問していく.

〈8〉ビデオを見た後,全体で討議（全員発言を）する.

〈9〉コメンテーターからのアドバイス

③2004年度の授業に関する取組み

本校の教育目標

「命・人権・出会い・学び」

1　命の大切さと,人への優しさ,痛みの分かる人間に育てよう.

2　多くの出会いを通し,共に学び高まる人間関係を育てよう.

3　人権尊重の社会を築く人間を育てよう.

4　基本的学力を身につけよう.

本校の生徒指導基本方針の努力目標（一部）

1　「よりよい人間関係を作る」の気持ちを常に持ち,問題行動が起こってからの対応ではなく,普段からの積極的な生徒指導に努める.

2　生徒理解に努め,「日々の声かけや励まし」「ほめて育てる」を基本とする.

3　一人ひとりを生かし,生徒との信頼関係に基づいた授業作りに努める.

授業検討会の実施

各教科で1年間の教科目標と研究テーマを決定,教員各自は自己の個人テーマを設定する（授業検討会）.

〈本年度の課題〉

• 対話のある授業 ——生徒と生徒,生徒と教師,生徒と教材をつなぐ——

• 生徒一人ひとりの学びを深める授業

• 授業に実物を持ち込む努力

〈学びの基本となるキーワード〉（富士市立岳陽中学校の実践を参考）

〈1〉「問い（疑問）→探求→表現（解決）」という問題解決的な活動

〈2〉問題解決を図るための思考を伴う活動

〈3〉協同的　→　グループで話し合いをする，活動する

〈4〉班席（4人班が基本），コの字型の座席

〈5〉表現の共有→子どもの発言を「つなげる」，みんなで共有→「戻し」

〈本年度授業検討会での視点→検討会での討議の柱〉

〈1〉対話のある授業をつくっているか

〈2〉授業の中で「聞く」「対話する」，一人の発言をみんなに返すこと

　　　机の並べ方や班のあり方を工夫，班やコの字型の座席

　　　わからないことを互いに聞き合う雰囲気作り

〈3〉学びを深める（自分のものにする）ための工夫

　　　本物に出会う　外でする　PCや視聴覚機器の利用

　　　全員が背伸びする（新しいことを獲得，考えを深める）ときをつくる．

〈4〉その他

　　　私はこんなことに困っている→解決アイデアの共有

　　　授業者の個人テーマに対してのアドバイス

　　　ちょっとした工夫や試みの実践（教師も背伸びしよう）

〈具体的な授業検討会の例〉

• 実施日時　9月13日（月）第5限

• 実施学級　1年2組

• 授業者　N・R（美術）

• 助言者　佐藤雅彰（岳陽中前校長）

◇授業者の事前のコメント

• レタリングの導入の授業．明朝体を基本に文字の美しさに触れさせる．

◇ビデオを見る

• 『ハリーポッター』のポスターを見せる．そこで明朝体を紹介．「木」という漢字で描き方を学び実際に描いてみる．できた作品は教室中央で並べられる．

◇ビデオを見ての検討内容

I ： このクラスは数学で行っている．2組は素直な反応である．思った通り．教室の真ん中が広い工夫があった．できれば作品についての話し合いを見たかった．

H ： 前に貼らずに床においてみたことが新鮮．

K ： 2，3年と違ってかわいい反応．2，3年ではだるそうな雰囲気も出るの……．こんな反応を大切にしていきたい．

K ： 説明は全員．作業は班で．リラックスして和やかな感じ．普段気になる子どももきちんとやっている．（次の時間，自分の名前を描くことになるが漢字の難しい）H君がどんな字を書くのか楽しみ．

T ： ビデオで見る美術はどんなのか気にしていた．ビデオの見方として難しかった．子どもたちがつながることが課題．

N ： 「来週は〜します」というところで2組らしく男女仲良くワイワイしている．1つの指示が通りにくいが方向性があると集中できるが，課題が難しくなるとどうなのか．

Y ： 最初にポスターを出していた．皆が楽しみにしている『ハリーポッター』のポスターを使うのには興味をひくので感心した．

YA ： ポスターに感心した．

S ： 作業になると騒がしくなるのに静かだった．最後も生徒をきちんと座らせて指示したことは良かった．

M ： いろんな字体があるのはいつするのか．いろんな字体の中で明朝体をやってみようとすることもよかったのでは．

F ： 体育でもマット運動や跳び箱などでも同じパターンの授業をすることがある．自分がやる時にいつも気になるのが，みんなで作品を見合う場面で，どれだけ集中して見ているのか，後ろの子が作品がよく見えていなかったのではないか．床に置くよりも1枚1枚ピックアップしたほうがよいのでは．先生のコメントする場面も少なかったように思う．

NR ： 今日は時間がなくて，いつもはもっとコメントするのだが，とりあげてコメントすることが不十分だった．次の時間ぐらいに細かい部分をコメントすることになるだろう．

丹松 ： 今日は掃除が遅れてばらばら入ってきたので，授業が5分おくれた．そのせいで45分授業になってしまっている．4時間目も5分遅れた．

U ： 技術教室と同じ面積なのに広く感じた．ああいう座り方（4人班が八の字型のコの字）をすると見える範囲が広がる．教師が少ない動きでよく見えるのでいいなと思った．技術室は机が固定されているので真似できない．

F先生と違って，床に置くことでいろんな子がよく見えたのではないか
と思う．

O ：(担任としてみると）見ていてよそ行きの顔をしているなと感じた．Fがど
うしているのか気になった．くじびきの班で，メンバーを見るとフォロー
ができないだろうと思っていた．何度か先生が指示してくださっていたが，
子どもが指示できるように班の配慮があったほうがいいかな．

丹松：必要な場面では声をかけていた子もいるので，まわりの子も成長した．

佐藤：私もFさんはまったく気がつかなかった．後で言われて気がついた．あん
まりしつこくあれやこれや面倒見るより，適当なところで，先生が注意を
して見ていたし，それより他にもっと気になる子がたくさんいる．僕らの
ことばで「ちゃらちゃら」描いている子，雑な子が気になった．

M ：前に職業調べで1度入ったことがあるクラス．みんな一生懸命やるきっ
かけはやっぱり『ハリーポッター』のポスターか．みんなの作品を並べる
場面，みんなが見えるように「椅子を持って出てきなさい」といったよう
な指示があればよかった．次の時は名前を書くことになるのでもっとい
ろんな質問が出てくるだろうし，コメントも出てくるだろう．

N ：座席の配置がよくて全体が見渡せるのがよかったと思う．教室の班席で
もまだ全体が見渡せていない．あったかい雰囲気．自分のクラスでは批判
めいた言葉が出てくるのではないか．

YN：美術にも4つの観点があり，それを子どもが実現していくのをフォロー
していくのが教師の仕事だろう．子どもたちが興味を持ったのは『ハリー
ポッター』のおかげだろう．いろんな書体に触れてもよかった．準備物で
ある鉛筆・定規を持っていない子が何人かいた．

K（三重県多紀中）：私も美術の教科で，1年生らしい無邪気な雰囲気だった．近
くの子がオレのが1番やなあというとじゃあ私は2番といった会話が，
人間関係がうまくいっているように感じた．知らない先生が並んでいて
もそんなに緊張しているふうでもなかったし，いつも通りの楽しそうな
教室．

T（多紀中教頭）：子どもたちが元気ではきはきしていて，声を出せるのが学習の
基本だと思っているので，すごく前向きで素直で意欲的な雰囲気が伝わ
ってきた．最初のポスターが印象的だった．最後に真ん中に作品を並べた
のもいい雰囲気で，互いに認め合う，互いに作品を鑑賞しあうのが良かっ
た．すごくいい刺激になるなと思った．

H（多紀中）：指導案にある子をどんな子かなと観察していたが，最初全然わか
らなくて，途中でようやく気がつき始めた．8つの班にわかれていたが，

学級の中での班と授業の班が違うのは意図的にされているのか. 班を決めるときにくじで本当にいいのかとか私もよく悩む.

NR：3年は教室の班が4人なのでそのまま美術でも使っているが，1・2年生は教室の班の数が多いので，別に作っている. 教室と同じ班のほうが授業はしやすい.

丹松：男子だけの班，女子だけの班があるのは，どういう考えによるものか.

NR：女子が一人になるので.

佐藤：班は自由に作ったらいいと思う. 大切なのは男女を必ず入れること. 4人を作って男3人の中に女の子1人はいいが，男の子1人になると必ずはじきとばされてしまう. だから女子が1人というのは，その子にもよるが基本的にはよい. なぜ男女がいいかというと，男女の話し合いがうまくいっているところを見ると，男女の仲がよいクラス，結びつきができているクラスはいいクラス，男女のかかわりがいいほどクラスが安定している. 今，修士課程の学生がなぜ男女がいいか研究しているが，結果としていいことは確かだ. 僕はいつも子どもと子どもがどうかかわるかを見ている. 最初は女の子どうしが話していても，いつか男子と話し始める. その子たちが核となって男女のかかわりが深まってくる. 男女のかかわりが持てないとすれば何が原因なのか考えていく. そうするともっともっと落ちついた学校になっていくだろう.

O（多紀中）：美術の授業は1人で作品を作っていくものだというイメージがあったが，こんな形ででも班活動が取り入れていけるんだなと思った. 各班で作った作品を並べてみようという場面で，お互いに評価しあっていたので班の意味があるなと思った.

TO（多紀中）：美術室に入ってコの字形で班学習をする，どんなメリット，デメリットがあるのかと思いながら授業を見せてもらった. 前を向くのに時間がかかる. 説明が始まっても私語をしている生徒がいる. わきあいあいとしているので意見が出やすい. 人の作品を見ながら作業できるので安心感がある. 最後に作品を真ん中に並べられたのは，生徒が感じている部分があると思うので教師のコメントがなくてもよかったと思う. 次の時間，自分の名前をレタリングしてもらうという話のとき，人それぞれ名前は違うので評価がしにくいのではないか.

佐藤：あんまり評価評価と考えないほうがいい. 今日の中で何がわかったかを評価するのはいいが，自分の欠点ばかり書き連ねるよりもいい. あんまりいい気持ちがしない. 人のと比べて自分のがよかった下手だなと思う，そんな時間があっただけでよかったと思う. 次につながる評価でなきゃ意

味がない．先生が評価するために手をあげさせたりするのはよくない．評価しなきゃいけないという学校が多い．観点別評価が入ってきてから細かく評価しているところがあるが，これじゃ教育にはならないと思う．絶対評価になったとたん観点別評価が入ってきてあまりよくない．K県なんかでは基準がなくて学校でそれぞれにつけている．ある市では甘くつけ，こっちの町では厳しくつけた．片方は全部落ち，片方は全部受かって，今，K県では問題になっている．評価しなきゃいけないんだが，むなしさを覚えながらやっている．

N（多紀中）：1年生らしい，よそごとをしている子も根気のある子もいて，一人ひとりがお互いを認め合っているような雰囲気，安心できる雰囲気が授業の中では大事だと思う．

K（多紀中）：導入で『ハリーポッター』のポスターを見せたのが印象的．ふだんはこんな雰囲気ではないと言われていたが，開放的な生徒で，最後まで楽しい授業だったなと思う．しんどいと書いてあった子も笑顔でおちついて授業に参加していた．

K：Fさんのことがやはり気になっていた．4月入学時はどうなるかと思うほど奇異な行動をとっていたが，今はちゃんとしゃべれるようになったし，学校で楽しそうにやっている姿が見られる．いつもの国語の時間に比べたら隣を見ながら何とか形を作っているなと安心した．班の中でみんながつながるようにと気をつけながらやっているが男女のほうがいい結果が出る．

S：最初にモノを見せることで引きつけられるし，何をしたらよいかがよくわかる．アンケートでは班席のあり方についてはデメリットの意見が多かったように思うが，こうして実際に見ていい面が感じられたのはよかったと思う．

NR：班の男女のふりわけを数合わせ的にやってしまったので，次は考えたい．美術教室でやる限りは4～5人席でやるのだが，班を使ってお互いに作業できる場面を意識的に作っていきたい．

丹松：4限も1年生と3年生を佐藤先生に見ていただいて，佐藤先生の見方を教えていただいてよかったと思う．美術の授業で班図をさっと書いて関係を書き込まれている．そういう視点をもっと明確にして取り組めばもっと成果があがるかと思う．グループで授業しているが，先生のほうは昔と変わらない一対一の対応しかしていない．今日NR先生はコの字形の席を導入して必要な時は前を向かせてということを工夫されていた．今は岳陽のやり方を学ぼうとしている段階だが，これから少しずつ細中な

りのやり方が出てくればと思う.

佐藤： 数学が専門なので美術はどうなのか. 実は日本画は描くし, 音楽もやる. 中学にはどうしても教科の壁があって何を見たらいいのかと思うが, まずどういう風に子どもとつながっているか, 先生と, 教材とどうつながりを持っているかを見ている. ２つ目はどういう構成で授業を作っているか, これは先生たちも勉強されるといい. 今日の授業は段階の数がちょうどいい. ５つぐらいがちょうどいい. なかなか現実のモノを入れるのは難しいので, 必ずしも現物の物にこだわらず, なるべく教科書以外のものを用意してやるというふうに考える. 『ハリーポッター』というのは興味関心があるので学ぶモチベーションがあがる. 非常にいい出会いをさせている. 明朝体を見てどんなことに気づくかとやっている. これから何に気づけるかということは大切. 出た数は少なかったが, 全体で気づきの交流をやった. 次に作業に入るが, その入り方には異論があるだろう. 先生は一番簡単な「木」を選ばれた. 授業というのは一回性のものだからあれはあれでよかったと思う. なぜ木だったのか. 作業の時に, 次はこれをやるから難しいから今は「木」をやるよと言えばあんなにちゃらちゃら書かなかったのではないか. 目的を明確にしてやること. せっかくグループにしているんだから作業の途中にお互いの作品を見合うとよかったのではないか. 横５ミリ, 縦２センチというのも先生は言っているが子どもたちは気づいていない. もう少し明確にしたほうがよかった. 最後にまとめるとき, 誰のが１番うまいとか下手とかやらなくてよかった. みんな一生懸命書いたことをほめてやるべき. 今, 岳陽ではホップ・ステップ・ジャンプで授業をしようとやっている. 出会いで走り始めて, ホップで気づき・意見の交流, ステップが作業学習, ジャンプがみんなをまとめる. 横が細い, 縦が太い, 三角の所があるんだよ, と授業で先生がまとめていたが, それは子どもにまとめさせたかった. 次に自分の名前を書くときにはじめてわかるのかなと思う. 班は最初からあるのではなくて必要な時に班を作る. グループにする意味は, １つは個人作業を共同化すること. プリントができない子の面倒を班の子が見てやる, もう１つ気づいたことを意見交流する. そうなってくると班席をずっとやるならどう活用するか研究されたほうがいい. 魂が入らなければ意味がない. 細河中学校として班をどうしていくか考えたほうがいいだろう. グループになっていても, 先生が発問して子どもが答えて正しいか正しくないか評価するというやり方をしていてもなんの意味もない. 自分の言葉で, なぜ班にするのか答えられるようにしておいたほうがいい. 谷川俊太郎は学ぶとはまねることだよ, と

いっている．最初から班席でやっている学校はまずない．班席でやるなら
先生はできるだけしゃべらないでやるしかない．うるさくなるから力の
ない先生には難しいかなと思う．NR先生のテンションが非常に低いのは
すごいなと思った．こちらに注目してといってもFさんが向かなかった．
それに小さな声で「Fさん」と声をかけて，近くの人が気づいて声をかけ
てやっている．

　ALTはどこもうるさいが，それはこちらが求めているのかもしれない．
子どもを指す時に何番と指すのはやってほしくない．固有名詞で呼んで
やったほうがやわらかくなる．静岡では番号では呼んではいけないと言
っている．横はしゃべりやすいが前はしゃべりにくい．だから男子どうし，
女子どうしを横にしないほうが早く話ができるようになる．グループで
うまくいかない場合は，岳陽ではグループを解いて2人にしてしまう．2
人で話をさせる．グループにするために班席にしなければいけないとい
うこともないので，隣近所と話をする，でもよい．ALTの時間，プリン
トがあって，先生の話を聞いて答えを書いていく．せっかくグループにし
ているのでその班で答え合わせをすればいい．グループでやったことは
グループで解決してしまうと意図がはっきり見えてくる．先生が，最後に
答え合わせをする必要はない．みんなが一番困っているところだけを説明
すればいい．そうすると子どもたちはあまりあきないですむ．答え合わせ
しても子どもたちはほとんど聞いていない．もっと時間をかけるところ
に時間をかける．ジャンプに一番時間をかけて英語の授業で，先生はでき
るだけたくさんで会話をさせるために，9人を選びなさい，というと男の
子は全部男の子と，女の子は全部女の子と会話をする．女の子と話をする
と点を倍にするよってあまりよくないけれど，そういう工夫をする．はじ
めから男女のグループがいるわけだから，それでやればいい．岳陽中でも
最初は男女がはっきりわかれた．男女ができるためには時間がかかる．5
分間で何人話ができるかというふうにすると，男女関係なしにやる．やっ
ているようでやっていない，なんでもイエスでやってしまうので，あんま
り人数で競うのもどうだろうか．

K ：線をまっすぐ引くことさえ難しい子もいるので，「木」でも難しかったの
　　ではと私は思っている．

丹松：見本と書く大きさが違うので，横線の位置がちゃんとわかってない子も
　　何人かいた．

佐藤：中間でのすりあわせがあるとそれは出てくる．NR先生は各班にいって
　　個々にやっていたが，途中ですりあわせを入れると，ここが違っていると

　　　　かいうのがわかってくる．気づきの発表の時に「留めははっきり」はどう
　　　　はっきりなのか，「横線は細い」はどれだけ細いのか，そういうところが
　　　　理解できていない．教えすぎてもいけないが，教えてやらせることが必要
　　　　なときもある．ドリルをやるとき，考えさせるとき，大切なのはバランス．
　　　　授業は生き物だから，その動き方によってやり方を変えていく．引く場合
　　　　と手を出す場合と，それが変えられる教師がプロ教師だろう．
　Ｔ　：どんな教科でもばっとやって終わる子がいる．さっき言われた「ちゃらち
　　　　ゃらやる」というのをどう対処すればいいか．
　丹松：次の課題を用意しているといいかなと思うのだが．
　佐藤：次の時間は自分の名前を書くよというのをあらかじめ入れておけばそれ
　　　　をやらせておくことができる．ヴィゴツキーという人は，できるだけ高い
　　　　レベルの問題を先に与えておけという．でも底辺の子にはいきなりでき
　　　　ないからいったん底辺まで降りてやる．これをやればこのゴールができ
　　　　るんだとわからせてやる．小学校で教えた先生はわかるが，あなたは小学
　　　　２年生のことをやんなさいでは子どもは絶対やらないが，これができる
　　　　ためにはまずこれが必要なのだということがわかると子どもはやるよう
　　　　になる〔池田市教育委員会『研究収録　いけだ』第 17 号，2005 年〕．

　今，振り返ってみると，筆者自身も含めて，授業を評価してしまっており，
全体として，授業提供者の授業から学ぼうとする姿勢が希薄である．

▲特別クラブ「HOWPの会」が夏祭りに出店。地域で地道にボランティア活動に取り組む。

▲地域の夏祭りで活躍する吹奏楽部。校区の小・中・高のフレンドリーコンサートは今年度19回目。

〈学びと人権〉

「豊かな学びが育つ学校づくり」

池田市立細河中学校

▲日本アマチュア無線連盟大阪支部の全面的バックアップで国際宇宙ステーションとの交信に成功。

▶毎月の校内授業検討会と年1回の公開研究会で「協同的な学び」を追究。

図1-9　公開授業

出所）『中学の広場』187号，大阪府公立中学校教育研究会，2007年．

第1章 教えるから学ぶへ　49

⑥ 池田市立北豊島中学校での実践

(1)「協同的な学び」ですべての生徒が参加する英語授業

　筆者が，2013年8月17日の「おおさか学びの会」第4回例会で報告した内容を，「学びのたより」第7号をもとに紹介する．

```
┌─ 英語科　学習指導案 ──────────────────────
│　　　　　指導者 教諭　丹松　美恵子・　ALT　　アンドリュー・ステルツァー
│  1．日　時　　平成25（2013）年　6月13日（木）第5時限
│  2．場　所　　北豊島中学校　南館4階　視聴覚室
│  3．学年・組　第3学年2組（37名）
│  4．単元名　　Sunshine English Course 3（開隆堂）My Project 7「有名
│　　　　　　　人にインタビューしよう──アンディー先生にインタビューし，
│　　　　　　　その内容を報告書にまとめよう──」
└───────────────────────────────────
```

① 本校の研究と英語Bの位置づけ

　本校では，「共に学びあう生徒の育成──小中連携を意識した協同的で表現的な学びの追究──」を研究主題として授業づくりに取り組んでいる．学びあうためには，わからない生徒が「教えて」と言える関係をつくること，またそれを受け止めて丁寧に説明する生徒を育てる必要がある．説明することによって，自分の理解が深まることにも気づかせていきたい．そして一人ひとりが今以上に英語の力を伸ばしていくために4人グループを活用したい．昨年度末（2年時）に，生徒に右のアンケートを実施したところ，95％を越える生徒が「グループ活動を授業に取り入れてほしい」と考えていることがわかった（図1-10）．

　3年生になると，個々の生徒の英語運用能力には大きな差ができている．英語学習に苦手意識を持っている生徒も多く，授業において学習意欲を高める工夫が必要である．

　本校では週3回を「英語A」とし，文法事項と教科書本文を学習する．週1回の「英語B」の時間では，JTE・ALTのティームティーチングにより，主に

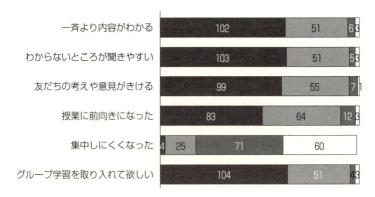

図 1-10　グループ学習について

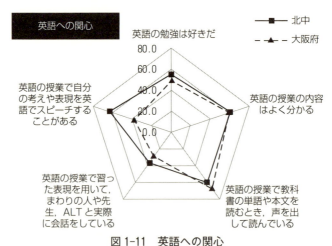

図 1-11　英語への関心
出所)「大阪府学力・学習状況調査の結果」北豊島中学校, 2012 年.

教科書の会話的部分であるスピーキング, 自己表現が中心のライティング, 既習事項を活用して 4 技能を伸ばすプロジェクト型の学習に取り組んでいる.

　昨年度の 3 年生を対象に実施した大阪府学力・学習状況調査の結果, 生徒は「英語の授業で自分の考えや表現を英語でスピーチすることがある」という項目は高い値を示している (図 1-11). しかし図 1-12 のアンケート結果 (現 3 年生対象) からわかるように, 家で宿題をする生徒は約 70％である. 家庭で十分に

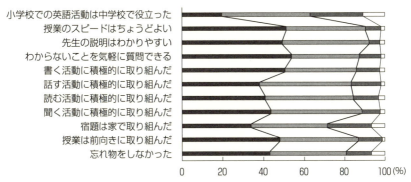

図 1-12　2年生「英語B」アンケート結果（169名）
出所）「大阪府学力・学習状況調査の結果」北豊島中学校, 2012年.

復習して, 学習した内容を定着させることには課題がある. そのため, 宿題は個々の生徒の力に応じた課題を与えるなどの試みをしているところである.

昨年度2年生（現3年生）対象に2月に実施した「英語B」授業アンケート調査で記述のあった生徒の要望・感想は次の通りであった.

- 手を挙げてなかなか質問できないのでグループ学習した方がいいです.
- 手を挙げたいけど恥ずかしい人もいるので, 順番にあててほしい.
- 自分で文をつくって書くことが多くて楽しく, 単語の組み立てやつなぎ方などを学べてすごく良かったです.
- 英語が少し話せるようになったと思う.
- 映画を日本語と英語の字幕付きの英語音声で聞きたい.
- 班活動が活発で友達と教えあいながらの授業は楽しいです.（多数）
- 自分で英文を作るのが難しかった.
- 日記が楽しかった.
- 普通に楽しい. 怒るときは怒ってくれるし, 笑う時は笑えるから.
- アンディー先生の本格的な英語で聞き取りの力をつけたい.
- すごく英語について理解ができた.
- 自分にできるところは一生懸命やって, できない部分は友だちや先生に

聞けてよかった.

- アンディー先生に英語が通じたときうれしかった.
- 聞く, 読む, 話す, 書く, どれも同じくらい授業に取り入れているのがすごいと思う.
- 書く活動の時, 班になるので, わからないところがよくわかった.
- 先生が「分からないことを笑わない」と言ってくれるので, とても授業はしやすくなった.
- スピーチなどの文を自分で考えるのが楽しかった.

② 小中一貫教育の視点

アンケート結果によると,「小学校英語が中学校で役立っている」と考える生徒が65％程度である.

今後, 小中一貫教育を進める中で「いきいきスクール」の活用も含めて改善点を模索していきたい.

③ 生徒観

全体的にはおとなしいが, 前向きに取り組む生徒が多い. ペアでスピーキング発表をする際には, 創意工夫のある内容を考え, 協力して発表している. その一方で, 多くの生徒が英語に苦手意識を持っている. 自分の言いたいことが正しい英文で書けないという悩みがある. とりわけ, 意欲の見られない生徒や, 理解に時間がかかる生徒 (slow learners) が,「書く」作業にあきらめることなく取組み, ペアやグループ活動で理解を深めることができるようにしたい. また理解の早い生徒 (fast learners) が「書く」作業でリーダーシップを発揮し, より自分の英語力を伸ばすことができるようにしたい.

④ 指導観

1, 2年生で実施したインタビューテストは, 常に ALT が質問をし, 生徒はそれを受けて, Yes, No で答えたり, 自分のことを話すパターンであったが, 今回初めて, 生徒がインタビュアーになって, ALT に質問をするので, 英語の4技能を駆使して実技テストに臨む. ALT の答えを予想しながら次の質問を考えなければならないし, 疑問文をつくる作業は平叙文をつくるより難しく

なる.

　本時で扱う My Project 7 は有名人へのインタビューを話題に取り上げ「話す」活動に焦点を当てているが, 本校の生徒の課題が「自分の考えをまとまった英文で書く」ことであるため, この課で扱う内容を書くことにつなげたいと考えている. まず, ALT にインタビューする内容を 4 人グループで作らせる. 生徒はその原稿をもとに, 口頭練習をし, グループでインタビューに行く. インタビュー中に質問した内容について ALT の答えを聞き取り, キーワードをメモする. 座席に戻ったら, メモを確認して報告書を作成する. 言語材料としては主に現在完了を扱っているが, 他にも既習文型をすべて使わせたい. 個の学びを大事にするために 4 人グループの活動を取り入れているので, 一人ひとりが自らインタビューした内容について, 自分の考えも付け足して独自の英文をつくることを課題としている.

　また, この課においては, アメリカ人の ALT を通して異文化に触れる機会にもしたいと考えている.

⑤ 単元の目標

　相手の意向を尋ねる文, インタビューする際の疑問文, タイミングよく相槌を打つ表現を学び, 実際の生活場面で外国人に自ら話しかけ, 異文化をもつ相手を理解しようとする力を養いたい. 言語材料としては, "Can we ask you some questions?"「質問をしてもよろしいですか.」と相手の意向を尋ねるところから始め, インタビュー内容に現在完了形を盛り込むことを課す. また "Why 〜?"「なぜ〜なのですか.」と理由を尋ねてその答えを聞き取ることで, つながりのある, より豊かな言語活動が展開できるのではないかと考えている.

　本単元では指導を 3 時間で計画した. 第 1 時 (本時) は教科書の題材「イチロー選手へのインタビュー」を読み, その概要を理解する. その後, 4 人グループでアンディー先生 (ALT) について知りたいことを疑問文形式で作成し, ワークシートに書き込む. 第 2 時では, インタビューの台本を完成する. 暗唱できるまで練習し, ALT のところへグループでインタビューをしに行く (実技テストを受ける). 第 3 時は, 実技テストを実施し, 終了した生徒は ALT に関する報告文を作成する. その際に自分の感想も加えさせる.

54

⑥ 単元の評価規準

A コミュニケーション への関心・意欲・態度	B 理解の能力	C 表現の能力	D 言語や文化につい ての知識・理解
① 間違いを恐れず，英語で積極的に ALT とコミュニケーションを図ろうとしている． ② ペアワークやグループ学習において必要に応じて協力し合っている．	① インタビューに必要な疑問文の構造と意味を理解する． ② インタビュー記事を読んで概要を理解できる． ③ 質問した内容について大切な部分を聞き取ることができる．	① インタビュー原稿を書くことができる． ② インタビューした際にメモを取り，そのメモをもとにレポートを書くことができる．	① インタビューに必要な表現を正しく発話することができる． ② 現在完了を用いた疑問文，インタビューする際に必要なあいづち表現について理解し，運用できる． ③ アメリカ人の ALT について，彼の興味，関心や生活を知る．

⑦ 単元の指導計画

第1時：インタビューに使う表現を発話し，その意味を理解する．
　　　　　イチローに関するインタビュー記事を読み，その概要をとらえる．
　　　　　ALT へのインタビューの台本をグループで考え，質問内容と流れをワークシートに書く．（本時）

第2時：インタビューの台本を完成し，暗唱できるまで練習する．
　　　　　グループごとに実技テストをうける．

第3時：グループごとに実技テストをうける．
　　　　　実技テストが終了した後，ALT から聞き取った内容についてのメモをもとに「アンディー先生に関する報告書」を作成する．

⑧ 本時の授業デザイン

(1)　本時の目標

「アンディー先生へのインタビュー内容を作成しよう！」

(2)　本時の評価規準

• 間違いを恐れず，積極的にペア・グループ活動に取り組むことができる．

(関心・意欲・態度)

• インタビューに必要な表現を正しく発話することができる．

(言語や文化についての知識・理解)

• インタビュー記事を読み，その概略を理解することができる．(理解の能力)

第1章 教えるから学ぶへ 55

・実際のインタビューを想定して台本をつくることができる.　（表現の能力）

(3)　本時の学習過程

形態 時間	学習活動	予想される生徒の反応と教師の働きかけ	評価・留意点
一斉 (コの字) 3分	1 〈あいさつ〉	・ポイントカードを開かせ,持ち物等を点検する. ・今日の目標について簡単に説明する	・教室の座席と基本的に同じ位置に座る.
ペア 10分	2 〈ウォーミングアップ〉 インタビューに関する単語・文章のトレーニングをおこなう. Step 1　単語の発音練習をする. Step 2　1分間, 日本語の意味を覚える. Step 3　ペアで練習する.	・欠席があり, ペアが組めない生徒がいるか確認する. 必要であれば ALT がペアに加わる. ・ペア活動に戸惑っている生徒に声かけをし, 活動を促す.	・インタビューに必要な表現を正しく発話することができる.【D ①】（観察） ・ペアで制限時間いっぱいまで練習できたか.【A ②】（観察）
一斉 (コの字) ペア 一斉 (コの字) 10分	3 〈導入〉 ・有名人の報告文を聞き, それが誰かを類推する. ・イチロー選手に対するインタビュー内容と応答を黙読し問題に答える.　（教科書 p. 40） ・答えを確認する.	・数名が「イチロー」に気づけば, テレビに映像を映す. ・机間指導をしながら, ペア活動を支援する. ・終了したペアには次の指示を出す. ・テレビに答えを提示する.	・記事を読んで内容を理解したか.【B ②】（観察）
一斉 (コの字) 5分 4人 グループ 20分	5 〈展開〉 ・JTE/ALT の実技テストについての説明を聞き, 活動内容とゴール（到達目標）を知る. How long have you lived in Japan? Have you played *wadaiko* for a long time? ・4人グループになって, インタビューの台本をつくる. →1人の生徒は少なくとも2つ質問を考える. ・辞書を使って単語のスペルを確認する. ・挨拶から質問への流れを考え, 役割分担も決める.	・黒板に現在完了を使ったキーセンテンスを示し文の構造を理解させる. ・P. 127 の表現も参考にさせる. ・相槌の表現を知り, タイミングよく入れるように指示する. ・グループ活動に戸惑っている生徒に声かけをし, 活動を促す. ・スムーズに進まないグループを支援する. ・英作文に取り組めないため, 悩んでいる生徒を助ける.	・活動の説明を行い, 目標を明確にする. ・やり方を理解したか.（観察） ・現在完了の応答を理解したか.【D ②】（観察） ・活動に積極的に参加しているか.【A ②】（観察） ・質問を正しい表現で書くことができたか.【C ①】（ワークシートの点検）

一斉 2分	5 〈まとめ〉 • グループ活動の振り返り • 宿題の確認とポイント記入 • あいさつ	• 今日の活動を振り返って, 次の活動につなげるアド バイスをする.	実技テストに向けてや る気を喚起するコメン トをする.

—— 共有の課題　＝＝ 発展の課題

⑨ ビデオカンファレンス（参加者の意見）

• 子どもの動きを見ていると楽しそうにやっている. 左手前のグループは, しっかり考えていた. 前半が長く, メインのインタビューが短かったのではないか. 各節が, どれもメインになりそうな課題だと思った.

• グループ活動のよさが見えた. コの字のとき, もうひとつよくできないと思われた子が, グループでは活発に参加していた. ジャンプの課題が, 英語の場合, 難しいのではないか. それには, 表現の方法に重きを置くほうがいいのではないか. 聞いている人が, 自分の話にどれだけ納得してくれるか, そういう所を評価するようにすれば, いろんな意見が出て, ジャンプの課題になるのではないか.

• 英語の苦手な子が, グループに支えられていた. グループ活動に入るまでが長く, うちの学校だったら何人も脱落している. ここは男女の関係が非常にいい. 英語の苦手な子は何人か見られたが, 学級の雰囲気が暖かく, 安心感があって, 授業に臨めている. どのグループも一人残らず学んでいる. 特に, グループ活動に入ってから, いい雰囲気で学んでいる. どうしたらここまでもっていけるのか, 教えてほしい.

• 難しい課題が功を奏して, 学んでいた. ALT には全部, 英語でしゃべってもらっていいのではないか. 本来の対話と受験の両方を意識した授業だった.

• 気になる生徒が何人かいたが, 4 人グループになったら生き生きしていた. その効果を実感した. 導入の 2 人ペアのときも聴き合えるようにするとよかった. 辞書を使った活動はよかった. 話し合いの盛り上がらないグループの支援をどうするか, 悩んでいる.

• 子どもたちがフラットでいい関係ができている. 共有の課題の難しさを感じる. テキストに帰る課題があるといいのではないか. ジャンプの課題はとてもよかった.

• （授業者）今回の授業は, 学力に課題のある生徒も参加し, 入試にもつながる内容を ALT と一緒に考えた. 学校では, 研究部長という立場である. 30〜40

代の女性の先生が頑張って取り組んでいる．校内には，グループ活動について，やれる先生はいいが，できない先生は収拾がつかなくなるという意見もある．今回は，一番，授業に乗りにくいクラスを選んだ．保護者は，生徒がこんなに落ち着いているのを不思議がられている．子どもが活発になった点やグループのよさを評価されている．全員が学ぶために，授業ルールを徹底している．例えば，ここは失敗してもいい場所だから，人の失敗を笑わない，分からないときは，分からないというなど．また，細やかに生徒の面倒を見る．特に課題のある子，学力の低い子と関係をつくるよう務めている．

- （木下先生）北中には，3回くらい，年度を変えて入っている．今日はいたく落ち着いている．丹松先生が，丁寧に授業規律を徹底させている．それが生きている．前半も，個人作業ではなく，ペアで取り組んで，教科書を軸にベースを押さえている．こういうやり方もいい．教科には特有性があり，それをどう深めるかが永遠の課題である．

【よかった点】

- 1つのテーマに対して深く知ることができた．「学び」を実践する先生を増やすことに尽きると思います．低学力層が，1限（50分）参加出来る授業はすばらしいと思う．
- 社会科の教師ですが，今日は英語の授業の DVD を見てのカンファレンスでしたが，教科が違うため，より生徒の動きや学びを中心に見ることができた．
- 他教科の授業の分析を，「学びの共同体」の視点で話ができたことがよかった．
- グループで視聴したビデオについて語れたことがよかった．苦労されている実践からはたくさんの学びがあり，たいへん刺激になった．授業者である丹松先生から実践を含め，ご苦労をきかせていただいたこと．（こうしたベテランの先生がA市の方にもいればいいのですが，なかなか難しい）ありがとうございました．
- 多くの方々と意見や課題を交流することができて良かったと思う．
- 英語科の「ジャンプの学び」の成功パターンが見れたと思う．また，すべての生徒が真剣に学んでいる姿を見て，自分の力量不足を痛感している次第だ．
- 初めて参加させていただいたが，たくさんの先生方の意見をきくことが出来て，とても勉強になった．ありがとうございました．
- 英語のことは，よく分からなかったので難しかったが，他の先生方の話がきけて，とても勉強になった．
- 違う校種や教科の先生方との出会いがなによりよかった点だった．「協同的な学び」という共通のものを通して，さまざまな意見交流ができてよかった．

- ビデオカンファレンスを通し，実際の授業を観ることができ，それだけでも大変良いと思った．グループ協議なども他府県，異校種の話を聴けてよかった．
- 「学びの共同体」のことをずいぶん知ることができてよかった．

(2) スローラーナーに寄り添う ──授業形態を見直す──

① 学校の概要

　現任校の池田市立北豊島中学校は，過去に何度も厳しい「荒れ」を経験している．教室から飛び出し，学びから逃げる生徒の苦悩を目にしてきた．そして学校は学力の低下と課題のある生徒の対応に追われた．2009 年に大阪府教育委員会の「学力向上プロジェクト支援事業」の指定を受け，本格的に授業研究を始めた．筆者は研究部長と学力向上の担当をしている．

　校内の「学力向上プロジェクト委員会」と研究部が中心となって，生徒の学力向上を図るために，2010 年度は，授業にグループでの活動を取り入れた．11 年度はそれをさらに発展させ，研究主題を「共に学びあう生徒の育成」，副題を「小中連携を意識した協同的で表現的な学びの保障」とした．

　このような中で，11 年 6 月に実施した大阪府学力・学習状況調査では一定の成果を出すことができた．これは落ち着いた学習環境の構築と普段の授業の中にみなで話し合う活動を取り入れたことの結果ではないかと考えている．

　研究を進めるにあたっては，元静岡県富士市立岳陽中学校長の佐藤雅彰先生，元広島県広島市立祇園東中学校長の北川威子先生を助言者に迎え，11 年 9 月と 12 年 2 月に校内授業研究会，11 年 11 月には公開授業研究会を実施した．授業後には，「生徒がどこで学んでいたか，教師と生徒の関わりはどうだったか，生徒どうしの関わりはどうだったか」などの視点で検討会を行った．これらの取組みの結果，全学年で多くの教科が一斉講義型の授業から，少しずつではあるが，協同的な学びを意識した授業に変わってきている．

　授業に 4 人グループを取り入れるようになると，生徒は一斉授業の形態だけで進む授業に不満を持ち，授業アンケートで「グループ活動を取り入れてほしい！」と要求するようになった．とりわけ，スローラーナーたちは授業前に「先生，次は班学習する？」と確認してくれるようになっている．クラスメイ

トと共に学びに向かおうとする気持ちが表れていて嬉しくなる.
　また，11度より中学校区で大阪府教育委員会の「使える英語プロジェクト事業」の委嘱を受け，さらに，池田市教育委員会の「小中一貫教育推進校」の指定と相まって，小学校への出前授業，小中の授業交流，英語教室の整備などが進んでいる.

② 英語科における協同的な学び

　従来，筆者は英語科での4人班の活動は難しいと考えていた．ペアワークが有効に機能することは長い間に確信し，授業にも取り入れていたのだが，4人グループはほとんど取り入れたことはなかった．しかし，3年前に「協同的な学び」に出会って，私の考えは根底から変わった．4人グループの活動の時間をもつことで，生徒全員が学びに向かう．普段の生活がどのように荒れていても，家庭で学習する環境になくても，授業中は同じグループの生徒の支えの中で，真剣に取り組むようになっていった．昨年から英語教室を使用することができるようになり，男女が市松模様に座るコの字型の座席に変えた．生徒はここから，4人組にスムーズに動いている．授業の中で生徒は早く4人組になりたくてウズウズしている（**写真 1-7**）.

　当然，スローラーナーには教師が側に行ってフォローをするが，生徒どうし

写真 1-7 　2 人ペアを軸にしたコの字の授業形態
出所）筆者撮影．

の力には及ばないなあと感心する場面に出くわす．少しつっぱった男子生徒も，しっかり者の女子生徒の説明を受けて一生懸命作業に取り組んでいる．本当は「授業に参加したい，わかるようになりたい」と願っている彼らが素直に学びに向かえる場面を指導者は意図的に作り出す必要があると痛感させられる．

　筆者は1，2年生の選択英語（教育課程特例校としての学校選択の英語）をALTとのTTで週1回行い，主に表現活動を担当した．机をコの字型に配置し，毎回ペア，グループを取り入れている．少し難しい課題かな？と心配しつつも，1つの課題を提示してグループで取り組ませてみる．例えば「英文手紙を書こう」という課題の表現活動をさせたとき，1人だけの席であれば，何をすればよいかわからず，長い時間ボーッとしていた生徒たちが，4人で頭をつき合わせて，参考資料を見ながら，「まず，ここから書いていったらいいねんな」と，言いながらどんどん書き進めている．各グループには辞書を置いているので，スペルを自分たちで調べる．わからないことが出てきたら，グループのメンバーに聞く．それでもわからないときは，教師を呼ぶ．この流れがパターン化してきたので，ALTと私は全体を見渡しながら支援の必要な生徒に寄り添うことができる．

　また，スピーキング活動ではペアで教科書の読みを何度も練習しあい，ジェスチャーを考えて，暗記しようとする．自信がついたら，ALTのところへ聞いてもらいに行く．以前は全員の前に出て数組が発表する形態をとっていたが，昨年，私が研究授業を担当した際，助言者の田尻悟郎先生から，「スローラーナーをいかすためにも全生徒の前で発表させるのではなく，指導者のところへ発表に来させる形をとった方がよい」とアドバイスを受けた．たしかにこの手法をとってから，全員が発表できている．発表の際に緊張することなく，アイコンタクトをとり，ジェスチャーを入れながら，本文を暗誦している．驚いたことに，今まで人の発表を聞くだけであった生徒がのびのびと英文を言う姿が見られる．ALTとのTTのおかげで，全体を見渡して，練習をフォローする余裕もある．早く終わった生徒に次の課題を渡す．

　授業が終わった後，英語教室を出て行く前に，スローラーナーたちは必ずALTや私のところに近づき，「やりきったよ，先生．俺は今日がんばったで！」という満足げな顔を見せてくれる．筆者はその顔を見たくて授業づくり

第1章 教えるから学ぶへ　61

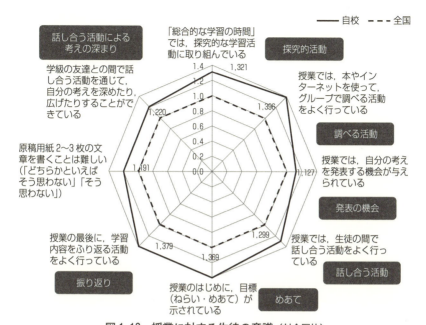

図1-13　授業に対する生徒の意識（対全国比）
出所）北豊島中学校,「2011年全国学力・学習状況調査の結果」.

をしてきたんだなとしみじみ思う．一斉授業の中では学びに向かえない生徒たちが，この協同的な学びの中で生かされ，活躍することができるのだ．

昨年度末に生徒にグループ学習についての授業アンケートを行ったところ，90％以上の生徒がグループ学習を肯定的に受け止めている．また，以下のような感想を書いている（図1-13）．

- 今は問題をして，その問題について意見を交換しているので，わからない人もわかると思いますが，その問題はどうしたらもっと簡単に解けるか，とか解法などをもっと意見交換したいので，時間をもうちょっととってほしい．
- 話などしやすくて，質問したりしているといろんなアイディアが浮かんでくる．
- ほかの人の意見などが聞けるようになって新たな発見ができる．
- ペアどうしでわからなかったことも，人数が増えたことでわかるようになった．グループでやった方が楽しい．

- 全体だと隣の人でもわからないことを聞くことができなかったりしたけど，グループ学習だと，グループの人みんなに質問できるようになった．

今後も学校をあげてスローラーナーもファストラーナーも共に伸びる授業を追究したいと思う［『英語教育』2012年6月号，大修館書店］．

(3) 指導教諭としての歩み「『同僚性』を大事に若手を育てる」

筆者が，「日本教育新聞」の記者のインタビューを受け，そのことが掲載された新聞記事を紹介したい［『日本教育新聞』2014年4月28日号］．

—指導教諭になって，今年で何年目ですか．

昨年，指導教諭になりましたので，今年で2年目です．それまで3年間，研究部長として，大阪府教育委員会と池田市教育委員会から委託された「学力向上プロジェクト」を担当したことが，任命された理由だと思います．

—指導教諭として，どんな職務を担っていますか．

引き続き研究部長を兼任しながら，府教委から委託された「スクールエンパワーメント推進事業」を担当しています．授業を持たないで役割に専念してほしいと言われましたが，希望して5時間だけ持たせてもらっています．

職務の中で一番大きいと思っているのは，授業づくりの支援です．研究を続けてきた「グループ学習」や「協同的な学び」を取り入れた授業を，すべての教科で行ってもらっています．校内研究会の企画・運営も行っています．

新任の先生，若手の先生の指導も行っています．授業で困っている時には，その中に入って，内容や進め方，子どもたちの様子を見て状態を把握し，改善方法をアドバイスするようにしています．

生徒の学力分析から課題を明確にして，改善に取り組む役割も担っています．他にも，外部の研究会で講演して北豊島中学校の研究や授業実践を広げること，保護者や地域に学校が取り組む授業内容を伝えることなど，さまざまな仕事を担当しています．

—首席（他都道府県の主幹に当たる）とは，どんな役割分担になっていますか．

私たちの学校では，首席が進路指導部長と小・中一貫教育を担当し，私が研究部長とスクールエンパワーメントを担当するという分担になっています．首席と役割分担

学びあい・深め合う教員チーム

図1-14　授業参観週間における教員間のコミュニケーションカード（2015年度）
出所）筆者作成．

することは，スムーズに仕事を進める上で大きいと思います．
　もちろん，それぞれの役割を果たしつつ，2人で相談しながら仕事をしています．特に，小・中連携とスクールエンパワーメントは内容が重なり合う部分が多く，互いに支え合わないと良い形で進めることができないからです．

　——指導教諭として，どんな所に気をつけていますか．

　教員どうしの「同僚性」を培いたいと思っていますので，先生方と一緒に授業づくりを勉強するという考え方で行動するようにしています．例えば，研究授業も，お願いした先生と共に，研究部や同じ教科の先生方と一緒に授業を考えて，それを実施してもらうようにしています．
　また，若手の先生にアドバイスをする時には，そのポイントをはっきりさせて，混乱させないように努力しています．そして，次に頑張ろうと前向きになってもらえるように気を配っています．
　もちろん，学校の方針を出している校長，教頭とも相談して，若手教師とのパイプ役になることも大切です．例えば，授業の改善について，教員に近い立場の指導教諭から話した方が，よりスムーズに伝わることも多いからです．

　——指導教諭として，どんな所にやりがいを感じますか．

　一つは，授業づくりを支援する研修を，自分が中心になって企画・運営していることです．このことを通して，研究部長として培ってきた「グループ学習を通した学び合い」，「協同的な学び」を先生方と一緒に一層深めていき，すべての生徒の学びを保

障していくことが大切なことだと思っています．その結果，生き生きと楽しく学ぶ子
どもたちの様子を見られることが，何よりの喜びです．

　もう一つは，気をつけている所でも挙げた，教員どうしの「同僚性」を培う役割を
担っているということです．特に，若手教員を育てることが，自分の大きな仕事だと
思っています．授業に入り，しっかり話を聞いてアドバイスを続けたことで，生徒を
引きつける授業ができるように成長することもやりがいの一つです．

参考文献
　佐藤雅彰・佐藤学編『公立中学校の挑戦――授業を変える　学校が変わる（富士市立岳陽
　　中学校の実践）――』ぎょうせい，2003 年.
　佐藤学「学校の挑戦――『学びの共同体』づくり――」『総合教育技術』2004 年 7 月号・
　　9 月号，明治図書.

第2章
「協同的学び」の発展をめざす おおさか学びの会の活動

① おおさか学びの会の発足

　ここで取り上げる「学びの会」は，「学びの共同体」に取り組む学校や個人で「協同的学び」に取り組んでいる人たちどうしがゆるやかなネットワークを形成し，互いに支援し，「協同的学び」の質を高めていこうとするものである．

　おおさか学びの会は，2012 年 11 月，「協同的な学び」の哲学にもとづく授業研究と授業づくりをめざして発足した．大阪には，すでに「かわち学座」・「文殊の会」・「茶会」などの学びの会が成立していた．発足当初に次のような大枠を設定した．

1. 名　　　　　　称	：「おおさか学びの会」
2. 目　　　　　　的	：①「『学びの共同体』論」を中心とする授業研究とその実践研究 　②会員相互の交流と支援 　③「学びの共同体研究会」をはじめとする「学びの共同体」を進める学びの会，授業研究を進める研究会との連携
3. 活　　　　　　動	：3 カ月に 1 回のペースで定例会を開催（5・8・11・2 月） 　軌道に乗ってくれば，フォーラムを開催
4. 会　　　　　　員	：「『学びの共同体』論」をはじめとする授業研究とその実践をめざす人
5. 組　　　　　　織	：代表　1 名（丹松美代志），副代表　2 名（岡格，深草充生）, 顧問（大教大・木下百合子教授），事務局長（大阪市立市岡東中・原），事務局員（大阪市立長吉中・李，大教大附属平野中・井寄，堺市教育委員会・佐古田）
6. 会　　　　　　費	：年間　1,000 円（通信費・印刷費に充当）
7. 事 務 局 の 所 在 地	：事務局長の学校内に事務局を置く

8. 定例会の持ち方：会員の授業DVDの視聴と協議（授業デザインと座席表を用意）
　　　　　　　　　　　ミニ講演（30分），情報交換
- 定例会は土曜の午後2時〜5時
- 会員のDVDが準備できない時は，他の研究会や校内研のものを準備

9. 会報の発行：代表と事務局が協力して会報を発行（定例会報告を中心に）

10. 会員相互の連絡：メール登録による連絡を基本にする

11. 他の研究会との連携：「学びの共同体」のホームページにアップする

12. 当面の連絡先：池田市教育委員会教育政策課　丹松美代志

　顧問の大阪教育大学教授（その後，名誉教授）の木下百合子先生には，4年間にわたり，手弁当で参加していただき，毎回，筆者の設定するテーマに即して講演をお願いした．年4回の例会には，毎回30名前後の参加があり，50分のビデオ視聴，30分のグループ協議，40分の全体協議・30分のミニ講演を行った．

② おおさか学びの会の歩み

(1) 各回のビデオ提供者

　筆者がファシリテーターを務め，筆者の撮影した授業のビデオを中心にビデオカンファレンスを実施した．各回のビデオ提供者は，以下の通りである．

- 第1回（2012.11.24）　大阪立長吉中・李教諭　中2社会「九州地方」
- 第2回（2013.2.16）　大阪市立大桐中・原田教諭　中2英語
　　　　　　　　　　　　「Reading ——歌で学ぶ英語表現——」
- 第3回（2013.5.11）　大阪市立柴島中・原教頭（前大阪市立市岡東中教諭）　中1社会「沖縄の自然環境とくらしや産業」
- 第4回（2013.8.17）　池田市立北豊島中・丹松教諭　中3英語
　　　　　　　　　　　　「有名人にインタビューしよう」
- 第5回（2013.12.7）　大阪市立茨田東小・武田教諭　小4国語
　　　　　　　　　　　　「ごんぎつね」（第3場面）

- 第 6 回（2014.2.8）　　大阪市立歌島中・辻教諭　中 3 社会「地方自治」
- 第 7 回（2014.5.17）　大阪市立長吉中・李教諭　中 3 社会「税の公平性」
- 第 8 回（2014.8.9）　　茨木市立豊川中・徳本教諭　中 1 美術「色彩『ポスターカラーでの着色』」
- 第 9 回（2014.11.9）　大阪市立大桐中・金塚教諭　中 2 理科「電流の性質とその利用」
- 第 10 回（2015.2.14）　寝屋川市立第八中・浅野教諭　中 1 社会「多くの民族がくらす北アメリカ」
- 第 11 回（2015.5.9）　寝屋川市立中木田中・牧﨑教諭　中 2 国語「走れメロス」
- 第 12 回（2015.8.9）　大阪立長吉中・李教諭　中 2 社会「産業革命」
- 第 13 回（2015.11.8）　大阪市立大正中央中・辻教諭　中 1 社会「アフリカの自立と日本」
- 第 14 回（2016.2.14）　大阪市立茨田東小・武田教諭　小 2 国語「ニャーゴ」
- 第 15 回（2016.5.14）　寝屋川市立中木田中・鈴木教諭　中 1 数学「空間図形」
- 第 16 回（2016.8.20）　寝屋川市立第八中・今大路教諭　中 3 数学「式の計算の利用」
- 第 17 回（2016.11.27）　大阪府立勝山高・小堺教諭　高 2 世界史「西ヨーロッパ諸国の形成・教皇権と皇帝権」
- 第 18 回（2017.2.11）　大阪市立中野中・神原教諭　中 1 数学「空間図形」
- 第 19 回（2017.5.14）　寝屋川市教育委員会・浅野指導主事（前寝屋川市立第八中教諭）　中 3 社会「環境問題」
- 第 20 回（2017.8.19）　大阪府立勝山高校・大西教諭　高 2 英語 “Blowin' In The Wind”

- 第 21 回（2017.11.19）　大阪教育大学附属池田中・吉田教諭　中 1 社会
「アフリカ　可能性の大地」
- 第 22 回（2018.2.18）　大阪市立長吉中・松尾教諭　中 2 英語
「can と when」
寝屋川市立第二中・菊本教諭　中 1 社会「領土
問題」
- 第 23 回（2018.5.26）　京都府城陽市立西城陽中・堀田教諭　中一国語
「少年の日の思い出」
- 第 24 回（2018.8.25）　豊中市立第十六中・大矢教諭　中 1 音楽
「鑑賞：魔王」

　ビデオカンファレンスの内容が，ともすれば，授業の良しあしを評価することになりがちな点は，大きな課題である．この点は，協議会のファシリテーターの課題であり，学校の授業協議会に参加した時の筆者の課題である．どこで学びが成立し，どこで生徒の学びが切れたか，という基本に立ち返る必要がある．

(2) 各回のミニ講演の演題

- 第 1 回（2012.11.24）　おおさか学びの会顧問（大阪教育大学教授）
木下百合子
「4 人グループの有効性——教育学の見地から
——」
- 第 2 回（2013.2.16）　木下百合子「メディアと教育」
- 第 3 回（2013.5.11）　顧問　大阪教育大学名誉教授　木下百合子
「高い質の課題設定について」
- 第 4 回（2013.8.17）　木下百合子
「コミュニケーションとことばの基本問題——
社会構成主義入門——」
- 第 5 回（2013.12.7）　木下百合子

「コミュニケーションと協同をめざす授業における『ことば』」

- 第6回（2014.2.8）　木下百合子「ノンバーバル・コミュニケーション」
- 第7回（2014.5.17）　木下百合子「ノンバーバル・コミュニケーション（その2）」
- 第9回（2014.11.9）　木下百合子「対話を深める授業」
- 第10回（2015.2.14）　木下百合子「対話を深める授業（その2）」
- 第11回（2015.5.9）　木下百合子
　　「新学習指導要領に導入されるアクティブ・ラーニングについて」
- 第12回（2015.8.9）　木下百合子「グループ学習の方法」
- 第13回（2015.11.8）　木下百合子「パフォーマンス評価について」
- 第15回（2016.5.14）　木下百合子
　　「アクティブ・ラーニングの実践的課題について」
- 第16回（2016.8.20）　城陽市立城陽中校長　藤井恵
　　「城陽市における協同的学びの広がりと城陽中の取り組み」
- 第17回（2016.11.27）　おおさか学びの会会長　丹松美代志
　　「小グループの編成について」
- 第18回（2017.2.11）　丹松美代志「数学の協同的学びについて」
- 第19回（2017.5.14）　丹松美代志「社会科の協同的学びについて」
- 第20回（2017.8.19）　丹松美代志「新学習指導要領の背景について考える」
- 第21回（2017.11.19）　丹松美代志「真正な学びへのアプローチ」
- 第22回（2018.2.18）　大阪市立咲くやこの花中・井寄教頭
　　「一遍聖絵から中世を読み解く」

- 第 23 回 （2018.5.26）　丹松美代志「学びの共同体の導入・展開・継続」
- 第 24 回 （2018.8.25）　大阪市立咲くやこの花中・川村教諭
　　　　　　　　　　　　　　「3 年間のプロジェクト学習——卒業レポートに向けて——」

　木下教授には，教育学の見地から，毎回，示唆に富んだ視点を提供していただき，参加者からもたいへん好評であった．とりわけ，氏のライフワークともいえる「授業はコミュニケーションと協同」という視点から，筆者はおおきな刺激を受けた．

③ 〔学びの会だより〕の発行

　年 4 回以上，「学びの会だより」を発行し，現在は，それが学びの会の案内となっている．ホームページにも掲載している．その一例を紹介したい（章末資料）．

④ 「協同的学び」に出会って

(1)「協同的学び」に出会って

元大阪市立中学校校長　岡　　　格

　私は，教員の時，社会科＝暗記教科を克服しようと課題学習や自主作成プリントによる授業を試みました．しかし，その時だけの単発的な授業であったり，学びに夢中になれない生徒もいたりしました．そして，資料活用や多角的な思考や社会認識を育む学習ができなくて悶々としていました．

　管理職の時，全国中学校の社会科大阪大会が開催され，丹松先生とお会いする機会がありました．先生から学びの共同体のこと，岳陽中学校のこと，佐藤学教授のことなど聞かせて頂きました．また先生の紹介で岳陽中学校の佐藤雅彰先生のお話を聞く機会も得て，目から鱗の落ちる思いでした．そして，佐藤学教授の著書を貪り読みました．これこそが今の生徒や先生に必要とされる教育・哲学だと確信しました．そし

て自分でも生徒や先生方への授業も試みました．一斉授業と全く違った子どもたちの反応があり，全員が学びに夢中になっている姿を見て感動を覚えました．先生方とのビデオによる反省会や大学の先生による校内研修や，専門委員会で丹松先生の指導のもと全国や近畿の大会での研究発表もしました．今は先生から声をかけて頂き，おおさか学びの会のお手伝いをさせてもらっています．

「協同的な学び」は，子どもたちの学びからの逃走を防ぎ，教師間の同僚性を高め，学校を活性化すると思います．この学びの核は，「他者」（モノやコト，なかま，自分の中の自分）との出会いと対話，その出会いと対話の関係の中で育まれる「ケア」の心と自己の成長だと思っています．

(2)「協同的な学び」を通じた授業研究

大阪市立横堤中学校校長　井 寄 芳 春

おおさか学びの会の中心は「授業カンファレンス」である．毎回，丹松先生より提供していただく授業ビデオを参加者全員が視聴する．その後，グループで気づいたことや感想が語られる．グループのメンバーは初対面の人たちが多い．校種，教科，経験年数等も異なる．けれども，旧知の間柄のように，豊かな対話とコミュニケーションが繰り広げられる．笑い声も聞こえ，表情も身体も柔らかく開かれていく．若手もベテランも，それぞれの気付きに共感し，驚きながら，熱く学び合っている．授業カンファレンスのプロセスそのものがすぐれた「協同的な学び」のモデルとなっている．

参加者の，子どもたちに注がれるまなざしは，真剣で優しく細やかだ．子どもたちの学びの姿，子どもどうしの関係，学級全体の様子が丹念に，丁寧に見取られ，座席表に記録されていく．次に，子どもの事実を通して授業デザインの質や教材の価値，学習課題のあり方等について幅広く議論が展開される．最後に班で話し合われたことや個人の気付きについて発表する．授業カンファレンスでつながった仲間どうしの連帯感が広がり，学びが共有されていく．

「協同的な学び」に挑戦する先生方に出会い，また授業カンファレンスを通して，自分自身，子どもたちや授業を見る眼が大きく変わった．どの授業も，どの子どもたちを見ても新たな発見がある．これからも「協同的な学び」を通して，授業の世界に深く関わっていきたいと思う．

(3)「協同的学び」に出会って

大阪市立大和川中学校　李　洪　俊

　17年ほど前，第13回近畿中学校社会科教育研究大阪大会（平成19年）の大会実行委員会があった．これは，研究主題や理論研究の内容を決める重要な準備会議で，当時の私は研究部長としてその場にいた．

　重々しい空気の中，「これまでの研究成果を踏まえて『学びの共同体』（協同的学び）を研究主題に設定してはどうだろうか」と丹松美代志先生から提案された．これが私にとって「協同的学び」との出会いであった．

　「学びの共同体」は，現代の教育課題に対応できるとの説明があり，研究主題の方向はすぐに決まった．その後，みんなで佐藤学・東京大学教授の著作を輪読し，「学びの共同体」に取り組む公開授業研究会への参加も重ねた．さらに「学びの共同体研究会」にも加わってその理論と実践を深めていった．

　「協同的学び」の理解が進めば進むほど，これこそ「生徒の主体的な学び」であり，民主的な教育方法である，先進的な授業形態だと強く確信するようになった．必然的に6年後の第43回全国大会も同じ主題で取組み，その成果を全国に発信することになった．

　同時に勤務の長吉中学校でも「協同的学び」を提案し，丹松先生の指導を仰ぎながら研修と授業改革に取り組むことになっていった．

　振り返ると「協同的学び」との出会いは，私にとって現在の生き方や研究方向を決定づける出来事だったといえるだろう．

第2章 ┃「協同的学び」の発展をめざすおおさか学びの会の活動　　73

資料　学びの会だよりの例

学びの会だより

第　4　号
2013.4.26（金）
発行：おおさか学びの会

全ての生徒が学びに参加する英語学習（大阪市立大桐中）
＝ 2/16　第2回例会報告＝

　3カ月に1度の開催を予定している「おおさか学びの会」の活動も，ようやく2回目を迎えました．去る2月16日（土），大阪市立市岡東中の会議室をお借りして9：30～12：30の時間帯に実施しました．京都府や兵庫県からの参加もあり，総勢22名で研究会を進めました．

　当日の次第は，以下のとおりです．

1. 大阪市立大桐中学校の協同学習（10分）　　　　長田先生
2. ビデオカンファレンス［DVD視聴（50分）→4人グループ（20分）→全体（30分）］
   - 授業者　大阪市立大桐中　　原田先生
   - 内容　　中2英語「Reading——歌で学ぶ英語表現——」
   - 授業を見る視点：ビデオに表れた事実から議論する
                     ① 生徒をケアする視点から
                     ② 教科の本質から
                     ③ ①②を併せて，真正な学びを追究する
   　　　　～　休　憩　～
3. 顧問木下百合子先生（大阪教育大学教授）の講演「メディアと教育」

　　　　　　　　　　　　　　　　　　　　　　　（11：30～，40分，質疑10分）

　以下に，当日の概要を紹介します．

┃大桐中について┃

　研究会には，大桐中の教務と研究の要役の長田先生に参加してもらいました．長田先生は数学担当で，自ら率先垂範，協同学習を進めてきました．数年前に始めた公開研究会の最初の授業者です．授業づくりは，協同学習の理念で取り組まれています．学校全体の経営方針は，大阪大学の清水宏吉先生の「力のある学校」によっています．昨年12月に訪問したときは，特に，長田先生が所属する2年生の授業は，協同学習の成果が如実に現れていました．若い先生方が意欲的に授業を公開しようとする姿が印象的でした．また，職員あげての登校指導の姿もさわやかな印象を受けました．協同学習の取組みは，2004年に始まり，今に引き継がれています．

┃ビデオカンファレンス┃

　最初に4人グループでビデオから学んだことを話し合い，その後，参加者全体で協議し

ました。主な意見は，次のとおりです。

○ 机の隙間が気になった。全体的に生徒の人間関係は悪くなかったが，困り感のある生徒への対応が欲しかった。先生のしゃべるスピードが少し速かったと思う。音楽を通じての活動は，理解できていない子もいたのではないか。
○ それぞれの先生のビデオの見方が違い，それを交流することで一人ひとりの生徒の姿が捉えられるように思った。「意訳していいよ」という先生のタイミングがとてもよかった。
○ グループ活動の中でも，個人の学習をしていることがわかった。一方通行の授業を受けてきたので，こんな授業を受けてみたかった。1人では訳せないが，グループで到達できていた。
○ グループで訳せるのがいい。英語として，新たな学びがあっただろうか。先生が，観察する担当グループを決めているのを自分の学校でも見習いたい。
○ 英語を習得することを考えたとき，英語を使っていない，しゃべっていないのは，英語の学びとしてはどうか。グループで答えを1つにしない。グループの中でこそ，学びがあるのではないか。発表のためにグループ活動があるのではない。
○ 学校全体の取り組みの成果が現れていた。休んでいる子の机がそのままになっているのが気になった。
○ 気になった1人の生徒を中心に見た。後半のグループ活動には参加できていた。
○ 英語の苦手な子が多かったのではないかと感じた。
○ 子どもたちが学ぼうとする気持ちが出ている。グループにしているから，何とか学ぼうとしている。グループにしているから，その結果として困り感が明らかになっている。グループの中でどんな人間関係ができ，学びが生まれるのか，それをどう育てていくのか。取り組みの結果として，子どもが本当の姿を出している。
○ 教材がとても優れている。いい授業を見せていただいた。「意訳していいよ」という先生の発言から，辞書を離して仲間から学ぶようになった。英語の苦手な子が多い中で，英語だけで取り組むのは難しいが，「意訳していいよ」ということで，日本語も交えて考えるようになった。「アリの行列を見る様に」（佐藤学）と言われて，できる限り全てをメモし，子どものかかわりを見るようになった。医者が病気を診て人を見ていない。子ども1人ひとりを細かく見てほしい。
○ ビデオだけ見て，こんな見取りができるのはすごい。この学年は，さまざまな背景を持つ子が多い。

大桐中の安定した学校の姿を感じることのできるビデオでした．原田先生と子どもたちの関係がいいので，英語の苦手な子が最後まで取り組んでいました．「ビデオから何を学んだのか」より，こんな風にしたらいいというような批判的な見方があったのは，「協同的な学び」でめざす研究協議に慣れていないこともあったように感じました．ビデオカンファレンスを続けることで，「ビデオから何を学ぶか」ということの理解が深まればいいと思います．同じビデオを2回，3回と見ると新しい発見があるものです．

ビデオを提供していただいた大桐中，そして原田先生に，この場を借りてお礼申し上げます．

（講演）大阪教育大学教授　木下百合子先生「メディアと教育」

木下先生のメディア教育に関する編著としては，『総合学習時代の授業論～社会・メディア・コミュニケーション～』（2002年，ミネルヴァ書房），論文としては，「現代社会における『子どもの学び』再考」[『Computer & Education』Vol. 33（CIEC，2012年12月）所収]があります．

CIEC（コンピュータ利用教育学会）は，1996年に，コンピュータや情報通信ネットワークを教育に有効活用する可能性について，自由な議論ができる学際的組織として発足しました．木下論文所収の本号は，情報通信機器（ICT）と教育の適切な関係を再考する機会として企画されました．編集者は，木下論文について，次のようにコメントをしています．

木下百合子氏の「現代社会における『子どもの学び』再考」では，伝統的学校教育観から現代的学校教育観への転換過程を概観し，授業観，教材観，子ども観，学び，の各視点から的確で教育学的な整理が試みられている．授業観では，コミュニケーションと協同を取り上げ，協働と協調と協同の使い分けの源流について解きほぐし，学習者と教師（instructor）の「人間と人間の関係の質」の概念が「協調/協働（collaboration），協同（cooperation）」に包含されていることが示され，編者を啓蒙して頂いた．

こうした「学び」のグループは，社会的関係から独立した概念ではなく，学級，学年，学校，地域，国際規模へと拡大しうる疎通の場としての概念であると捉えている．そうであるならば，教材はこのようなグループにおける「コミュニケーション・メディア」と位置づけられるのは合理的なことである．17世紀のコメニウスの『世界図絵』の登場は，現在のICT下のマルチメディアと相似する飛躍する状況である．

氏は，学習の概念について，三つの把握を指摘する．：1）個体が変化し順応する意味での広義の学習，2）個人が社会的生活を通じて文化を習得し人格などの質的特性を形成す

る学習，3）人間の活動システムにおけるヒトの主導的な活動としての学習．この学習の概念を前提に，「教える時代から学ぶ時代へ」への「転換」が，理路整然と展開されている．氏の理論に立てば，俗に云う「問題発見解決能力」以前に，学習者に対しては，「自分で考え，発見し，吟味する権利」が認められる必要性を導き，この権利が「失敗する権利」と「間違う権利」と不可分であることが明解に示されている．

子どもの権利条約では 18 歳未満を「子ども」としているが，我が国では 20 歳とされている．氏は，整理の過程を通じて，「学びの場」としての教室が閉鎖空間から開放され「意味空間」として転換することをエスノグラフィカルに論証する．そのような意味空間では，対話（*dialogue*）」の概念と手法こそが大切であると主張している．

この日は，後者の論文の概要を以下のように話していただきました．

現在，学校にすべてコンピュータが入っている．これは，日本の国家戦略である．世界的に見ると，コンピュータの普及率は低いし，遅い．コンピュータ利用教育学会ができて，すでに機関誌を 33 巻出している．私は，教育の原則からこの問題を考えている．『情報教育の手引き』を文科省が出し，情報教育の必要性を述べている．ここではコンピュータの活用に触れているが，メディア教育，メディアリテラシーへの配慮がだんだん弱くなっている．論文のタイトルは，「現代社会における『子どもの学び』再考」である．学びと学習は同じと考えている．学習概念を整理し，伝統的授業からの変化を示した．

「伝統的学校教育から現代的学校教育への転換」では，伝統的学校教育は，子どもの「直接的な経験」を前提にして，人類の社会的遺産を間接的経験，すなわち子どもにとって新しいものとして学ぶことを授業の基本としてきた．しかし，直接的な経験をする前に，多様な情報メディアを介して間接的経験を獲得する時代になった．直接的な経験が不十分な子どもたちを前に，学校の役割は何かを考えることが必要性である．ここでは，クリンベルクの意見が大事である．彼は，学校教育は非体系的に社会的に獲得される知識と情報の分析と評価と価値づけの場に転換すべきだとして，社会の学校化の時代における学校教育の新たな存在意義を指摘した．

「授業観の転換：コミュニケーションと協同」では，共同作業を表現するために，文科省は「協調学習」あるいは「協働学習」（共に英語では collaboration）をいい，私は「協同学習」（cooperation）という．共通しているのは，共同作業の組織形態としての「グループ学習」である．日常では，学習の対象はクラスの中の少人数のグループである．人間と人間の関係の質を表現するのが「協同」である．授業で創造すべき協同関係を次のことをメルクマール（指標）として考えている．

- 学習における目標関係性（目標規定的な関心・意欲・態度）
- それぞれの個人の能動的活動と努力の「対等性」
- 社会的な相互行為と統合と社会的コミュニケーション及びその「対等性」
- 共同作業の過程における率直な人間関係，洗練されたコンタクトの下における相互理解の確保

何よりも重視しているのは,「対等性」である.現状の儀式化された「人工的な」コミュニケーションを,できるだけ「自然な」,「対等な」コミュニケーションにふさわしいものに作り変えようとする志向性を示している.個人と個人のつながりの質を問題にしている.だから,意識して「私たち」ではなく「私」あるいは複数の「私」を使っている.授業において,教師が生徒と対等な関係をつくる困難さがある.

「教材観の転換:「コミュニケーション・メディアとしての教材」については,教材を読むとき,クリティカルに読む.作られた意図を考える.教材を使って話す.教材について話す.17世紀のコメニウスの『世界図絵』の絵入りの教科書は,活版印刷の発明が背景にある.今のコンピュータは,コメニウスの『世界図絵』と同様の大きな変化である.「教科書をどう使うか」という問題が起こってくる.教科書もクリティカルに読むという問題を含んでいる.

「子ども観の転換:教える時代から学ぶ時代」ということについて,長らく支配的であった「子どもは未熟な存在である,子どもは真の意味で人間ではない,真の大人が完全な人間で,子どもはよくないことを防ぐために大人からの影響を必要としている」という「子どもの不完全思考」が学校を支配していた.それに対して,多くの教育学者が観方を変えてきた.子どもの再発見は,子どもが「自分で考え,発見し,吟味する権利」を認めることにつながる.そして,「自分で考え,発見し,吟味する権利」は「失敗する権利」,「間違う権利」を認めることと不可分の関係にある.日本では,失敗を許さないという傾向がある.子ども同士の話し合いと共に重要なのは,「子どもと対話する思慮深い大人」を必要としていることである.子ども同士の話し合いに加えて,どれだけ大人が話を聞いているかが大事である.

「学びの転換:意味空間としての教室:対話の必要性」については,「静かなグループ学習がいい」といっている.言葉がどれだけ飛び交うかが重要ではない.子どもの話し合いは,新しい課題で5〜7分,後は同じことの繰り返しになりがちである.話し合いの質,かかわり,対等な関係,これがメディアリテラシー形成のポイントである.授業における対話について語るとき,聞くことを求められているのは誰よりも教師である.学校と授業をオープン化することは,子どもにとって必要な学習と人間関係を結ぶ可能性を追求する場(意味空間)となる.そして,授業での学習と生活での学習を統合することは,喫緊の課題として浮上している.(文責=丹松)

講演の後の質疑では,collaboration と cooperation の違いについて,質問があり,木下先生が例を示して答えてくださいました.最後に,岡副会長が,協同的な学びを持続させる必要性に触れ,閉会の挨拶をして,会を終了しました.

参加者の感想
【よかった点】
　　○ 他教科,校種をこえて交流ができ,またそのよさが実感できたこと.時間配分も適

当で，よかったと思います．ビデオカンファレンスのもち方を学ぶことができたの
も意義深かったです．（ビデオをみる視点が提示されてあるところが大きいです
ね.）

○ 今回，はじめて参加いたしました．他の授業から学ぶことは，自分の授業の振り返
りもできるので，とても学ぶことができました．グループで議論することで，他の
方の意見も参考に，これからの自分の授業に取り入れていきます．

○ 子どもたちが，だれ1人，逃げることなく学んでいる姿に感動しました．学校全体
でとりくまれている成果がでていると思いました．私自身，すごく学べました．ご
提供いただいた先生方，事務局の先生方，本当にありがとうございました．

○ 授業が見れたこと，他の先生の考えがきけたこと．

【改善する方がいと思われる点】
○ 小学校の実践も今後重ねあわせることができると，より充実していくように思いま
す．

【木下先生に話して欲しい内容】
○ これからの学びに多様な切り口からお話がいただきたいです．今回のようなスタイ
ルがいいように思います．

○ 情報教育を中心として，ICTを使い，さまざまな形で「学び合い」の質を高めてい
こうと思います．

第3章
生徒指導・キャリア教育の実践

① 生徒を導き，生徒に導かれ
──私が出会った生徒たち──

　学校新聞に載せた一文を紹介したい.

　石橋中学校第29期生の皆さん，ご卒業おめでとうございます. 皆さんとは1年間のつき合いでしたが，私にとっては本当に忘れ難い1年となりました. 修学旅行，体育大会の準備と本番，文化祭に向けての取組みと本番……，学期が進むにつれ，皆さんの着実な成長の姿を見ることができ，嬉しかったです. 人なつっこい皆さんとの「濃い3年間」を過ごした3年生の先生方にとっては，私以上に思い出深いことでしょう. 皆さんの卒業に当たり，私の出会った3名の忘れ難い生徒の思い出を紹介し，皆さんへの門出の言葉にしたいと思います.

　1人めは池田中学卒業のAさんです. 彼女は私にとっての最初の卒業生です. 2年生の時，私のクラスで学級代表を務め，名実共にクラスのリーダーでした. 私はクラスの生徒と「生活ノート」を交換し，それをもとに道徳の時間に「生活を語る」取組みをしました. Aさんはなかなか自分の思いを語ることができませんでした. それは，サラリーマンの父親への心配事があったからです. 最後の最後，やっと彼女が重い口を開きました. 正義感が強く，いつも明るく前向きな彼女にそんな悩みがあることなど，クラスの誰も予想だにできなかったのです. K高校からK大学に進み，中学英語教師となった彼女.「鬼の丹松」と呼ばれていた当時の私のように，生徒にとても厳しい教師として私と同じバスケット部の顧問をし，生徒の信頼を得ていました. この4月には，同窓会が開かれる予定です. そこでは，彼女が「なぜ教師になったのか」,「なぜ，高校からバスケットを始め，最後まで顧問としてバスケットに拘り続けたのか」を聞きたいと思います. でも，今ではそれがかないません.

昨年秋，彼女は癌との壮絶な闘いの中で，最後まで教壇に，そしてバスケットコートに立ち続け，ついに帰らぬ人になりました．教職20数年，時々試合で会っていた彼女ともっと深く話しておきたかったと後悔しきりです．「これからの教育の中では，生徒を力で抑えるのではなく，生徒の思いに寄り添いながら，粘り強く生徒を導く必要があるのではないか」，「そのことと学校の規律を確立することとの整合性をどう保つか」，彼女と意見交換をしてみたかったのです．心から彼女の冥福を祈りたいと思います．

2人めは私にとって2回目の卒業生となるBさんです．脳性小児麻痺の彼女は，池田中までタクシー通学をしていました．バギーで生活する彼女を見て，最初，クラスメイトはまるで赤ん坊に接するようにしていました．でも，彼女も同じ中学生．体を絞るようにして言葉を発する彼女の姿は，全身全霊を傾けて必死に生きているように思えました．人として「生きる意味」を突きつけられたのは，私だけではなかったと思います．理学療法士の先生の言葉通り，彼女は二十歳過ぎに，短い生涯を閉じました．今も，天国で懸命に生きていると思います．

3人めは，細河中学1期生のC君です．初代の生徒会長・バスケット部キャプテンの彼は，何事にも全力で取り組む生徒でした．でも，考えに柔軟性がなく，医師をめざしていた彼にとって，思うようには学力が伸びませんでした．でも，M高校に進み，一浪して医科大学に進学した彼は，念願の内科医になりました．数年前には市立池田病院にも勤務し，今は広島県でクリニックを開いています．当時，私は，彼には医師になるのは無理だと思っていました．でも，彼は初志を貫徹し，夢を実現したのです．「夢」をもつことの大切さを説いていたはずの私が，勝手に生徒の能力に見切りをつける間違いをしていたのです．

今年も，また，多くの生徒の皆さんと新たな出会いをすることができました．私は，生涯を通じて出会った人から学び続けたいと思います．卒業生の皆さんも，どうか，他者との出会いを大切にし，成長してほしいと思います．卒業生の皆さんの未来が希望に溢れたものになることを祈念し，お祝いの言葉とします［『石中新聞』第101号，2009年3月］．

② 池田市立石橋中学校での実践「『荒れ』の克服から『いい学校』づくりへ」
——学校と保護者・地域との協働——

(1) はじめに

「次の保護者の方がお待ちです」長い保護者面談の後，別の保護者の方が相談に見えた．次々に保護者の来校を受け，こんなに頻繁に相談に乗るのは校長11年目にして初めての体験である．「学校の信頼が崩れている．」ことを実感せざるを得ない4月のスタートである．昨年度，私は校長として3校目の現任校に赴任した．

本校は，生徒数403名・15学級，校長・教員31名の創立32年目の学校である．この数年，生徒の「荒れ」に直面し，教職員は精一杯職務に励み，「これ以上，何をせよ，と言うのか」というのかが本音であった．私鉄沿線の小さなターミナル駅前の古くからの商店街を核に，南北3キロに細長く延びる校区である．人なつっこい生徒，学校に関心の強い保護者，学校に協力的な地域である．

(2) 「荒れ」の克服のヒントは足元に

今春卒業した3年生は126名．入学時から生活規律を身につけていない生徒が目立ったという．5月の中間考査は，生徒がなかなか着席せず，まともに実施できなかった．生徒の暴力行為も頻発した．学年教師集団は，粘り強く生徒・保護者に接し，つながりを深めてきた．規律は身についていないが，大人不信から確実に大人を信頼するようになりつつあった．彼らが5年生の時，1人の担任教師が罪を犯し，退職を余儀なくされるという出来事があった．学級は荒れ放題で，まともに授業が行われていなかった．たしかに生活課題の重い生徒が目立つ．そこにこそ，公教育の役割がある．家庭事情がどうであれ，学校はすべての生徒の学力を保障する責務を担っている．校長はその先頭に立つ．

儀式や生徒朝礼での講話は，校長の授業の場面である．そして，日々の休み時間，部活動の大会の応援，宿泊行事等，あらゆる機会を捉えて生徒とつながり，生徒理解を深め，校長としての支援策を考えた．「荒れ」の克服の出発点は，

深い生徒理解にもとづく生徒の受容である．力の論理は必ず破綻する．そのことを本校の昨年の3年教師集団は体現していた．それを学校総体のものにしてこなかった点が本校の最大の課題であり，校長の責任である．けっして，生徒・保護者だけのせいではない．教師が変われば生徒が変わる．もちろん，教育委員会や関係機関との連携と支援を得た上でのことではあるが……．

① 学校を開き，取組みをアピールする

　保護者からも地域からも苦情を言われることの多い学校の立場を変えようと考え，学校の持っている情報はできる限り公開し，校長の経営方針の理解が進むように努めた（図3-1）．学校からの便りをなかなか保護者に手渡さない生徒が多いことに鑑み，携帯メール配信を始めた．重要な配布物のある時は，必ずメール配信する．もちろん，緊急時にも活用する．学校新聞・PTA新聞に加えて，学校便り・学年便りの発行，ホームページの更新，そして，オープンスクールの実施を進めた．その一方で，保護者に関心の高い学力向上の取組みとして，国や府の新しい施策はできる限り活用し，人的・物的な支援を得るよう

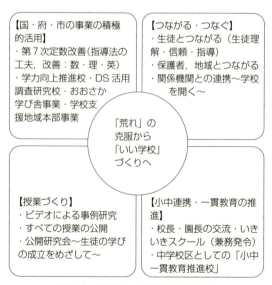

図3-1　石橋中の取組み（概念図）
出所）筆者作成．

にした．教職員には負担を強いるものもあったが，校長の判断で即決した．

　学力向上に関しては，従来より教職員定数の第7次改善により，数学・理科・英語について各1名の加配教員の配置を得ていた．生徒指導対応に追われがちであった加配教員を本来の少人数指導やティームティーチングに活用し，本年度より，新たに国の新学習指導要領促進事業を活用して理科の非常勤講師の配置を得て，理科の少人数指導の充実を図っている．また，昨年度より，大阪府の学力向上推進校と携帯ゲーム機活用調査研究校に手を挙げ，学校として学力向上に取り組む姿勢を明らかにした．加えて，2学期に始まった放課後の「おおさか学び舎事業」に積極的に取組み，毎週1回，3年生34名が自学自習力の伸長をめざす「ホップ」に参加し，学力の底上げを果たした．

　「ホップ」には，3年担当の教師のほか，地域の方の支援を得た．また，昨年度3学期より，国の学校支援地域本部事業に取組み，毎週土曜日に土曜寺子屋「どてら」を実施し，本年度は，在籍生徒の5分の1近い114名の生徒が参加している．指導のボランティアスタッフは現在50名にのぼり，学習塾の支援も受けている．

　安全・安心と夢のある学校づくり，生徒・教職員・保護者・地域にとって「いい学校」づくりをめざして，生徒とつながり，保護者・地域とつながる，関係機関とつながる中で，学校が地域に打って出る．そのことで，課題を共有できつつある．

(3) 学校と保護者・地域との協働

　大阪府では「地域の子を地域で育てる」をキャッチフレーズに平成5年度より「ふれ愛教育推進事業」が始まり，中学校区を単位に地域コーディネーターを中心に取組みが進められ，それが「すこやかネット」（地域教育協議会）として発展している．本校区においても，地域教育部会と学校教育部会の2本の柱で取組みを行っており，校区の河川の清掃活動やグランドゴルフ・子育てフォーラム，そして校区の学校・園の連携事業を進めている．

　昨年3学期より，ここに学校支援地域本部という3本目の柱を立て，新たに支援コーディネーターを組織した．従来の地域コーディネーターに加えて本校の学校協議員，学校・園のPTA会長に，その任を依頼した．「学校に力を貸し

写真 3-1　土曜寺子屋（どてら）の様子
出所）筆者撮影.

てください」というポスター・リーフレットを作成し，地域に掲示し，配布した．各PTAにも積極的に参加を呼びかけた．今後，図書館活動・部活動の支援・環境整備など，活動の広がりをめざしたい．学校と保護者・地域の協働による「いい学校」づくりは始まったばかりである．「いい学校」ができればいい地域ができる．まさに学校づくりは町づくりである．

(4) 授業づくりに挑戦

　学校の中心課題である授業の研究は，生徒の学びを保障するための必須アイテムである．本校では生徒の「つながる力」・「つなげる力」の育成を研究テーマにしてきたが，そのことを授業づくりに引きつけて追究する姿勢は希薄であった．2008年度より，授業をビデオ撮りし，ビデオを見ながら事例研究を始めた．「協同的な学び」には遠いが，授業者も自らの授業の批評者として参加できるこの手法を定着させ，生徒の学びが成立する授業をどう作っていくのか，組織的に検討したい．秋には，その取組みの一端を保護者・地域・外部に公開する．講師には，大阪教育大学の野口克海先生をお願いしている．すべての授業を公開し，生徒の学びの成立をめざす授業づくりの小さな一歩を踏み出した．

(5) 小中連携・一貫教育をめざして

　本校の校区では，本校に大部分の児童が進学する2小学校に，兼務発令によ

り，5年前から週1回英語科教員を派遣し，6年担任やALTとティームティーチングで外国語活動の授業を担当してきた（「いきいきスクール」）．また，毎年，人権教育担当者を中心に，校区のすべての教職員が参加して，人権教育の視点に立った交流を進めてきた．ここには，少数の児童が進学してくるもう1つの小学校や認定こども園も参加する．これまでは小・中が互いの不十分さを批判し合うことも多かったが，昨年度から，校長・園長どうしの交流を契機に，生徒指導・特別支援教育等での交流も見られるようになった．

2009年度より，本校と2小学校がともに市教育委員会より「小中一貫教育推進校」の指定を受け，中学校区としての取組みを始めた．課題のある生徒の指導を家庭を支援する形で進めるために，小中共同で行政の力を借りて「ケース会議」を開くなど，一歩ずつ取り組んでいる．いずれは，校区のすべての教職員がどこかの部会に参加し，児童・生徒の豊かな学びと確かな学力向上をめざして，小中一貫カリキュラムの作成・実施へと動きたい．取組みは緒についたばかりである［『きょういくeye』開隆堂出版，2009年10月号］．

③ 池田市立細河中学校での実践「地域と協働する学校づくりからキャリア教育の構築へ」

(1) はじめに

細河中学校は，2005年度開校24年目を迎えている．現在，生徒数300名・10学級（養護学級1を含む），校長・教員23名，教職員総数33名である．「同和教育推進校」としてスタートし，校舎は当時の同和対策事業の一環として建設された．校区には，日本を代表する植木産地である細河地区と新興住宅地の伏尾台地区があり，両地区の児童が本校に進学する．以下に掲げる開校時の教育目標が，本校のめざす生徒像を明らかにしている．

〈1〉人間らしく生きていくために，真実を追求し，不合理を見ぬき，人権を守りきる社会を築くことのできる人間を育てよう．

〈2〉集団の中で一人ひとりの願いを高めあい，実現することを通して更に自分を向上させることのできる人間を育てよう．

〈3〉一人ひとりが可能性を伸ばし，生きがいのある社会を築くのに貢献できる学力をつけるために，健康な心と体を育てよう．

〈4〉美しさに感動し，人間の真心にふれて共感をおぼえる豊かな感性と多様な表現力を育てよう．

〈5〉物事を直視し，やりきるまで情熱を失うことのない，ねばり強い態度を育てよう．

現在，教育目標を「命・人権・出会い・学び」に焦点化し，「豊かな学びが育つ学校づくり」を研究テーマに実践を重ねている．とりわけ，本年度は，文部科学省の「キャリア・スタート・ウィーク」（5日間以上の職場体験学習）推進校，大阪府教育委員会の「確かな学力向上のための学校づくり」拠点校，池田市教育委員会の「特色ある学校園づくり推進事業」クォリティ・エデュケーション・モデル校の委嘱を受け，取組みを進めている．

(2) 細河中学校の授業改革
①「学び合う共同体」をめざして

本校は，開校3年目の1984年に当時の文部省の「同和教育研究学校」の指定（2年間）を受けたのを皮切りに，毎年，研究指定を受け，取組みを進めてきた．その基本理念は「最も厳しい状況に置かれた子どもたちの課題はすべての子どもたちの課題の本質を提起している」という捉え方である．取組みの結果，被差別地区の生徒の高校進学率も100％になり，一定の成果が得られたかに見えた．しかし，地区生徒のあいつぐ高校中退や依然低位な大学進学率（府内平均の2分の1）に見られるように，生徒の自己学習力を獲得させないままに進路選択をさせてきたのではないかという大きな反省を迫られた．

そこで，教育研究の柱として，府教委研究指定の1992年からの2年間の小中連携，同じく93年から3年間の学力向上の取組みから授業改革に着手し，「学びの創造」をめざすことにした．「一斉講義型教え込み授業からの脱却」というスローガンを掲げて始めた授業改革は，学習過程の改革，学力獲得の主体の育成へと向かった．そこでは，「授業は生徒と教師の共同作業であり，その目的は学力保障と関係づくりである」という授業観が生まれた．自分自身のこ

とを肯定的に受容できる者どうしが，学ぶことを通じて共同体を形成する（「学び合う共同体」）．教師はそのために，さまざまな場面設定と方法を工夫する．「学び合う共同体」の創造が，自己学習力を育むと捉えたのである．その間，教師全員による授業公開と毎月実施するビデオ分析による授業事例研究を積み重ね今日に至っている．

研究の深化を求めて，昨年度から，東京大学学校臨床総合教育センター協力研究員であり元静岡県富士市立岳陽中学校校長佐藤雅彰先生にスーパーバイザーを依頼し，「活動的で協同的で表現的な学び」を追求している岳陽中の実践を参考に取組みを続けている．ちなみに，本校の本年度の授業研究の課題は，「対話のある授業——生徒と生徒，生徒と教師，生徒と教材をつなぐ——」・「生徒一人ひとりの学びを深める授業——『問い—探求—表現』のながれの追究——」・「自学自習力を育てる授業」である．

授業づくりを柱にしながら，開校時から大切にしていることがある．それは，「生活を語る」ことを大事にした集団づくりである．当初は，「生活ノート」の指導を通じて，生徒どうし・生徒と教師をつなぐ取組みをしてきた．現在は，班ノートや学級通信を活用して集団づくりを進め，毎年実施している各学年の宿泊行事（1年「自然学舎」・2年「臨海学舎」・3年「修学旅行」）の中で，一晩は必ず「クラスミーティング」を行い，クラスで自分の生活を語り合う機会を持ち，学年が進むにつれて，内容が深まっている．

② 小中連携の取組み

開校時から，本校と同じ「同和教育推進校」の小学校，「隣接校」の小学校の3校の連携は始まっていた．しかし，それが名実ともに組織的なものになったのは，1992年の府教委による3校を束ねた「同和教育協同推進校」の指定が契機である．現在，3校に加えて児童館の指導主事・被差別地区にある市立保育所の職員の参加を得て，毎週，定期的に人権教育担当者の打ち合わせと意見交流・情報交換を実施している．

その到達点として，4年前から3校の教員が2名ずつ相互に週時程に位置づけて授業を担当する「いきいきスクール」を展開している．本年度の場合，本校からは英語科教員と技術・家庭科教員が2小学校に毎週水曜日の午前中出向

き，6年生の英語活動の授業と2～6年生のコンピュータを活用した授業を担当している．本校には，2小学校から主として火曜日に必修家庭科・数学，選択理科・音楽の授業担当として4人の教員を迎えている．学校の土台となる授業を担当することで，違った学校文化をもつ小中が共同研究を深めることになった．単に小中の段差の縮減をめざすことに留まらず，小中一貫教育への展望を拓くものにしたいと考えている．そのため，昨年度から，府教委の「わがまちの誇れる学校づくり推進事業」に位置づけて，「いきいきスクール」の取組みを3校の校長・教員65名全員のものとするために，全体会・部会を開催している．本年度は府教委の「確かな学力向上のための学校づくり」推進事業の指定を受け，3校がともにその拠点校として取り組むことになって，「人権教育」・「学力」・「いきいきスクール」・「生活指導」の4部会を設けている．ここには，引き続いて，児童館指導主事・保育所・府立池田北高校の職員も参加している．

　3校と府立池田北高校との連携で特筆すべきは，88年に始まった「フレンドリーコンサート」である．爾来，毎年夏休みから4校の金管クラブ・吹奏楽部のメンバーが合同練習を重ね，年末に池田市民文化会館でコンサートを開催している．そこに，多くの校区住民・市民が足を運び，子どもたちを励ましてくれている．本年度から校区住民の演奏参加も得て，広がりを見せている．高校生が小中学生を，中学生が小学生を指導する経験は，異年齢集団の活動機会の少ない今日にあって，個々の子どもたちの成長に資するたいへん貴重なものとなっている．

(3) 地域と協働の学校づくり

① ふれあい教育推進事業

　本校の校区では，1996年から「ふれあい教育推進事業」に取り組んでいる．当初は，3校の共同研究が中心であった．やっと3年前から，「地域の子どもを地域で育てる」取組みが本格化した．地域コーディネーターを核に毎月定例の「企画部」の会合を開き，計画・運営の検討をしている．全体会にあたる推進委員会のもと，地域教育促進部会・学校教育促進部会・生活指導協力委員会の3部会で構成している．本年度は，土曜教室の開催に向けて「ふれあい茶道

教室」・「フラワーアレンジメント教室」・「パソコン教室」に取り組んでいる. 特にパソコン教室は, 中学生が先生役になり, 中高年の人々を対象に取り組む計画である. 推進委員会のメンバーである自治会会長に依頼して, 機関紙「教育コミュニティーふれあいねっと」に加え, 本校の学校新聞（月2回発行）を自治会の回覧に供している. 本校の取組みを広く地域住民に発信することが, 地域との協働の学校づくりの大前提であると考えている. 今後, 地域の諸行事に「ふれあい教育推進委員会」として参画できるよう努力したい.

② 学校と地域との協働

本校には現在, 運動部11, 文化部3の課外クラブがある. 校長も含めた全教員が顧問を務めているが, 保護者・地域住民約20名の外部ボランティアにも指導を依頼している. たった300名の在籍生徒であるにもかかわらず, 全国大会・関西大会を視野に入れた部活動の充実は本校の誇りとするところである. 学年の枠を越えた同好の者が集い, 青春のエネルギーをぶつけ, 生徒どうし, 生徒と指導者との人間的な交流を深めることは, 生徒の成長にとって本当に貴重なものとなっている. その活動を外部ボランティア指導者に支えてもらっている.

本校にはもう1つ, ボランティア特別クラブとして「HOWPの会（ホープの会）」がある. 開校4年目の2期生の長崎修学旅行の際に, 被爆者の下平作江さんの講演に触発された生徒が在韓被爆者の救援のために募金活動を行ったのが始まりである. 本年度も「平和登校日」に長崎から下平さんに来てもらい, 全校で講演を聞く機会を持った. 以来, 校区や行政・市内の諸団体からボランティアの要請を受けて, そのときどきに参加できる生徒が会員になって活動し, 今日に至っている. 今では, 障害者団体の行事, 作業所のイベント, 赤い羽根募金, 地域のまつり等で活躍している.

また, 本年度は, 教育特区となった池田市において「英語活動推進校」となった本校は, 「ふれあい教育推進事業」において国際交流を担当している校区住民に, 非常勤講師として, 週1回, 選択英語の授業を担当してもらっている. 施設開放を開校時から進めており, 週末のテニスコート・夜の体育館は, 常時地域住民に開放し, そのことが外部指導者の協力を得る下地となっている. こ

のように，授業・特別活動等において，機会のあるたびに地域との協働の機会を模索している．昨年度から本年度にかけて取り組んだ宇宙ステーションとの交信事業は，その1つである．

1998年からアメリカ・ロシア・カナダ・欧州各国・日本など16カ国が共同で国際宇宙ステーションの建設に取り組んでいる．そのため，建設途上の宇宙ステーションには2〜3名の宇宙飛行士が滞在している．子どもたちの地球や宇宙への関心を高めるとともに宇宙飛士のメンタル面のために，この宇宙飛行士と小中学生とのアマチュア無線を利用した交信事業が世界約50カ国で取り組まれている．本校は国内11例目として，本年5月9日に交信に成功した．

3年前，市内在住のアマチュア無線家に声をかけてもらい，日本アマチュア無線連盟大阪支部の全面的な協力のもと，アメリカ航空宇宙局に交信申請を行った．待つこと2年半，いよいよ生徒会主催・ふれあい教育推進委員会協賛で交信の日を迎えた．交信に合わせて，国産ロケットの生みの親であり，現在，宇宙航空研究開発機構の主任研究員である菊山紀彦先生の来校を得て，生徒・保護者・地域住民を対象に講演会を開催し，宇宙への夢を膨らませた．地球を90分で1周する宇宙ステーションと交信できるのは僅かに10分．自ら希望した12名の生徒がアメリカ人宇宙飛行士ジョン・フィリップス博士に予め予定していた質問を英語で行い，博士は，質問に的確に答えてくれた．生徒会の運営による交信を支えてくれたのは，大阪支部の十数名のスタッフである．3カ月前に本校屋上に大型アンテナを設置し，コントローラーで宇宙ステーションを自動追尾するようにし，生徒にもコンピュータ制御の技術を伝授してもらった．また，無線の特性や無線機の扱い方を3回にわたってレクチャーしてもらい，生徒を前面に立て，裏方に徹して交信の成功を担ってもらった．その後，交信の中心メンバーであった生徒は，大阪支部が中心となって運営する関西アマチュア無線フェスティバルに参加し，支部の面々との再会を果たした．地域の力が生徒会によるとてつもない大事業をなし遂げさせた．ここに，これからの本校が歩むべき方向性が示されている．

なお，PTAが本校の取組みを全面的に支え，地域と協働の学校づくりの基盤となっていることを申し添えておきたい．

(4) キャリア教育の構築に向けて

① 総合的な学習の充実をめざして

3年前に筆者が校長として本校に戻ってきた時（開校時から8年間社会科教員として勤務），「学び合う共同体づくり」を推進するとともに総合的な学習の時間の充実を図りたいと考えた．総合的な学習がめざすのは生徒の主体的な学びであり，問題解決力や創造的な態度の育成を通じて，生徒が自己の生き方を考える力を身につけることである．これまでの本校の取組みは，各学年の実践のつながりが弱く，3年間の系統性や個々の取組みの発展性が不十分であった．最大の課題は，人とのつながりを深めるためのコミュニケーション能力の育成である．そこで，昨年度からキャリア教育を核にして，総合的な学習のカリキュラムを再編成し，内容の充実を図りたいと考えた（表3-1）．キャリア教育とは，「望ましい職業観・勤労観及び職業に関する知識や技術を身に付けさせるとともに，自己の個性を理解し，主体的に進路を決定する能力・態度を育てる教育」〔1999年度中央教育審議会答申〕を言う．

② なぜキャリア教育か

筆者とキャリア教育との出会いは，3年前の大阪教育大学とNPO法人Jaeeの主催する「アントレプレナーシップ教育」フォーラムに参加したことに始まる．総合的な学習をどのように充実させようかと考えていた時期であり，「これだ」と直感した．アントレプレナーシップ教育は，キャリア教育の一種であり，起業家精神を培う教育である．社会人（職業人）としての必要不可欠な価値観・姿勢・能力を養い，生徒が自らの人生を自らの手で切り開いていくという強い情熱を持ち，リスクを恐れずに自分の夢に向かってチャレンジすることをめざしている．ベンチャー教育と銘打って取り組まれているものも，ほぼ同じねらいを持っている．

偶然にも，フォーラムに参加した直後に，池田市教育委員会，市商工労働課を通じて近畿経済局からアントレプレナーシップ教育の誘いを受けた．チャンス到来である．すでに，総合的な学習に位置付けた2年生の職場体験学習を3日間から5日間にしようと議論していた矢先であり，5日間の職場体験学習を充実させるためにアントレプレナーシップ教育の手法を生かそうと考えた．

表 3-1　2005 年度　総合的な学習（DT =「出会いタイム」）年間指導計画（細河中学校）

学期	月	RT	1 年	2 年	3 年
1 学期	4月	↑	◆新しい仲間との出会い 　クラス開き・自己紹介・班づくり・学年スタッフ		◆修学旅行 　事前学習 　クラスミィーティング
	5月		◆自然学舎 　事前学習 　クラスミィーティング	◆臨海学舎 　事前学習 　クラスミィーティング	◆修学旅行 　振り返り
	6月		◆職業調べ ◆職場訪問，インタビュー	◆「私の仕事館」訪問・体験 ◆職場体験学習に向けて	◆進路に向けて ◆高校等訪問，報告会
	7月			◆ものづくり体験	
2 学期	9月		◆体育祭に向けて		
	10月		◆体育祭・文化発表会		
	11月		◆人権総合学習 　スキル学習 ◆人権総合学習① 　高齢者疑似体験 　アイマスク体験 　車椅子体験	◆職場体験学習に向けて 　スキル学習 　職場先班分け ◆五日間の職場体験学習 　まちづくりの提言	◆進路を見つめる ◆人権総合学習③ 　進路に向けて 　先輩から学ぶ 　学びの総仕上げ 　（地域活動）
	12月		◆生きることの意味を考える	（◆池田駅前でのキッズマート） ◆職場体験学習報告会	◆進路を共に考える
3 学期	1月		◆部落問題学習	◆人権総合学習② 　沖縄平和人権学習	◆進路の実現に向けて
	2月		◆フィールドワーク 　部落問題 　「在日」問題	◆修学旅行に向けて	◆進路を実現する
	3月	↓	◆卒業に向けて		◆卒業式に向けて

※ RT =「読書タイム」

《選択・総合学習の時数》
- 1年　選択 30 時間（内，教育特区にかかわる「選択英語」30 時間）
　　　総合 70 時間
- 2年　選択 85 時間（内，教育特区にかかわる「選択英語」35 時間）
　　　総合 70 時間
- 3年　選択 120 時間（内，教育特区にかかわる「選択英語」20 時間）
　　　総合 115 時間

《総合的な学習で育てたい力》
- コミュニケーション力
- 課題設定力
- 課題解決力
- 企画運営力
- 生き方を決定する力

出所）筆者作成.

ところで，中学校教育の目標は「社会に必要な職業についての基礎的な知識と技能，勤労を重んじる態度および個性に応じて将来の進路を選択する能力を養うこと」である（学校教育法 36 条）．しかし，現状はどの高校に進学させるかというような進学決定の指導が中心になり，生徒の生き方に迫る指導になっていない感があった．そこで，進路指導のあり方を見直す機会として，2004 月に出された「キャリア教育に関する総合的調査研究協力者会議報告書」に注目した．

報告書では，キャリア教育の意義として，一人ひとりのキャリア発達や個としての自立を促す視点から，従来の教育のあり方を幅広く見直し，改革していくための理念と方向性を示すものとして子どもたちの成長・発達を支援する取組みの促進と各学校の教育課程の見直しの必要性を掲げている．また，キャリア教育推進のための方策の１つとして，各発達段階に応じた「能力・態度」の育成を軸とした学習プログラムの開発を挙げている．このキャリア教育における学習プログラムについては，先に国立教育政策研究所が枠組み例を示しており，進路指導のあり方を見直すヒントになる．そこでは，人間関係形成力・情報活用能力・将来設計能力・意思決定能力の４つの能力の育成を課題とし，小・中・高 12 年間を見据えた取組み例を提示している．今後の本校の進路指導のあり方を探る際におおいに参考にしたいと思う．

③ ５日間の職場体験学習へのこだわり

本校では，10 年以上前から３日間の職場体験学習に取り組んでいる．生徒が自ら職場を開拓し，３日間の体験学習をしてきた．依頼を断られる体験も大切だと考え，生徒の自発的な選択による意欲的な取組みを期待し，生徒は「履歴書」を作成して体験に臨んだ．しかし，受け入れ側の商店や事業所からは時々，事前に学校からの依頼がない，何をめざしているのか，どんな体験をさせればよいのかわかりづらい等のクレームが寄せられていた．また，学校側の反省として体験学習が各職場任せになりがちで，教員が生徒の学びの姿に直面する機会が乏しい，体験を次の学習へと発展させにくい，消費社会の申し子である生徒の選択に委ねると，ものづくりの職場が挙がってきにくいという弱点があった．

そこで，昨年度の２年生の職場体験学習では，総合的な学習のねらいを生かし，教員の役割を果たすために，職場実習・インターンシップとしての意味合いをもつ本格的な体験学習をめざして，５日間，地元の商店街・事業所に集中して学校から受け入れを依頼することにした．５日間の体験にこだわったのは，従来の３日間での「お客さん」扱いから「従業員」としての体験を期待してのことである．生徒には「後１日，さらに最後の１日」に耐えて，５日間の体験を終えた充実感を体感させたいと考えた．

このように考えるきっかけとなったことの１つは，一昨年，ただ１人の就職希望生であったＡさんの存在である．Ａさんは不登校生で市内の適応指導教室に通っていた．学校にはときどき放課後に顔を見せ，担任や生徒指導主事，かかわりのある教師がメール交換や家庭訪問を繰り返していた．卒業が近づく３学期，Ａさんから自分の意志で清掃の仕事に就きたいという考えが示された．たった１人の就職生であり，これまでの進路指導がＡさんのような進学と違う進路をめざす生徒の支援が不十分であったという反省の上に立って，Ａさんの希望する仕事でのインターンシップ先を探すことにした．幸い，市内のビル管理・清掃・警備を業とする企業が受け入れてくれることになった．当初は，とりあえず５日間の職場実習を依頼した．Ａさんは早朝７時に始まるビル内の清掃業務を５日間やり遂げた．その真面目な勤務態度が認められ，最初はアルバイト採用だが，正採用を考えるという条件で就職することができた．その後，残念ながらＡさんは早朝７時からの勤務に体力的について行けず，１カ月あまりでリタイヤしてしまった．Ａさんの事例から，５日間の職場体験学習の必要性を改めて痛感した．仕事に対する意欲とともに，それに伴って必要な気力・体力を養い，社会の厳しさに直面し，生徒が自己を鍛える場面を設定したいという思いを強くした．

④ アントレプレナーシップ教育の取組み

2004 度の２年生は 114 名．６月にキャリア教育の取組みとして「しごととアンケート」・「私のしごと館」の見学と体験を実施した．この間，近畿経済局・同局の派遣する教育コンサルタント及び池田市商工労働課と打ち合わせを持った．学年教員団は初めての取組みへの不安や事後の報告の煩わしさ等で当初難色を

示す向きもあったが，取組みの進行とともに，熱が入っていった．筆者は，予定している5日間の職場体験学習を豊かなものにするためにこの機会を活用しようと説得した．

アントレプレナーシップ教育の理念に沿った内容を追究しようと検討会がスタートした．当初，行政の側からは生徒による市の商業活性化の提言をしてほしいという提案がなされた．学校としては，メインの職場体験学習の計画があり，商店街を生活圏としない生徒の状況等を勘案して，職場体験学習で世話になる商店街のPR紙（情報紙）を作成するということを最終ゴールとすることにした．

一方，夏休み前には市商工労働課に，池田市の栄町商店街・石橋商店街等を中心に職場体験学習の受け入れ先の斡旋を依頼した．個々の商店・事業所にはできる限り少人数で行かせたいという思いから，学校の方でも数カ所を追加依頼した．都合54カ所の商店・事業所に世話になり，12月2日から5日間の職場体験学習を実施することになった．54カ所の中には，学年全体の取組みや仲間の活動のようすを取材するために市の広報広聴課と豊中・池田ケーブルネット（各3名ずつ）が含まれている．

今回のアントレプレナーシップ教育の取組みは，総合的な学習の時間を活用して12月の職場体験学習を核に9月から2月までの6カ月間に及んだ．

9月には，生徒が，インタビューしてみたい職業のアンケート調査を実施するため，保護者・地域に依頼状を送り，インタビューを試みた．この間，学年教員団は教育コンサルタントを講師として，職場に出向く生徒に身につけさせたいスキルや視点について講習会を持った．10月には教員の職場訪問による事前打ち合わせを行った．そして，10月20日に近畿経済局・池田市・市のまちづくり株式会社・教育コンサルタント会社に来校してもらって，いよいよアントレプレナーシップ教育の本格的な取組みを開始した．この日は，検討会の方向に沿って，市長とまちづくり株式会社から，本校2年生に「まちづくり応援サポーターとして地元商店街のPR紙を作成せよ」という使命が与えられた．その後，教育コンサルタントによる授業「物事を見る目」，教員による授業「比較して考える」・「法則を考える」を実施した．そして，職場体験先の生徒のメンバー決定を行った．一方，国語の授業ではインタビューのスキルを磨く指導

が始まっていた.

　11月，生徒が履歴書を持参して，世話になる職場を訪問し，あいさつと打ち合わせを行った．教員による「ターゲットを考える」授業も展開された．12月，いよいよ職場体験学習を実施した．不登校傾向の生徒も参加し，生徒は精一杯取り組んだ．多くの生徒が集合時刻30分前には職場に入り，職場からも好評であった．この間，学年教員団は持ち場を決めて1日に何度も職場を訪問し，経営者と懇意になり，生徒の学びの姿を見守った．学校に戻った2年生は，職場体験レポートを作成し，情報紙の原稿作成に向かった．以後，生徒は体験先の200字の紹介記事とキャッチコピー作成に悪戦苦闘した．ここで，1人のレポートを紹介する．

── 職場体験レポート　職場体験で学んだこと ──

　私はサカエマチ商店街にある「〇〇カフェ」というコーヒー豆店に5日間行きました．そしてこのお店は生豆をその場で焙煎するので，そのやり方を教えてもらいました，その時はまるでお客さんみたいな状態でただ感心していました．その日した仕事はお店の前に立ってお客さんを呼び込んだり試飲をすすめることでした．そんなことを経験したことが一度もなく，何を言ったらいいのか何をしたらいいのか全くわからず，立っていました．でもずっとこのままでいるわけにはいかないと思い，思い切って「いらっしゃいませ」と声を出してみました．そんな大した事ではないかも知れないけど，私にとっては勇気のいることでした．その後はだんだん大きな声も出せるようになり，少し成長できたと思う日でした．2日目，3日目はだいぶ慣れて開店準備も少し早くできるようになり，試飲用のコーヒーもいれさせてもらえるようになりました．呼びこみの方もいろいろ頭で言葉のパターンを考えたりできました．が，どんなに考えて大きい声で言ってもなかなか簡単にお客さんは入ってきてくれません．商売をする事の厳しさを感じました．4日目，5日目になると試飲用のコーヒーを入れるのにもだいぶ手慣れ，ご主人のBさんもとても優しい人だったので気軽に話せるようになりました．でも，お客さんが入ってきた時の対応が全くできなくて，試飲をすすめることもなかなかできませんでした．そこはもっと積極的にがんばらなければいけなかった，もっと周りをよく見て気が付けばよかったと思いました．

　5日間の職場体験をして，立ちっぱなしはとてもつらかったですが，Bさんや周りのお店の人たちと話したりできたことはてとも楽しかったです．いつも

第3章 生徒指導・キャリア教育の実践　97

はできない事でもやらなければならない時はできる自分の能力に気付けました．また自分の能力に足りない所もわかり，そのわかった事をこれからの学校生活に活かしていきたいです．

◎ご家庭のコメント
　日頃，人前でなかなか大きな声が出せない娘が勇気出して人に声をかけるなど，5日間の短い期間だったが初めての職業体験で得た物は非常に多かったようだ．
（本格的なコーヒーを入れてもらい喜ぶ父親）

　1月には情報紙の原稿の推敲のために，市広報広聴課から3名の職員が来校し，生徒を指導してくれた．月末には，原稿を印刷会社に届けた．印刷は，生徒が体験先で世話になった市内の業者に依頼した．また，発行部数についても市と協議し，結局，5000部つくることにし，2月8日，情報紙「細河中学校職業体験新聞街NAVI（まちナビ）」が刷り上がり，完成披露会を持った．近畿経済局・池田市長・まちづくり株式会社・教育コンサルタント・池田商工会議所・各商店街の代表・教育委員会などの参加を得て，情報紙が披露された．初めて日刊紙大オールカラー4面の情報紙を手にした生徒は，満足感あふれる表情を見せた．市長はじめとする来校者それぞれから講評を受けた．予想を越えた情報紙の出来栄えに，賛辞の声が続いた．そこで，54カ所の商店・事業所のPR記事の中から，先程紹介した生徒ともう1人の生徒が世話になった店の記事を掲げる．

── ○○カフェ　香り高い煎り立てコーヒー ──
　各国から厳選されたコーヒーの生豆が並ぶ「○○カフェ」は04年7月に開店したばかり．「創造・情熱・行動，どれ一つ欠けても商売はできない」と言う店主のBさんのこだわりは，生豆をその場で焙煎すること．ドイツ製の焙煎機は近畿に4台しかなく，高級車並みの値段がするという．香りの豊かさがまるで違うそうだ．人気商品はブルーマウンテンブレンド（100g 690円）．インターネットでの販売も計画中だ．

　その後，生徒は職場訪問し，情報紙を届けた．また，学校では今回のアントレプレナーシップ教育の振り返りと生徒による自己評価を行った．

この6カ月に及ぶ取組みは折々にケーブルテレビの取材を受け，最終的には市提供の20分番組として，3月の1カ月間ケーブルテレビで放映され，多くの市民に取組みを伝えることができた．また，情報紙は体験先以外に，市役所，地元の銀行，郵便局，税務署，商工会議所等に置いてもらい，多くの市民の手に渡った．

⑤ アントレプレナーシップ教育での生徒の学び

今回の取組みは，行政・教育コンサルタント・地元商店街・学校の協働の賜物である．特に事前学習では，近畿経済局の派遣してくれた教育コンサルタントの力に負うところが大きかった．それは「活動的で協同的で表現的な学び」をめざす本校の授業研究にもおおいに参考になるものであった．

取組みのなかで，生徒は国語の授業でインタビューのスキルを磨き，世話になった商店・事業所のPR文を200字にまとめ，キャッチコピーを考えるのに腐心した．その苦労も，体験先や市民からの評価で報われたと考える．また，5日間に及ぶ本格的な職場体験学習により，仕事の厳しさや表に表れない苦労も体験できた．6カ月に及ぶ取組み全体を通じて，生徒は新しいことに挑戦することによって新たな可能性を発見できると感じ，将来の自分の行きたい方向を探したいという気持ちをもつようになった（表3-2）．何よりも，普段，人間関係に気遣い，また，気疲れしがちな生徒が，今回の学習で自分たちの人間関係を変えるきっかけをつかんだことは大きな成果である．社会の厳しさに直面し，コミュニケーション力を高めた生徒の今後が楽しみである．

2005年度の2年生も，11月16日から5日間の職場体験学習に挑戦する．そして，その取組みを引き継ぐ形で生徒会が阪急池田駅前でキッズマートの取組みを行い，体験先のPRをめざす予定である．また，本年度の48カ所の体験先には，校区内の15商店・事業所が含まれており，より地元に密着した活動をめざしている．

(5) おわりに

すでに，2005年度の2年生のアントレプレナーシップ教育の取組みが始まっている．学年単位での取組みが多くなる中学校において，取組みが根付くに

は3年かかる．3年たって，アントレプレナーシップ教育が本校の学校文化となる．そのためにも，筆者のような立場の者がつなぎ役となり，前年度の経験を次年度にいかすことが大切である．

　今後，アントレプレナーシップ教育を核に本校のキャリア教育の構築をめざし，ひいては，連携校との12年間を見通したキャリア教育のカリキュラムづくりを目標としていきたい．そのためにも，本校の取組みを地についたものにしていきたい［部落解放・人権研究所紀要『部落解放研究』第167号，解放出版社，2005年］．

表3-2　職場体験アンケート

職場体験を振り返って

●アントレ

興味を持って受けられたか		1男	1女	1計	2男	2女	2計	3男	3女	3計	男計	女計	総計
①とても興味がもてた	25%	4	7	11	7	5	12	0	4	4	11	16	27
②まあ興味がもてた	51%	8	11	19	8	12	20	5	12	17	21	35	56
③あまりもてなかった	19%	4	1	5	2	1	3	10	3	13	16	5	21
④どちらともいえない	5%	0	2	2	0	2	2	2	0	2	2	4	6

＊①②で76%が「興味を持てた」と回答.
＊1位は水田さんの授業，2位はポテトチップスの実物が出た授業.

印象に残った授業は		1男	1女	1計	2男	2女	2計	3男	3女	3計	男計	女計	総計
①水田トレーナーの授業	44%	3	13	16	7	10	17	8	7	15	18	30	48
②比較する		6	9	15	8	5	13	5	9	14	19	23	42
③法則を考える1		6	8	14	6	5	11	3	9	12	15	22	37
④法則を考える2		5	11	16	8	10	18	4	6	10	17	27	44
⑤立地・ターゲット		4	4	8	4	3	7	4	4	8	12	11	23

授業への参加度		1男	1女	1計	2男	2女	2計	3男	3女	3計	男計	女計	総計
①真剣に取り組めた	33%	6	8	14	9	9	18	0	4	4	15	21	36
②まあ真剣にやれた	59%	8	13	21	7	11	18	12	14	26	27	38	65
③あまりやれなかった	8%	2	0	2	1	0	1	5	1	6	8	1	9

職場体験に生かせたか		1男	1女	1計	2男	2女	2計	3男	3女	3計	男計	女計	総計
①意識して臨めた	25%	4	4	8	5	8	13	2	5	7	11	17	28
②気をつけて見られた	57%	7	10	17	12	11	23	12	11	23	31	32	63
③あまり生きていない	9%	1	3	4	0	0	0	3	2	5	4	5	9
④どちらともいえない	9%	4	2	6	1	0	1	1	1	2	4	6	10

＊82%が「生かせた」と回答.

●職場体験

日数について		1男	1女	1計	2男	2女	2計	3男	3女	3計	男計	女計	総計
③これぐらいでよい	30%	5	3	8	6	5	11	7	7	14	18	15	33
②意味のある長さだと思う	29%	5	2	7	8	5	13	5	7	12	18	14	32
④短い・もっとやりたい	24%	4	9	13	2	7	9	1	3	4	7	19	26
①長すぎてしんどい	15%	2	6	8	1	3	4	3	2	5	6	11	17
⑤短くても足りない	2%	0	1	1	0	0	0	1	0	1	1	1	2

＊83%がプラス評価.⑤は細川と米田でやむをえない.

意欲について		1男	1女	1計	2男	2女	2計	3男	3女	3計	男計	女計	総計
①非常に意欲あり	45%	7	11	18	4	10	14	7	10	17	18	31	49
②意欲がもてた	33%	5	2	7	10	7	17	6	6	12	21	15	36
③もてなかった	11%	4	2	6	2	2	4	1	1	2	5	5	10
④どちらともいえない	11%	2	4	6	1	2	3	2	2	4	5	8	13

＊78%が「意欲が持てた」と回答.

自分の働きぶり		1男	1女	1計	2男	2女	2計	3男	3女	3計	男計	女計	総計
①意欲的にできた		6	8	14	4	4	8	2	3	5	12	15	27
②指示されたことはできた		6	9	15	10	12	22	9	11	20	25	32	57
③自分なりにがんばれた		4	4	8	3	4	7	6	5	11	13	13	26
④あまりがんばれなかった		0	0	0	0	0	0	0	0	0	0	0	0

＊④「あまりがんばれなかった」が0というのが嬉しい.

プラスになったこと		1男	1女	1計	2男	2女	2計	3男	3女	3計	男計	女計	総計
仕事の厳しさわかった	87%	15	19	34	15	18	33	13	17	30	43	54	97
礼儀・ことばづかい	76%	10	18	28	15	15	30	12	14	26	37	47	84
人の話を聴くこと	74%	12	18	30	12	16	28	13	11	24	37	45	82
自分から進んで動くこと		11	14	25	13	12	25	8	15	23	32	41	73
あいさつをすること		12	15	27	10	17	27	9	10	19	31	42	73
表だけではわからないこと	●	10	17	27	11	13	24	7	13	20	28	43	71
時間を守ること		8	16	24	11	13	24	10	12	22	29	41	70
裏で支えてくれていること	●	10	14	24	12	14	26	8	9	17	30	37	67
コミュニケーション		11	12	23	14	12	26	6	10	16	31	34	65
力不足だと自覚	●	9	10	19	11	12	23	10	10	20	30	32	62
人の優しさを感じた		8	11	19	14	10	24	6	10	16	28	31	59
経営のたいへんさ		8	15	23	9	10	19	7	10	17	24	35	59
仕事のやりがい		7	12	19	7	8	15	7	10	17	21	30	51
自分が人に頼っていたこと	●	7	8	15	8	12	20	4	8	12	19	28	47
自分の将来を考えられた		8	9	17	8	11	19	3	8	11	19	28	47
人の立場に立つこと		6	9	15	5	10	15	9	5	14	20	24	44
夢やこだわりの大切さ		9	10	19	6	7	13	3	8	11	18	25	43
できるという自信		8	5	13	6	5	11	4	8	12	18	18	36
社会や親を見る目		7	6	13	5	5	10	5	3	8	17	14	31
地元への関心が増した		4	6	10	5	7	12	2	3	5	11	16	27
取材する力がついた		4	1	5	5	2	7	2	2	4	11	5	16

＊●の項目で自分を見る目や裏を見る目が育っているのが嬉しい.

2005/2/25

| | | 1組 | | | 2組 | | | 3組 | | | 学年 | | |
| | | 男16 | 女21 | 37 | 男17 | 女20 | 36 | 男17 | 女19 | 36 | 男50 | 女59 | 110 |

●情報紙
まちなびの満足度

		1男	1女	1計	2男	2女	2計	3男	3女	3計	男子計	女子計	総計
①非常に満足	69%	8	13	21	13	17	30	9	16	25	30	46	76
②まあ満足	30%	8	8	16	3	3	6	8	3	11	19	14	33
③少し不満	0%	0	0	0	1	0	1	0	0	0	1	0	1
		16	21	37	17	20	37	17	19	36	50	60	110

＊ 99%が「満足」と回答. ③の1は「定休日とかも書いたらよかった」と前向きな意見.

苦労したこと

		1男	1女	1計	2男	2女	2計	3男	3女	3計	男子計	女子計	総計
①インタビュー	5%	2	0	2	3	0	3	1	0	1	6	0	6
②キャッチコピー	20%	3	4	7	1	7	8	3	5	8	7	16	23
③本文を考えること	60%	8	15	23	9	12	21	8	14	22	25	41	66
④短くまとめること	15%	4	3	7	4	1	5	5	0	5	13	4	17

役に立ったスキル

		1男	1女	1計	2男	2女	2計	3男	3女	3計	男子計	女子計	総計
①先生インタビュー		3	2	5	5	1	6	4	6	10	12	9	21
②職業インタビュー	35%	6	7	13	6	7	13	7	5	12	19	19	38
③共通部品分析		1	3	4	5	0	5	3	3	6	9	6	15
④第1稿を使って		3	7	10	5	6	11	4	7	11	12	20	32
⑤広報広聴課	30%	3	9	12	9	6	15	2	4	6	11	22	33

＊ 94%が「役に立てた」と回答.

活性化に役立ったか

		1男	1女	1計	2男	2女	2計	3男	3女	3計	男子計	女子計	総計
①とても	36%	8	4	12	7	10	17	1	9	10	16	23	39
②少しは	58%	7	15	22	9	10	19	14	9	23	30	34	64
③あまり	6%	1	2	3	1	0	1	2	1	3	4	3	7

評価について

		1男	1女	1計	2男	2女	2計	3男	3女	3計	男子計	女子計	総計
A 嬉しい	89%	14	20	34	16	14	30	17	17	34	47	51	98
①思ったより高い		6	9	15	5	8	13	4	2	6	15	19	34
②認めてもらえた		4	10	14	10	5	15	8	15	23	22	30	52
③良くて意外だ		4	1	5	1	0	1	5	0	5	10	1	11
B 嬉しくない		2	1	3	0	6	6	0	2	2	2	9	11
④がんばったつもり		2	0	2	0	6	6	0	2	2	2	8	10
⑤しかたがない		0	1	1	0	0	0	0	0	0	0	1	1

＊ 89%が職場の評価に対して「嬉しい」と回答. Bも「がんばったのに」がほとんど.

＊①②で94%が「達成感あり」と回答. ③④田中・松尾・小山・白瀬・玉田・澤田

全体を通して

		1男	1女	1計	2男	2女	2計	3男	3女	3計	男子計	女子計	総計
①非常に達成感強い	41%	5	8	13	10	11	21	6	5	11	21	24	45
②まあまあ達成感	53%	10	11	21	7	9	16	9	12	21	26	32	58
③あまりない	4%	1	0	1	0	0	0	2	1	3	3	1	4
④どちらとも	2%	0	2	2	0	0	0	0	1	1	0	3	3

自分に対する評価

		1男	1女	1計	2男	2女	2計	3男	3女	3計	男子計	女子計	総計
①とてもよい	14%	1	5	6	2	5	7	1	1	2	4	11	15
②けっこうよい	44%	6	7	13	8	13	21	5	9	14	19	29	48
③まあよい	40%	9	8	17	7	2	9	10	8	18	26	18	44
④あまりよくない	2%	0	1	1	0	0	0	1	1	2	1	2	3

出所）池田市立細河中学校におけるアンケートより，2005 年.

④ 池田市立渋谷中学校での実践「教育コミュニティーの核としての学校づくりをめざして」

(1) はじめに

本校は昭和23 (1948) 年4月に中高併設の学校として開校し，昭和38 (1961) 年に高校 (現，府立渋谷高等学校) が生徒増のために移転し，独立した中学校となった．本年度，創立55年目を迎えている．2002年現在，生徒数707名20学級，校長・教員38名である．

本校のある池田市は大阪府の北西部に位置し，猪名川が大阪平野にさしかかった所に出来た谷口都市として中世より摂津国北部の中心地として栄えた．現在，市の南端には大阪国際空港があり，住宅都市として人口10万人を数える．

本校の校区は，市の中心に位置する五月山の南麓にあり，落ち着いた住宅街を形成している．保護者や地域住民は，本校教育にたいへん協力的である．

本校は平成7 (1995) 年度に大阪府教育委員会委嘱の校内研修推進校として「選択履修幅拡大の実践的研究」をテーマに研究発表会を開催し，昨年度は文部科学省の道徳教育体験活動推進事業の指定校として校内区の緑丘小学校と共に「自ら紡ぐふるさとネットワーク——新たなふるさと意識の創造によるグローバルモラリティーの育成——」をテーマに道徳教育推進研究協議会で報告を行った．

本校の学校づくりの目標は，教育コミュニティーの核としての学校をめざすことである．以下に，学校づくりの一端を報告する．

(2) 選択・総合学習「チャレンジ」の取組み

本校では1999年より選択履修と「総合的な学習」の双方を見据えて研究活動を進めるために「選択・総合学習『チャレンジ』」と名付けて取り組を展開し，生徒が「自分の可能性にチャレンジ，自己発見にチャレンジ，自分の夢にチャレンジ」することをめざしている．

第 3 章 生徒指導・キャリア教育の実践　103

① 選択履修幅拡大の実践的研究

本校では，平成 6 (1994) 年度より生徒の個性の伸長と自己学習力の習得を
めざして選択履修幅拡大の取組みを進めてきた．各必修教科の内容を深化・発
展させる講座の設定 (チャレンジ 1A, 以下 C1A) に努力し，生徒選択にこだわる
中で学級数の約 2 倍の講座が必要であることも分かってきた．平成 7 (1995)
年度より生徒の立場に立って講座数をいかに増やすかを追究する中で複数の教
科の内容のクロスする部分に焦点を当てた「総合」講座を設定した．2002 年度
の場合，「総合」講座としては 3 年生の英語科教員と外部講師が担当する「異
文化へのアタック」，2 年生の国語科教員と外部講師が担当する「茶の心」，数
学科の教員が担当する「てんじし MATH」などがある．本校ではこの「総合」
講座の経験をいかして「総合的な学習」(チャレンジ 2, 以下 C2) の取組みを進め
たいと考えてきた．

また，2000 年度より選択履修の時間を活用して必修教科 (1・2 年は国・数・
英，3 年は国・社・数・理・英) の基礎学力の定着を図る試みを続けている (チャレ
ンジ 1B, 以下 C1B)．

本校の C1A (選択履修) の特色の 1 つとして地域のヒト・コト・モノの活用
がある．地域教材の活用は，直接生徒が現物に触れて学習できる強みがあり，
その点で，地域教材は体験的な学習の最良の教材となる．また，地域教材の活
用は必然的に地域の人材活用を伴う．このような地域学習の場の設定が生徒に
豊かな学びの機会を作り出し，教職員の指導力を越えた学習を成立させる．そ
して，結果的に国際理解・環境・福祉等の今日的な課題に迫ることができる．
地域学習においては，生徒の学習を支援していただく地域の方と私たち学校の
双方に恵みをもたらす学習展開を模索することが大切である．

② 選択履修から「総合的な学習」へ

本校は平成 10 (1998) 年に創立 50 周年を迎え，種々の記念事業を行った．そ
の中の 1 つとして文化庁の支援を受けて「舞台芸術ふれあい教室」を開催し，
日本舞踊協会の役者・スタッフ総勢 50 名により，生徒参加の邦楽・邦舞の鑑
賞会をもった．この時，事前事後に「我が国の伝統文化を学ぶ」というテーマ
の下に集中的に各教科で横断的な学習を展開し，当日の舞台芸術の鑑賞を深め

表 3-3　総合的な学習　小単元「福祉ボランティア体験学習」（3年）学習指導計画
（池田市立渋谷中学校）

回数	時間	学 習 目 標	活動場所	学 習 活 動	評　価	
					方　法	観　点
1	1	・福祉ボランティア学習の意義の理解(1)	多目的室	・昨年度の3年の活動ビデオの視聴 ・学習の全体的な日程の把握	・観察	・興味深く視聴できたか
2	1	・福祉ボランティア学習の意義の理解(2) ・自分の興味，関心に応じたコース選択	多目的室 教室	・（プリント）ボランティアの意味，ボランティアの歴史，活動三原則，心構え ・希望調査票の提出	・観察 ・希望調査票	・意欲的に参加できたか ・興味，関心に応じたコースを希望しているか
3	1	・コース決定と訪問先の調整 ・仲間の意見に耳を傾ける	教室	・受け入れ先の収容人数を考慮し，コース内で調整し，訪問先を決定	・グループ観察	・自分の興味，関心と他者の思いを重ねて検討できたか
4	2	・訪問先別に代表者の選定 ・訪問先での質問事項と活動希望事項の整理を受け入れ先の立場に立って検討	教室	・班別代表者の決定 ・質問内容，活動希望内容の検討	・班別観察	・班員の活動希望と受け入れ先の都合とを重ねて検討できたか
5	1	・受け入れ先に学習のねらいを的確に伝えることができたか	受け入れ先	・担当教師と代表者による正式依頼と挨拶	・観察	・受け入れ先に学習意欲をアピールできたか
6	2	・受け入れ先の指示事項の把握	受け入れ先	・体験活動当日の時間帯，服装，交通手段，準備物，緊急時の連絡方法等の確認	・観察	・正確にメモをとることができたか
7	2	・チャレンジウィークの活動のありかたの把握	教室 体育館	・代表者からの報告事項の伝達と打ち合わせ ・3日間の活動の諸注意	・班長メモ ・観察	・3日間の学習活動への意欲を高めることができたか
8	18	・挨拶 ・職場の方，班員とのコミュニケーション ・活動内容の把握と主体的な活動 ・受け入れ先にとって有意義な活動をめざす	受け入れ先	・福祉ボランティアとしての活動	・訪問観察 ・受け入れ先の評価	・自ら，活動を進められたか
9	1	・自分自身を振り返り，分析する	教室	・道徳の観点項目によるアンケートに回答 ・自己評価，相互評価用紙に記入 ・各自で礼状の作成	・アンケート用紙 ・自己評価，相互評価用紙 ・礼状	・どんな場面での感想か観点を把握しているか ・活動前と活動後の自分を比較して分析できているか ・具体的な事象をあげて書いているか
10	2	・お礼の挨拶 ・班としての学習内容のまとめ	受け入れ先 教室	・班員の礼状と学校の礼状を渡して挨拶 ・班別に記録用紙に記入	・記録用紙	・明るく挨拶できたか ・学んだことが明確になっているか
11	2	・報告会で班別報告	多目的室	・代表者による発表（各コース1～2班）	・観察	・堂々と発表できたか ・他のコース，他の班の活動や学びを把握できたか

※総授業時数　33時間
※担当教員による総合評価，まとめの冊子の発行：生徒，受け入れ先に配布．
出所）筆者作成．

ることができた．この時より，本校では学校行事とリンクした「総合的な学習」のあり方を追究している．現在，1年は兵庫県鉢伏での自然学舎，2年は淡路島での臨海体験学習，3年は沖縄での修学旅行を実施しているが，これらの行事を総合的な学習に繋げ，道徳の授業とも関連付けながら深め，発展させていく取組みを進めている．

一方，1999年より，C2「総合的な学習」に全体テーマと学年テーマを教師サイドで設定し，単元開発をめざしてきた．学校としてのC2の全体テーマは「人権と福祉」，学年テーマは1年が「出会いときづき」，2年が「つながり」，3年が「共に生きる」である．

現在開発中の単元として，1年は「池田探検隊」と称して池田市の町づくり調査と町づくりの提言をめざした取組みを行っている．学習のまとめの時点で市長を学校に招き，発表会を開催している．2年は「職場体験学習」に取組み，将来の進路選択や自己の生き方に結び付ける取組みをめざして市内を中心に約90カ所の事業所でお世話になっている．3年生は「福祉ボランティア体験学習」に取組み，福祉ボランティアの担い手としての成長をめざして市内のすべての福祉施設でお世話になっている．

これらに共通するキーワードは「地域」であり，C1Aで長年培ってきたものをC2で生かそうと考えている．また，本校では「総合的な学習」を週時程に位置付けると同時に，集中的に取り組む「チャレンジ・ウィーク」を設定している．

新学習指導要領の重要課題である「総合的な学習」を学校文化として根付かせるためには単元開発が急務であり，その一例として本校3年生の「福祉ボランティア体験学習」の学習指導計画を上記に示す（表3-3）．

(3) ふれあい教育推進事業の取組み

地域をキーワードとする「選択・総合学習『チャレンジ』」の取組みが可能なのは，本校が日常的に地域と結び付いた取組みを展開しているためである．

① 学校だよりの地域配布

本校では，平成6 (1994) 年度に大阪府社会福祉協議会より「福祉教育協力

校」の指定を受け，生徒会が中心となって地区福祉委員会と共同で特別養護老人ホームの訪問・交流等さまざまな福祉活動に取り組んでいる．これらの活動の一環として学校行事に校区内の独居の高齢者を招待したり，地域に学校行事の案内を配布したりしている．

平成 11 (1999) 年度より，月 2 〜 3 回発行する学校だより（校長室通信）「渋中夢づくり」を自治会を通じて地域に配布している．その結果，保護者はもちろんのこと地域住民に本校のめざす教育を少しずつ理解していただくようになっている．

② ふれあい教育推進事業の取組み

平成 9 (1997) 年度より，校区内の公立の 3 つの保育所・公立の 3 つの幼稚園・公立の 3 つの小学校・本校・府立渋谷高校とその PTA が中心になり，地域の諸団体に呼びかけて，子育てのネットワークづくりをめざして「ふれあい教育推進事業」をスタートさせた．全体組織として推進委員会を置き本校校長が推進委員長を，その下に学校教育促進部会を置き本校の地域教育担当者が部会長に，一方に地域教育促進部会を置き本校の PTA 会長が部会長に，そして本校教頭が事務局長を務めている．

学校教育促進部会の活動を通じて，異校種間の連携がスムーズになり，園児・児童の体験入学も定着してきた．また，授業公開や意見交流も進みつつある．地域教育促進部会では「渋中桜まつり」や「イルミネーションコンサート」等地域と共に創る行事を生み出してきた．推進委員会では毎回地域教育について活発な意見交換が行われ，「地域教育協議会」としての機能を発揮しつつある．本年度の推進委員会の総勢は約 100 名である．2002 年 4 月より完全学校週五日制が始まり，これまで以上に子どもたちの休日の過ごし方が大事になっている．本校では引き続き土曜・日曜も部活動を実施しているが，休日が増えた分を部活動を休みにする方向で動いている．

「ふれあい教育権進事業」ではこれまでイベント的なトスボール大会・けん玉大会等を実施してきたが，現在これに加えて土曜講座的な取組みを模索しつつある．その折には NPO 法人が運営する市立の児童施設や地域の公民館等を活動拠点として活用したいと考えている．できるところからスタートしつつあ

るが，現在和太鼓演奏の講座が動きだし，能楽教室，茶道教室等を計画中である．地域の教育力により多彩な活動場所が用意され，子どもたちが休日に豊かな体験ができるよう工夫したいと考えている．

③ 学校での地域交流の拠点づくり

本校は平成10 (1998) 年より3年間「耐震補強及び大規模改修工事」を実施した．その中で「選択・総合学習『チャレンジ』」に活用できるさまざまなオープンスペースを用意した．その1つに多目的室があり，正門から一番近い場所に位置し，外からも内部からも入室できるようになっている．

ここでは学年集会やC1・C2の授業に活用すると共にPTAの諸会合，そして「ふれあい教育推進事業」の会合，地域に向けたイベント会場としても利用している．このスペースを地域活動の拠点の1つとして今後も活用していきたいと考えている．

(4) おわりに

21世紀の公立学校の使命は，地域と共に学校づくりを進め，学校が地域の中で教育コミュニティーの核としての役割を果たすことが大事であると思う．その意味から，筆者は地域と共に歩む学校づくりを「学校文化」として定着させたいと考えている．そこでは，自ずと学校を内と外とに開くことが課題になってくる．

地域の教育を考える組織としては既に「ふれあい教育推進委員会」が地域教育協議会として機能しつつあり，今後，保護者や地域住民と共に学校教育そのものを検討する組織が急がれる．

本年度より池田市教育委員会はすべての公立小・中学校に「学校協議会」を設置することを決定した．本校でも1学期中に「学校協議会」を立ち上げたいと考えている．協議会のメンバー（学校評議員）は校長が推薦し，教育委員会が委嘱することになっている．協議会のメンバーとして，自治会長・青少年指導員・地域教育コーディネーター・地域で活躍するNPOの代表・弁護士・PTA会長を考えている．「学校協議会」の力を借りて，いよいよ地域と共に創る学校づくりに邁進し，本校を教育コミュニティーの核としての学校にしていきたいと思う．

> **─ 教科調査官 森嶋昭伸氏のコメント ─**
>
> 　新学習指導要領の全面実施や完全学校週五日制の実施の中，学校教育の転換が現実の課題となっている．その取組の一つとして，本校の実践は示唆に富む．
>
> 　本実践の特徴は，カリキュラムの構築を核に学校づくりを進めていることである．そこでは，選択や総合学習における自己発見としての「チャレンジ」の構想，「地域」をキーワードとした単元の開発，また地域との連携・交流を通した多彩な教育活動の展開が図られている．本校の実践は，地域全体で子どもを育てる姿勢，そのために地域の教育力を生かすとともに，学校も地域の教育機関として「地域づくり」にかかわろうとする学校・教育委員会の熱意と実践に溢れている．
>
> 　こうした取組から，よりよい学校づくりのためには，豊かな教育課程経営と開かれた学校運営が鍵になることを知ってほしい．
>
> [『中等教育資料』No. 795，学事出版，2002 年]

⑤ 池田市立池田中学校での実践 「共に歩むことこそ」

(1)「育成学級」ってご存知ですか

　一市民の声として「池中は程度が低いんやねぇ，あんな子がいるんやもんネ」というのがあったと聞く．「あんな子」というのは，ハンディを背負いながらもたくましく生きている「育成学級」（現在の特別支援学級）の生徒のことを指しているのである．

　池中では，1979 年現在，8 名の生徒が「育成学級」に所属している．その中には，脳性マヒのため，車イスでの生活を余儀なくされている人もいるし，知的障害の人もいる．この 8 名の生徒たちは，それぞれ教科によって自分のクラスから「育成学級」へ学びに行く．

　今でこそ，池中は，すべての子どもたちに開かれた学校である．しかし，車イスを必要とし，介助を必要とするような，いわゆる「重度の障害児」を受け入れたのは，現在の 3 年生が初めてだ．今もって，池田市において，いわゆる「重度の障害児」を受け入れているのは，石橋小と池田中の 2 校のみである．

第3章　生徒指導・キャリア教育の実践　109

しかも，それ以前は「障害児」とその父母は，学校教育を受ける権利と義務を，行政によって，体裁よく（?!）免除され，やむなく，「施設」に入るか，在宅のままで放置されるしかなかったのだ．今，やっと，日本国憲法の三大原則の1つである「基本的人権の保障」の実現への第一歩が印され，すべての子どもに行き届いた教育を進める体制ができつつあると思う．

(2) 1年6組のSさんの場合

私は　S.S　です
手も　足も　私の思うように　うごきません
口も　じょうずに　うごきません
話しも　じょうずに　言えません
私は　赤ちゃんみたいです
私のこと思うと　つらいけど　書かな　あかんと思います

　5年生のとき　みんなとちがうのわかりました
思うようにならへんのがくやしい
私は　わがままばかり　いいました
T先生が　タクシーの中で　毎日道徳の話ししてくれました
約束も　作りました
約束やぶると　みんなと同じよう　すごくおこられました

私は　みんなと同じやと分かりました
みなさん
私のいいたいこと　わかってほしい

（「石橋小学校卒業記念詩集」より）

　Sさんは，脳性マヒである．上の詩は，石橋小の先生の聞き書きによって出来上がったものである．Sさんは，細河小まで100メートルほどの所に住んでいるが，小学校の6年間は，市の契約したタクシーで3キロ以上も離れた石橋小学校へ通学していた．
　石橋小の先生が「訪問教育」を始めた頃，Sさんは言葉を持たない寝たっき

りの子であった．本人と家族，そして石橋小の先生方のたゆまぬ努力の結果，少しずつ言葉を取り戻し，今では，バギーにすわって授業が受けられるまでに成長した．

現在，Ｓさんは全教科，自分のクラス（１年６組）で授業を受けている．毎日１限は理学療法のため，４限は昼食に時間がかかるため，「育成学級」ですごしている．水曜日は，体力の事を考えて「休養日」にしている．Ｓさんに，登下校も含めて，たえず介助の先生がついている．担任としては，Ｓさんが早く池中生活に慣れ，昼食もクラスの生徒と一緒に食べられるようになることを待ち望んでいる．

(3) １年６組の中で

担任である筆者が初めてＳさんに会ったのは１学期の始業式の日であった．担任が，Ｓさんについて知っていることといえば，石橋小での生活ぶりを紹介した８ミリのフィルムによるものだけであり，とても不安な気持ちだった．又，「育成学級」に所属する生徒を初めて受けもつことも，余計，不安を募らせた．しかし，とにかく接すること，共に生活すること，その中でしかお互いに理解し合えないんだ，と考え，今日まで来た．

担任の私が初めてＳさんを連れて教室に行ったとき，教室には，何となく緊張感がただよっていた．その時，生徒たちに「Ｓさんは自分の力では教室まで来ることができないし，鉛筆も握ることができない．今日から，整理当番が『育成学級』まで送り迎えしてほしい．」と提案した．こうして，Ｓさんと６組の生徒との交流が始まったのである．５月になって終わりの会の運営や清掃・パン当番を分担する９つの班をつくったが，そのうちの１つの班が１週間交代でＳさんの担当をすることになった．

最初クラスの生徒は，いつもバギーにすわり，首もすわっていないＳさんに対して，まるで赤ん坊に対するような接し方をした．Ｓさんが中学生としての自覚をもち，「みんなと同じようにしたい」という願いを持っていることがなかなか理解できないでいた．

しかし，共に生活する日々を重ねていくうちに，クラスのＳさんに対する考えも大きく変ってきている．一例をあげてみたいと思う．

4月21日の社会科の授業でのことである。その日は、「池田の自然」について学習していたのだが、その中で、気候のグラフを見ながら「どうして池田では9月に降水量が多いんだろう」と考えていた。その時、数名の生徒の手があがり、その中には、Sさんに代わって手を挙げた介助の先生の手があった。早速Sさんにあてると「台風」と正しく答えた。又、同じく5月12日の授業の中で、自然学舎のしおりの答え合わせをしていた時、「鳥取県は米が余るので、他府県へ売っているが、このことを用語で何と言うか」という発問に対して、Sさんだけが手を挙げた。Sさんにあてると、「移出」と答えた。

このように、クラスの生徒たちは、日々の生活の中で、Sさんも自分たちと同じように、きっちり授業に参加しているのだということと、Sさんを赤ん坊のように思っていた誤りとに気づいてきている。

さて、4月28日の第4限のことである。この時間、1年生は自然学舎に向けての学活をすることになっていた。3限目が体育であったこともあり、当番にあたっている班の生徒はSさんを迎えに行くことを忘れていた。担任も、4限開始のチャイムが鳴るまで書き物をしていて急いで教室に行き、学活を始めた。担任を始めとして、誰ひとりとしてSさんのいないことのおかしさに気付かなかったのである。

しばらくして、Sさんが介助の先生に連れられて教室へ入ってきた。担任の私も、やっと、大失敗をしていたことに気付いた。Sさんは、顔に青すじを立て、全身で怒りを表している。それまでの話を中断し、「今、Sさんはとても腹を立てている。みんな、なんでかわかるか」とクラスの生徒に問いかけた。生徒たちは、次々と立って自分たちの非を反省し、「これからは、きっちり迎えに行く」と約束した。Sさんは、クラスの仲間の反省の弁を聞いて、やっと落ちつきをとり戻し、「ヨロシク　オネガイ　シマス」と答えた。

今では、多くの生徒が、ごく自然にSさんと接することができるようになったと思う。

(4) みんなの願い
──学級目標づくり──

1年6組では、4月17日と19日に、クラスの憲法ともいうべき「学級目

標」について，話し合いもった．その時，大部分の生徒が，小学校時代に次の
ようないやな経験をしていることが明らかになった．

- クラス内で段階が決まっていて，男子の意見ばかり通っていた．
- 女子のグループの対立があり，ひとりだけどのグループにも入れず，み
  んなからのけものにされていた．
- 人のいやがるアダ名や，いやなことを言い合っていた．
- 自分より弱い者を見つけて，ケンカをふっかけていた．
- 何か失敗すると，みんなで非難していた．
- 特定のグループのリーダーの思いのままに動いていた．

　そこで，このような苦い経験をもとに，6組の38名全員が，勉強・友だち
づき合い・清掃など，すべての面で共に高まり合っていくことをめざして，
「仲間を大切にしょう」という学級目標を作った．
　クラスの誰もが，楽しい学校生活を送りたい，勉強がわかりたい，という強
烈な願いを持っていることを確認し，小学校時代の失敗を二度とくり返さない
ようにしよう，と約束し合った．このことは，Sさんのこと常に考えて学級活
動をすることを意味している．

(5) 学織目標の実現に向かって
——学級の組織づくり——

　自然学舎を終えた直後の5月14日，6組では学級役員選挙と生徒会の各種
委員会のクラス代表を選出し，その翌日に，男女同数の4～6人からなる班を
つくった．班編成はくじ引きで行ったが，この9つの班が1週間交代で学級の
仕事を分担することにした．分担する仕事として

- 清掃
- パン当番
- 終わりの会の運営
- 学級花壇の世話
- Sさんの「育成学級」の送り迎え

があることを確認し合った．そして，後に

- 宿題と持ち物の確認
- クラス学習会のプリントづくり（9つの班が9教科を分担）
- 欠席した人のノートとり（学習会のプリントづくりの班が兼ねる）

ということを追加した．Sさんの担当を，Sさんの所属する班にまかせたり，押しつけたりするのではなく，クラス全体でSさんを支えていこう，そのことが学級目標実現への第一歩だ，と考えてのことである．

(6) 休んだ人のノートをとろう！

Sさんを中心に，「仲間を大切にしよう！」ということを考えていく中で，学級内での仲間はずれや弱いものいじめの問題に取り組んできたが，幸い，6組では1学期の中間考査まで，Sさんが「休養日」に休む以外は，欠席者は皆無に等しい状態だった．それが，梅雨の頃から，時々病欠する人が出てきた．

そんな時，生徒の中から休んでいる人のノートを取るようにしてはどうか，という提案があり，クラス学習会のプリントづくりの分担に従って，各班で9教科を分担することにした．クラスでノートを取るための用紙をあらかじめ準備し，欠席者のいる班が各班から集まったノートを整理し，休んでいる人へ手渡す．

こんな取組みを始めた時，生徒たちの頭の中には，Sさんのことが全く抜け落ちていた．毎週水曜日は，体力のことを考えて「休養日」，毎日1限目は理学療法のため，4限目は昼食に時間がかかるため，授業を受けることができないSさんのノートを取ることは，考えが及ばなかったのである．やっと，7月になって，生徒たちは誤りに気付き，Sさんのノートも取るようになった．

たしかに休んだ人の分までノートを取るというのは，大変なことだと思う．みんな仲間だ，みんなで高まり合おう，共に支え合おう，という気持ちがない限り，いやいややらされている仕事になりがちである．

このことは，Sさんをクラスの仲間として支えていこうとする6組の取組みの不十分さを示したものに他ならなかった．日々，共に生活していても，まだまだ，お互いに充分理解し合っているとは言えないことが明らかである（担任

の私も含めて).

ここから前進する道は, それぞれ, 生い立ちと生活環境を異にする生徒たち
が, お互いの生活を語り合い, お互いの願いを出し合うことによって共に生き
る歓びを共有し合うことだと思う. その突破口は, すでに開かれている. 6組
の2人の被差別部落出身の生徒は, 自分の立場を明らかにし, クラスの仲間に,
部落差別について訴え, 自分たちが「促進指導」(国・数・英の抽出指導) を受け
ることを理解してほしいと訴えている. そして, バギーでの生活を余儀なくさ
れているSさんは, 自らハンディーを負っていることを隠すことはない. 周り
がどうであれ, Sさんは不自由な体をさらしている.

それぞれに独立した人格をもつ子どもたちは, 生活を語り合う中で, つらい
思いをしているのは自分だけではないことを改めて知り, 仲間の苦しさを理解
し, 共に支え合い, 高まって行くと考える. このことを6組の生徒と教師の2
学期の共通課題にしたいと思う.

(7) Sさんの学力を保障することって何だろう

池田市では, 心身にハンディーキャップを負っている子どもたちに対して,
タクシーを1台, 契約している. Sさんは, 通学の時にこのタクシーを利用し,
それには, いつも介助の先生が同乗している.

みなさんの中には, 1979年9月5日付の朝日新聞の朝刊に載った, 3年生の
Y君に関する記事をご覧になった方も多いと思う. 池田市の契約タクシーは,
朝は8時半過ぎに学校に到着し, 帰りは3時過ぎに学校を出発する. そうする
と, 朝の会, 終わりの会, 放課後のクラブの活動ができない. Y君は放課後も
みんなと一緒にいたい, と考えていた. しかし, 池中も, 市当局も, 具体的に
Y君の願いに答えなかったのである. その結果, Y君は不自由な足で, 手紙を
書いて新聞社に投書した. 新聞社の働きかけがあって, Y君の願いはやっと実
現した. 私は, 池中の教師の一員として, もっと主体的にY君たちの願いを受
け止めるべきだったと強く反省している. それにもまして, Y君は足で文字を
書くことができたが, Sさんは, 投書することさえできない, ということに改
めて痛撃の一打を受けた思いである.

ところで, 文部省は, 本年度から「障害児」を養護学校 (現在の「特別支援学

校）に収容する方針を出している．このことは，この数年来，健常児と「障害児」が共に生活することによって，健常児は，より人間らしく成長し，「障害児」も著しい成長を示している各地の実践に逆行するばかりか，社会一般に存在する「障害児（者）」に対する差別意識を温存する働きをしないかと危惧している［「1979 年度 池田市立池田中学校 PTA だより」No. 5・6］．

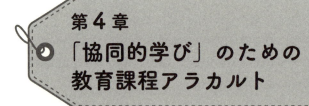

第4章 「協同的学び」のための教育課程アラカルト

① 学習指導案と授業デザイン

　授業研究のパラダイム転換が求められる時代である．山住勝弘は，ロシアの教科教授理論学者のパンチェンシュニコワの分析を基に，「伝統的授業」と「現代の授業」を比較対照し，「子どもの多面的で調和的な人格発達を志向する『現代の授業』の最も効果的な形態は，それを『協同』の活動として組織することなのである．」と述べている［歓喜隆司・木下百合子・山住勝弘『現代授業論』ミネルヴァ書房，1995年，pp.36-37］．

　また，佐藤学は，アメリカ教育学会の『授業研究ハンドブック』を援用しながら，教師の現職研修における授業研究の革新を導く典型の１つとして「学びの共同体」の授業研究の特徴を明らかにしている．［佐藤学『専門家として教師を育てる』岩波書店，2015年，pp.98-103］表4-1に，佐藤の「伝統的授業研究」と「革新的な授業研究」の対比を紹介する［前掲書，p.100］．

表4-1　伝統的な授業研究と革新的な授業研究の対比

	伝統的授業研究	革新的授業研究
目的	指導案と授業技術の改善と評価	学びの省察による教師の実践的認識の形成
対象	指導案，教師の活動（発問など）	子どもの学びの経験，学び合う関係
基礎	行動科学，教育心理学	認識論哲学，学習科学，人文社会科学
方法	数量的方法，分析と一般化と法則化	質的方法，事例研究，個性記述法
特徴	因果関係の分析（インプット・アウトプット・モデル）	意味と関係の布置の認識，実践的思考
結果	指導プログラム，指導技術	教師の実践的認識，学びのデザイン
表現	命題的認識，手続き的理解	語りの様式，実践的知識と実践的見識

出所）佐藤学『専門家として教師を育てる——教師教育改革のグランドデザイン——』岩波書店，2015年．

第 4 章 ▍「協同的学び」のための教育課程アラカルト　　**117**

　それでは，実際の学校現場での伝統的な授業研究はどうなっていたのだろう
か．伝統的な授業研究・校内研修は，事前の学習指導案づくりに教師はおおき
なエネルギーを割いてきた．当日の研究授業と協議が終われば，授業者は肩の
荷を下ろす．授業協議会は，まるで学習指導案どおりに展開したかどうかが最
大の関心事のように語られる．それも，声の大きい一部の教師の発言に終始す
る．授業者は，ともすれば批判の対象になり，この日のために積み上げてきた
ことを正当に受け入れられるどころか，評価の対象になっている．先輩教師の
経験則からの批判の嵐に直面するのである．「二度と研究授業をしたくない」
と思った教師は数えきれないのではないか．

　では，「現代の授業」・「革新的授業」における授業研究はどうなっているだ
ろうか．学習指導案の作成に膨大なエネルギーを注いできた従来の授業研究に
対して，「革新的授業」では，「授業デザイン」を提示している．「授業デザイ
ン」は，Ａ4用紙1枚程度に最小限の必要事項のみを記入している．授業は，
本来，教師と生徒の協同事象である．「教授（授業）を何よりもコミュニケーシ
ョン事象として把握すること，そのことをこえて教授それ自体が協同事象であ
ると把握すること，すなわち教えるものと学習するものが，言い換えると教授
を構成する全行為者が共同して活動し，対象を仕上げ，自分自身をつくり上げ，
相互教育し，自己教育していく過程として，相互に活動しあい協同する過程と
して教授を把握することが今日意味豊かである．〔木下百合子『現代公民科教授の理
論』教育出版センター，1991年，p.144〕．授業を計画し，授業を仕切るのは教師であ
るが，授業を創るのは教師と生徒である．いくら綿密に生徒の反応や意見の予
想を立てても，実際の授業場面では，教師の予想を越えた生徒の反応や意見が
飛び出すのは当然である．それに教師は，柔軟に対応し，授業展開を瞬時に考
えている．学習指導案と実際の授業は，違って当たり前である．**表4-2**に，「伝
統的授業」の学習指導案（細案）と「授業デザイン」につながる略案の要件の比
較表を示す．

　授業研究の核心は，指導案づくりに没頭することではなく，生徒をどのよう
に本時の課題にいざない，高い質の学びへと導くかである．最も，エネルギー
を注ぐのは，課題設定と資料の探索・選定である．そして，生徒が自ら課題を
追究することができるかを見極めることである．

表 4-2　学習指導案（授業デザイン）の要件

伝統的授業の学習指導案（細案）の場合	授業デザインにつながる略案の場合
1. 日時　　2. 場所　　3. 対象 4. 単元名 5. 指導について 　①生徒観　②教材観　③指導観 　④小中一貫教育の視点 6. 単元の目標　※　can do で！ 7. 評価規準　　8. 指導計画 9. 本時の学習 　①課題（テーマ）②目標　③展開 10. 板書計画　11. ワークシート	1. 日時 2. 場所 3. 対象 4. 単元名 5. 単元の目標 6. 指導計画　　※　can do で！ 7. 本時の学習 　①課題（テーマ）②目標　③展開

出所）筆者作成.

　右側の略案を，筆者は，次のような流れで作成している．単元計画は，全体で何時間の計画か，各次の内容は項目だけ作成する．時には，単元全体で何時間の計画か，本時はその何時間目かだけを示す．展開はシンプルにする．すなわち，短い導入と基礎的内容の理解を図る「共有の課題」（教科書レベル）と教科書レベルを越える「ジャンプの課題」（発展的課題）の２つにする．最後に，各自が何を学んだかを振り返ったり，学んだことを活用して表現する時間をつくる．

　ここで，伝統的な授業と協同的学び（革新的な授業）の授業展開を比較しておきたい（表4-3）.

　「共有の課題」では，教科書を有効活用する．教師は，本時の基礎的事項が何

表 4-3　伝統的授業と協同的学びの授業の違い

伝統的授業	協同的学びの授業
1. 前時の復習 　※　挙手させて指名・発表 　※　つまづいている子，困っている子は？ 2. 教師の説明・例示 3. １人学び 4. 小グループの学び，グループの発表 5. 全体での学び　（個の学びは？） 6. まとめ（全体）	1. 導入（コの字） 2. 共有の課題（４人グループ） 　※　個人学習の協同化 3. ジャンプの課題（４人グループ） 　※　個の学び，個の発表 4. ふりかえり（コの字） （１人ひとりの学びを深める，グループ学習は目的ではない）

出所）筆者作成.

なのかを見極めて，この課題を生徒に提示する．「ジャンプの課題」は，単元全体で生徒にどんな力をつけようとするのか，この単元で求められている教科内容は何なのかを見極めて設定する．そのための資料を用意する．課題設定と資料が授業の質を左右するのである．

授業の流れは，次の**表 4-4** のようになる．

表 4-4　授業の展開

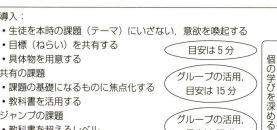

出所）筆者作成．

授業研究で大切なことの 1 つに，外部からスーパーバイザーを招くことがあげられる．筆者は，校長時代にスーパーバイザーを招いて授業協議会を行ってきた．今は，年間 50 回以上，学びの共同体スーパーバイザーとして学校の授業協議会に参加している．まず，校長の案内で全クラスの授業を参観し，その学校の状況や授業研究の現状を把握する．その上で，研究授業のクラスの授業を黒板の側から録画し，写真を撮影する．事後の授業協議会では，静止画を再生し，生徒の学びの姿から何を学ぶかをその学校の教師と共に深める．学校を変えるのはその学校の教師である．スーパーバイザーが学校を変えることはない．

授業協議会では，授業カンファレンスを中心に据える．このカンファレンスで大切な次の 8 点を確認しておきたい［佐伯胖・苅部育子・刈宿俊文『ビデオによるリフレクション入門』東京大学出版会，2018 年，pp. 51-55］．

〈1〉批評・評価の場ではない
〈2〉対等な参加者
〈3〉多様な視点・新しい解釈

〈4〉すごさ・面白さを味わう

〈5〉なにかしら放っておけない「気づき」をやりすごさない

〈6〉自ら「慣れっこ」になっていないかを問い直す

〈7〉対象を三人称的に見て，三人称的にかかわっていないか

〈8〉対象の「訴え」を読み取る

　この中で，〈7〉では，「対象を自分と同じと『一人称的に』見ていたり，対象を傍観者的に（三人称的に）観察して，既存の概念や理論で勝手な解釈を下していないかを吟味する．また，対象に情感をもって『二人称的に』かかわり，対象の立場，本人の真意（『訴え』）に聴き入ることができているか」を振り返ることである．〈8〉では，「対象の逸脱的な（『問題』を引き起こす）行為に対して，指導的・評価的なまなざしではなく，本人が訴えたい『隠れた本当の願い』を読み取って，『ああ，だからそうしたんだ』と納得できるように，対象の表情，そぶり，小さなつぶやきなどを，周辺のかかわりを含め，最大もらさず，繰り返しビデオ映像を見直す．」以上は，ビデオ活用した場合に限らず，授業協議会で生かしたい視点である．

　ここで，自らの戒めとして，スーパーバイザーの態度について，木下百合子の研究を紹介したい［木下百合子『授業改善を目的とした専門的教育スーパーバイザー養成のためのプログラム開発』平成18・19年度科学研究費・基盤研究〈C〉成果報告書，2009年］．

　木下は，ドイツ・キール大学のパラシュの先行研究を分析し，スーパーバイザーの授業協議会における態度について，2つの原則を提示している．

1　グループの参加者を対等な，尊敬すべき人物とみなすこと

2　グループ参加者の自己決定を促進すること

　そして，この原則にもとづくスーパーバイザーの行動として，次の11のあり様を示している［前掲書，pp. 100-101］．

〈1〉スーパーバイザーは，自分の見解や判断や目標を後回しにする．

〈2〉参加者の見解や行動様式を評価しない．

〈3〉それぞれの参加者の見解を受け入れ，同じように重要だとみなす．

〈4〉 主張する態度ではなく，質問する態度を取り入れる．

〈5〉 参加者とテーマに対する自分の立場を意識する．

〈6〉 自分の強さと弱さ，作用と反作用を意識する．

〈7〉 グループを能動化し，適切な刺激を通して，お互いのために，目標のためにオープンにする．

〈8〉 自分の責任を受け入れる．

〈9〉 グループからの意見を把握する．

〈10〉 バーバルメッセージとならんでノンバーバルメッセージにも注意し，起こりうる混乱をできるだけ早く認識する．

〈11〉 スーパーバイザーへの不満，あるいは方法への不満を正当化するのではなく，むしろ不満の理由をたずね，その不満の背後にある困難を明確にし，場合によっては不快感や葛藤をグループと一緒に考えるために，適切な処置を提案する．

最も大切なことは，スーパーバイザーと参加メンバー（当該校の教職員）が対等な関係の中で授業を省察することである．

② 授業研究者・実践者としての教師

教師はどのように授業研究をしてきただろうか．学習指導要領という法体系に位置づいた大枠とそれに基づいた主たる教材である教科書にしたがって授業をしてきたきらいがある．さきに述べた「革新的授業」は，教科書レベルを越える学びを求めている．ナショナルカリキュラムとしての学習指導要領にもとづく教科内容を無批判に繰り返すだけでは，目の前の子どもに即した，その校区の課題に即した授業展開は生まれにくい．一方通行の階段を上るように，誰もが同じ道筋をたどるプログラム型の授業に対して，今日では，多様なアプローチによるプロジェクト型の授業が求められている．学習指導要領や教科書をこなす教師から，教材開発をしながら実践する教師が求められている．AIと共存する時代に生きていく子どもには，単に知識を学ぶのではなく，知識を活用し，自分の学びと生き方や社会のあり方をつなぎ，未来を切り開くことが必

表 4-5　教育課程・カリキュラム開発と教師（佐藤学　1996 年）

「研究・開発・普及」モデル	「実践・批評・開発」モデル
• 開発と授業が分離 • 実践の画一化 • 潜在的カリキュラムに無自覚 • 教師は 　　**［単なる実践者］** →教師の「無能化」を招く危険	• 子どもに即したカリキュラム • カリキュラムと授業は相互媒介的 • カリキュラム批評： 　　実践によりプログラムを修正 • 教師は **［実践者であり，研究者，開発者］** →各校で自主的・自律的に開発・編成

出所）古川治他編『教職をめざす人のための教育課程論』北大路書房，2015 年，p.9 を基に筆者作成.

須である．目の前の子どもの生きる時代に思いをいたし，教師の使命を認識したい．

　佐藤学は，従来の「研究・開発・普及モデル」と「実践・批評・開発モデル」を比較し，「実践・批評・開発モデル」の重要性を指摘している．**表4-5**に，その比較表を示す．

　現在求められている「革新的授業」では，実践者であり，研究者・開発者の教師が求められている．民主的な社会の担い手を育てる教師には，子どもの将来を見据えた研究が不可欠である．

③ 特色ある教育課程「中学校選択学習から『総合的な学習』を展望する」

(1) はじめに

　新学習指導要領の移行措置が発表され，いよいよ 21 世紀に向けての教育課程編成が学校現場の大きな課題として眼前に現れて来た．その中で，本論の課題である選択学習にしても「総合的な学習」（以下，「総合学習」と表記）にしても，指導者である私たち自身が未経験の分野である．それだけに，学校として新しい課題に果敢にチャレンジする気概なくしては，取組みの展望も課題も見いだせない．失敗を恐れず，地域を足場にした実践に活路を見いだしたい．また，取組みの中から，「不易」と「流行」の見極めをしたいと考えている．

第4章 ┃「協同的学び」のための教育課程アラカルト　123

(2) 教育課程の基本的な考え方

　教科制をとる中学校においては，教科へのこだわりが強く，上限〜下限の教科の授業時数をともすれば上限におき，教育課程編成の工夫の余地を狭め，自らを縛って来た感がある．本校において，やっと選択履修幅拡大の実践的研究に取組み始めたのは平成6（1994）年度度からである．

① 放課後の活動を意識した教育課程の編成

　中学校現行学習指導要領の中心課題である選択履修幅拡大の実践的研究を進めるために，平成5（1993）年度において保健体育を必修が下限の週3時間，学校選択が週1時間というように明確にした．そして，この1年をかけて選択学習の校内研修を重ね，平成6年度より生徒選択による選択学習を開始した．週1時間の生徒選択による教科間選択学習は保健体育を下限の週3時間として週1時間を生み出し，この時間に各教科最低1講座を開設することにした．この週1時間を週時間割の中では，金曜6限に位置づけた．それは，選択学習の展開の中で，1時間で収まらない内容や地域に出かけての学習に対応するものである．現在は，選択学習を金曜6限か金曜5・6限に実施し，必要に応じて放課後を含めた授業展開を続けている．

② 生徒の立場に立つことと教職員の負担とのバランス

　平成6年度から実施している選択学習の中で，40人学級の現状の中では生徒に選択させる講座数は学級数の2倍以上が必要であることを経験的に学んだ．これだけの講座数を用意すると，選択授業の時間に授業の入っていない教員は2〜3名だけとなる．そのため，教員の出張ときには1名の教員が複数の講座を担当することもある．

　現在，本校では1学期3年前期選択，2学期3年後期選択，3学期2年選択を実施している．したがって，時間割は，1・2学期の3年選択が週1時間の場合と週2時間の場合，3学期の2年選択の場合の計3種類を作っている．選択学習にしても総合学習にしても，生徒にとっては選択機会の増大が望ましい．一方，新しい取組みに対する教員の負担への配慮と教員の創造的な実践を導く精神的・時間的ゆとりをどうつくるかが，教育課程編成のキーポイントとなる．本校では，平成11（1999）年度中に，校務分掌組織を見直し，生徒と教員が共

にゆとりの持てる学校運営の研究に着手する計画である.

③ カリキュラム編成の方法

本校では，4月1日に新年度の教員配置が確定した後，校長が教員に担任及び学年所属の委嘱を行い，新年度の取組みがスタートする．その後，教員は各教科会に別れて持ちクラスを仮決定し，それを校長・教頭・教務部長で調整する．その際，各教科は教科間選択学習の担当予定者も併せて決定する．調整の中で，学級数の2倍以上の講座数が確保できない場合は，関係教科に差し戻す.

平成11 (1999) 年度の場合，必修授業の教員一人当たりの平均授業時数は17.3時間であり，選択学習の講座数は，7学級の3年は14講座，6学級の2年は13講座である．講座内容の決定にあたっては，教科として検討し，外部講師の招聘やフィールドワーク等の計画を入れたものとする．また，教科横断的・合科的な内容も併せて追究している.

なお，選択・総合学習の生徒へのガイダンス・講座決定の調整，発表会の運営等具体的な企画・立案，研究推進は，「選択・総合学習委員会」が担当する．委員会のメンバーは，校長・教頭・教務部長・研究部長・ティームティーチング担当・各教科代表の計14名である．教頭・教務部長・研究部長・ティームティーチング担当で事務局を作り，教務部長を委員長としている.

平成11年度の場合，選択学習は選択・総合学習委員会で決定し，総合学習については学年単位の実施を計画しているので，骨格的な原案を選択・総合学習委員会で作成し，事務局と学年代表者会でこれを調整し，職員会議に諮って実施を決定した．総合学習のより具体的な実施案は各学年で検討し，必要に応じて，選択・総合学習委員会の事務局と協議しながら進めていくことにしている.

(3) 本校における選択学習の展開
① 選択学習の位置づけ

中学校教育は，義務教育の最終段階であるとともに中等教育の前期として高校教育との繋がりを大事にする必要がある．とりわけ，中学校段階が小学校と比べて生徒の個性の多様化と深まりが進む時期であり，個性化教育の充実が重

第4章 ▌「協同的学び」のための教育課程アラカルト　　**125**

要である．また，高校教育が生徒の個性に対応すべく多様化し，総合学科に代表されるように選択科目が大幅に増加している現状からしても，中学校での選択履修幅拡大の実践が不可欠である．

② スタートは３年のみの選択学習

　本校は，平成6（1994）年度より教科間選択学習を開始した．この年は，初めての取組みということもあり，各教科で計画しやすい時数を考え，前期11時間，後期9時間とし，3年8クラスを12講座に展開した．4～5月を準備期間とし，中間考査の終わった6月より10月まで（11月初めに文化祭を実施）を前期，その後3月初めまでを後期とした．生徒には，前期と後期では違う講座を選択するよう指導し，講座希望調査では第1希望から第3希望まで記入させた．前期・

表4-6　平成6年度選択学習　前期・後期の講座及び講座希望調査とその決定

平成6年度　選択履修コース（前期）

6月2日

	教科	担当教師	コース	内容	活動場所	人
1	国語	鍋島	短篇の作品に親しむ	短編小説を読み，感動した作品について感想文を書く	L, L	15
2	社会	本園	ニュース探険	時事問題について調べ意見交換を行う	選択1	9
3	社会	西山	知ってたつもり……	歴史上の人物や事件について研究する	選択2	29
4	社会	西川	"もの"からみた世界	身の回りにある"もの"の歴史等の研究	選択3	18
5	数学	瀬野	多面体を作ろう	空間図形の学習と作製	美術2	24
6	理科	諌武	分子モデルを作ろう	分子構造の研究とその模型製作	理科第1	24
7	音楽	神崎	アンサンブル	アンサンブルの学習	音楽室3F	29
8	美術	久保	版画	いろいろな版画でグリーティングカード制作	美術第1	28
9	体育	荒木	体育Ⅰ	ソフトボールのゲームに親しみ審判技術等を学ぶ	グランド	25
10	体育	青山	体育Ⅱ	バドミントン，卓球のゲームに親しみ審判技術等を学ぶ	体育館	27
11	技術	山田	木材加工	木材工芸と菊栽培	実習室	29
12	技術	影浦	金属加工	キーホルダー等の制作	製図室	18

平成6年度　選択履修コース（後期）

10月26日

	教科	担当教師	コース	決定人数	活動場所
1	国語	鍋島先生	短編の作品に親しむ	27	教室
2	社会	本園先生	ニュース探険	10	選択1
3	社会	西山先生	その謎を追う	31	選択2
4	社会	西川先生	世界ウォッチング	22	選択3
5	数学	瀬野先生	多面体を作ろう	24	美術2
6	理科	諌武先生	分子モデルを作ろう	26	理科第1
7	音楽	神崎先生	ソルフェージュ	17	音楽室3F
8	美術	久保先生	工芸	24	美術第1
9	体育	荒木先生	体育Ⅰ	24	グランド
10	体育	青山先生	体育Ⅱ	26	体育館
11	技術	山田先生	木材加工	26	実習室
12	技術	影浦先生	情報処理	20	製図室

出所）渋谷中学校作成，1994年．

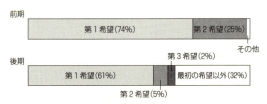

図4-1 平成6年度選択履修 コース選択希望調査とその決定
出所）渋谷中学校作成，1994年．

　後期の講座内容及び生徒の講座選択の希望充足率は**表4-6**，**図4-1**のとおりである．

　前期は，第1，第2希望の充足率は99％に達したが，逆に後期は32％の生徒が当初の希望以外の講座に移らざるを得なかった．学級数に比べて講座数が少ない点と選択学習の趣旨が生徒に十分浸透していなかった結果であると思われる．

　初年度の前期・後期の実践を終えて，生徒に**表4-7**のようなアンケートを実施した．

　表4-6で示したような生徒選択の状況でありながら，生徒は選択学習を概ね「楽しかった」と答えている．感想欄には「もっとやりたい」，「1年からやりたい」等，前向きな意見が多く，選択履修幅拡大が生徒に高いニーズのあることが明らかになった．

　2年次の平成7年度は，初年度の反省に立って，講座数，生徒選択の方法に改善を加えた．生徒選択の講座は8クラスを17講座に展開し，また，国語，社会，数学，理科，「総合」をA群とし，音楽，美術，技術・家庭，保健体育をB群として，生徒には前期・後期で必ずそれぞれの群から1講座を選択させることにした．この結果，平成7年度はどの生徒も第3希望までの講座を選択することができた．また，選択学習の開始時期を初年度より早めて5月後半（連休明けの修学旅行の後）からとし，前・後期・それぞ12時間の計画を立てた．

③ 2年でも選択学習を開始

　3年次となった平成8年度，「もっと選択学習をやりたい」という生徒の声

第4章 「協同的学び」のための教育課程アラカルト   127

表4-7　平成6年度　選択学習を終えて（アンケートの内容と結果）

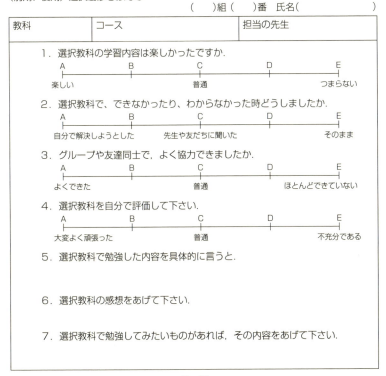

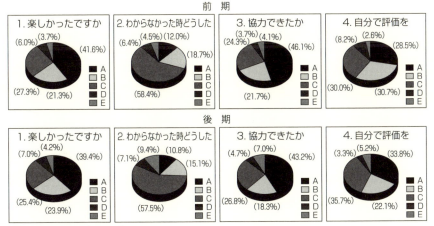

出所）渋谷中学校作成，1994年．

に押されるように，２年でも選択学習を始めた．３年選択学習を４月より開始し，１学期を前期，２学期を後期とし，３学期に10時間の計画で２年の選択学習に取り組んだ．この時，学級数の２倍以上の講座を設けることに思案した．そこで，前年度より始めた「総合」講座を活用することにした．なお３学期の週１時間の捻出方法は，隔週で音楽と美術を下限の週１時間にしたことによる．

④ 選択学習における「総合」講座の設定

本校では，生徒の立場に立って選択学習の講座をいかに増やすかを追究する中で，選択講座に平成７年度より「総合」講座を設けた．この講座は教科の枠を越えた教科横断的・合科的な内容を追究するものである．本来は，内容にかかわる複数の教科の教員が指導に当たることが望ましい．現状は，教員数の関係からその一部について外部講師等とのティームティーチングを実施するにとどまっている．今日までの「総合」の主な講座を列挙すると次のようになる．

- 異文化へのアタック：３年社会科に位置づけ，英語科教員が担当．外部講師を招聘．
- 福祉ふれあい体験：３年社会科に位置づけ，生徒会担当の理科教員が担当．保育所訪問や養護学校訪問・交流を実施．
- これであなたも声優だ：２年美術科に位置づけ，国語科教員が担当．アニメーションフイルムの声の吹き替えを実施．
- 渋中今昔物語：２年技術・家庭科に位置づけ，社会科教員が担当．本校の50年の歩みを調査し，ビデオで映像化．
- 折り紙・アーキテクチャー：２年美術科に位置づけ，教学科の教員が担当．ケント紙を使って，オリジナルな折り紙建築を創造．
- 人形劇をやろう：３年美術科に位置づけ，美術科教員が担当．できた作品を使って，幼稚園や特別養護老人ホームで上演．
- とびっきりラヴソング：２年美術科に位置づけ，国語科の教員が担当．各国のラヴソングをテーマに旅し，愛の叙情詩を研究．旅の終わりに私の「とびっきりラヴソング」を創作．

⑤ 生徒選択へのこだわり

　3年次から新しく取り組んだことの2つめは，生徒の講座選択を最後まで生徒の手に委ねるという点である．平成8年度3年前期の場合，選択・総合学習委員会の委員長を中心に選択学習のガイダンスを行い，その直後の学活の時間に生徒は第3希望まで希望用紙に記入して提出する．翌日より，生徒の希望状況の変化を公開し，選択・総合学習委員長及び教科担任そして学級担任より各講座の収容人員の調整に自主的に協力するよう要請する．最後には，教科担任に当初の予定より多い人数を受け持ってもらうことになるが，そうするまでもなく，この4年間，生徒自身による調整が功を奏している．今後も，生徒自身による講座決定にこだわっていきたい．平成11年度3年前期の生徒の講座選択の希望状況の推移は表4-8の通りである．

表4-8　平成11年度　3年前期選択講座の希望状況の推移

番号	教科	講　座　名	活動場所	人数	第1回目 4/16	第2回目 4/17	第3回目 4/19	第4回目 4/20	決定人数 4/21
1	国語	作家になりたい	3-5	～20	6	10	10	10	10
2	数学	おもしろ折り紙	3-2	～15	0	7	7	15	15
3	理科	不思議な科学実験室	理科1	～20	6	17	20	20	20
4	理科	校庭の植物マップづくり	理科2	～20	1	3	4	4	12
5	総合	異文化へのアタック	英語R	～20	2	15	21	21	21
6	音楽	リコーダーソートを楽しもう	音楽1F	～20	13	13	15	15	21
7	音楽	アンサンブルを楽しもう	音楽3F	～22	46	40	30	28	23
8	美術	本物そっくり野菜を作ろう	美術1	～25	5	10	18	19	28
9	美術	絵画・イラストにとりくもう	美術2	～25	6	14	19	19	21
10	体育	バドミントンを楽しもう	体育館	～20	36	30	29	26	22
11	体育	ソフトボールを楽しもう	グランド	～20	42	41	37	37	24
12	技家	パソコンを使ってみよう	PC	～20	78	41	24	24	20
13	技家	フランス刺繍を楽しもう	被服室	～15	0	0	3	3	4
14	技家	小麦粉でつくろう	調理室	～16	18	18	18	18	18
					256	259	259	259	259
				未定者	4	1	1	1	1

注）平成11年度 Challenge1 講座別希望者数の推移．数字はその日の最終集計数．
出所）渋谷中学校作成，1999年．

⑥ 選択発表会及び市庁舎での作品展示

　3年次から取り組んだことの3つめは，各選択学習の区切りに選択学習発表会を実施した点である．ともすれば「問題児」と見られがちな生徒が，自分のやりたい「アンサンブルを楽しもう」の講座を選択し，発表会に向けて早朝や昼休みに練習を重ね，発表会の場で生き生きとドラムをたたく場面があった．能楽師から学んだ謡いを披露することもあった．自作の詩の朗読もある．手話の発表もある．3年前期の発表会は，後期のガイダンスを兼ねており，3年後期の発表会は，2年のガイダンスを兼ねている．参加した1年生は，いずれ自分たちもあんな学習ができると期待に胸を膨らませる．発表者の当人にとっては，自己評価の1場面ともなる．これらを通じて，生徒のプレゼンテーション能力の向上を期待している．

　なお，4年次の平成9年度より，校内での選択学習作品展が終わった後，市庁舎1階ロビーを借りて作品展を実施している．保護者や市民に，広く本校の選択学習や研究活動を理解していただく絶好の機会となっている．

⑦ 選択学習の深まりを求めて

　5年次となる平成10年度から，3年の選択学習の内容をさらに発展させ，深めるために，週1時間であった選択学習を週2時間（連続）の日をつくることにより，前期17時間，後期17時間とした．前年度より，前後期で各5時間増えたことになるが，この時間は，上限をとっていた技術・家庭科より捻出した．その結果，選択学習の内容が大きく変化し，地域での学習機会が著しく増大した．昨年度の地域でのまた地域の人材を活用しての学習の一部を紹介する．

- 国語「声優をめざせ」：生徒の保護者である毎日放送のアナウンサーより発声及び朗読の指導を受ける．NHK大阪放送センター及び朝日放送を見学．毎日放送では，地域の方の働きかけでスタジオのマイクでの録音も体験した．
- 理科「校庭の植物マップづくり」：市内にある府立園芸高校を訪問し，微生物技術科の山下先生より，電子顕微鏡を使った指導を受ける．
- 理科「生物の進化を探ろう」：校区内の通産省工業技術研究所を見学する．また，大阪市内で開かれていた「ダーウィンと進化の旅」展・「人体の

不思議」展を見学する.

- 総合「紙芝居を作ろう」：校区内の保育所を訪問し，保育実習及び紙芝居の上演を行う.
- 総合「人形劇をつくろう」：できあがった人形劇を校区内の保育所・幼稚園や市内の特別養護老人ホームで上演する.
- 総合「異文化へのアタック」：民族学博物館での「モンゴル」展を見学する. 大阪大学のモンゴル・インドネシアの留学生を招き，それぞれの国の歌や楽器の紹介，演奏の手ほどきを受ける.
- 音楽「楽器をつくろう」：大阪音楽大学附属楽器博物館を見学し，2名の生徒は手作りの三味線を制作し，発表会で演奏した.

⑧ 地域の人材活用から，双方向の交流へ

選択学習の発展の中から，地域の方々を指導者として迎えたり，地域を学習の場とする機会が生まれて来た. これまでの学校は，ともすれば地域の人材活用ばかりに目を向けていたのではないだろうか. 総合学習を視野に入れたとき，今後は，地域の方々にも学校での学習に参加していただく. 一方，生徒・教職員が地域に出かけ，その道のプロの方から学ぶ. そのようなまさに双方向の交流が望まれる. 一昨年より始めた校区の幼稚園・小学校と一体となって進めている「ふれあい教育推進事業」が，さらに学校と地域との大きな懸け橋となりつつある. その点からも，現在校舎を大規模改修中の本校では，新しくつくる多目的教室や調理室等を地域の方々にも活用いただこうと考えている. また，新設の図書館と一体となった課題学習室やパソコン教室と一体となった視聴覚室（テレビ会議システムを設置）など，施設面からも，選択学習や総合学習の展開にふさわしい環境を整備していきたい.

(4) 選択学習から総合学習を展望する

今谷順重は，総合学習のカリキュラム開発として選択教科を生かした総合学習への取組みの道筋を明らかにしている［『授業研究 21』1998 年 5 月号］. 本校でも，選択学習の経験から，総合学習への道筋を探ろうとしている. とりわけ，本校独自の「総合」講座の経験をおおいに生かしたいと考えている. 今後，各教科

目標との関連を大事にしながら選択学習における「総合」講座を継続し，一方，総合学習のダイナミックな展開を模索していきたいと考えている．

① 平成 10 年度の総合学習の試み
——周年行事と関連させて——

舞台芸術ふれあい教室

2010 年度，文化庁の支援により，本校体育館で創立 50 周年記念行事として「舞台芸術ふれあい教室」を開催した．当日，日本舞踊協会より 50 名の役者・スタッフが来校し，長唄・舞踊が披露された．本校では，この行事を総合学習の試行と位置づけ，テーマを「日本の伝統文化を学ぶ」とした．「知の総合化」をめざす総合学習のガイダンスに始まり，各教科で当日の演目に絡む授業を同一時期に集中的に実施した．例えば，国語では古典の学習として「平家物語」や「奥の細道」の学習を行い，音楽では雅楽「越天楽」を学習した．当日の舞踊「五條橋」の欄干と柳の枝はあらかじめ技術部の活動と美術の授業で製作した．当日の進行は，生徒会役員が行い，舞踊「越後獅子」では，事前のワークショップに参加した選択国語のメンバーが一本歯の高下駄をはいて「布ざらし」に挑戦した．また，生徒と教員がプロのメイクと衣装により「時代の扮装」をして舞台に登場し，大喝采を浴びた．生徒は，当初の予想をはるかに越えて，日本の伝統芸術に深く感銘した．

創立 50 周年記念歌の製作

一昨年より，周年行事に向けての取組みを進めていた本校生徒会は「創立 50 周年となる昨年度，全校生に呼びかけて「創立 50 周年記念歌」を製作することになった．6 月，全校生にアンケートを実施し，歌詞を募集した．その結果，選択国語の「あなたも詩人になれる」のメンバーの作品も含めて 60 点近くの作品が寄せられ，その中で「学校が主人公」となる詩を書いたものと「私たちの旅立ち」をテーマとしたものを選び出した．そこで，前者を記念歌「かける時代を」として，多くの生徒のアイデアを入れて 1 つの作品に仕上げた．その後，夏休みを使って 9 名の希望者がメロディーをつけ，作品は仕上がった．また，後者はあらかじめ曲もつけられていたのでサブのイメージソング *Starting*

第 4 章 ▎「協同的学び」のための教育課程アラカルト　133

図 4-2　創立 50 周年記念歌
出所）渋谷中学校作成，1998 年．

とした．

　2 学期になり，せっかくの曲を 50 周年記念として CD 化できないかという話がもちあがり，学校・PTA・同窓会でなる創立 50 事業実行委員会より費用を捻出していただくことになった．そこで，池田市に拠点をもつスタジオなど多くの方々の支援により，編曲・演奏・歌唱指導をしていただき，校歌も含めた 3 曲の CD が完成した．演奏・歌唱は吹奏楽部及び生徒会の希望者による．完成した CD は，10 月から生徒会の校内放送で全校生徒に紹介され，10 月末の文化祭で前述の生徒の手により披露された．また，1 年生が学年合唱で記念歌を歌い，3 年の劇のテーマ音楽ともなった．さらに，創立 50 周年記念式典では手話を加えて保護者や地域の方々に発表した．そして，3 年生は卒業式の卒業の歌の 1 つとしてこの記念歌を歌い，旅立っていった（図 4-2）．

　歌詞作り，作曲，振り付，演奏，独唱・合唱，手話など総合芸術としての記念歌製作・発表は，音楽・体育・特別活動等を網羅した総合学習である．学校完全週 5 日制の実施を目前に控え，ともすれば安易に削られがちな学校行事であるが，総合学習に位置づけることにより，新しい命をふきこむことができるのではなかろうか．

②「選択：総合学習 Challenge」の構想

　本校では 2000 年度より新学習指導要領への移行を意識して，選択学習及び総合学習を「選択・総合学習 Challenge」として実施し，選択学習を「Challenge 1」とし，総合学習を「Challenge 2」として実施することにしている．Challenge の名称は，生徒が「自分の可能性に Challenge」，「自己発見に Challenge」，「自分の夢に Challenge」することをめざしてのものである．選択・総合学習の時間の時間の生み出し方としては，1 年は学校裁量時間・道徳・学活の時間，2・3 年は，それに加えて選択学習の時間の一部を当てる．運営は，当面，学年を中心に集中的に実施する．

　本年度の各学年の総合学習の試行のテーマは，以下の通りである．

- 1 年＝「地域学習」：校区をフィールドに，自然・歴史・文化・産業等を調べ，まとめる．地域学習が，2 年で予定している職場体験学習や今後の人権・福祉の学習へと結び付き，発展することをめざしたい．
- 2 年＝「職場訪問・職場体験学習」：校区や市内の公共施設や事業所での 1 日体験学習を計画している．学んだ成果を，10 月末の文化祭で発表する．また，取組みを 3 年の進路学習につなげたい．
- 3 年＝「進路体験学習」：企画委員の生徒を中心に，高校の先生を招いての進路学習，グループでの高校訪問，卒業生を招いての進路学習を予定している．

　3 年の取組みを除いては，本年度初めての実践になるが，地域学習から進路学習への道筋をつけたいと考えている．また，移行措置の 2 年の間に 1 年の選択学習のあり方と 3 年間を見通した総合学習のテーマを設定したいと思う．

⑸ おわりに

　選択学習の評価は，生徒自身による自己評価を参考にしながら，3〜4 個の観点項目を設け，3 段階の絶対評価を実施している．また，総合学習においては，今後，ポートフォリオ評価の研究等を始めたいと考えている．いずれにしても，学校としてのカリキュラム評価を欠かすことはできない．

第4章 ┃「協同的学び」のための教育課程アラカルト　135

　既に述べたが，生徒・教職員のゆとりを確保することと，選択・総合学習に
チャレンジすることとをいかに両立させるか，この困難な課題に挑戦していき
たい［今谷順重『総合的な学習で人生設計能力を育てる』ミネルヴァ書房，2000年］．

④ 中学校社会科における「適切な課題を設けて行う学習」

(1) はじめに

　現行の『中学校学習指導要領』は，平成5年度より本格実施となった．指導
要領は，学校教育法施行規則第53条及び第54条により教育課程の基準として
位置づけられている．

　指導要領とともに，『中学校指導書　教育課程一般編』及び『中学校指導書
社会編』が，教育課程編成の上でおおいに参考になる．さらに，『中学校社会科
指導資料』が，現在まで2点刊行されている（『文部省中学校社会指導資料——指導
計画の作成と学習指導の工夫—「適切な課題を設けて行う学習」を中心に——』（平成3年5
月）と『中学校社会指導資料 作業的，体験的な学習の充実』（平成5年6月）の2点）．

　これらの文部省の著作物について，筆者自身，社会科の授業を担当していた
時は，深く読み取ることなく，一瞥する程度でありながら，教条主義的に批判
していた．しかしながら，きっちり読めば学ぶべき点は多い．本稿は，現行の
『中学校学習指導要領』及び指導書の特色を明らかにし，その中に位置づけら
れている社会科における「適切な課題を設けて行う学習」について，その指導
のあり方を提起しようとするものである．

(2) 中学校学習指導要領，指導書を読む
① 中学校学習指導要領

　現行の『中学校学習指導要領』は，平成元年3月15日に告示され，平成3年
度入学の第1学年より順次施行され，平成5年度より本格実施となった．今回
の改訂の特色は，『幼稚園教育要領』から小中高の指導要領まで一斉に改訂が
行われた点にあるであろう．それは，今日ほど教育改革が強く求められている
ことはないという証左でもあるだろう．

指導要領では，教育課程編成の一般方針として，「学校の教育活動を進める
に当たっては，自ら学ぶ意欲と社会の変化に主体的に対応できる能力の育成を
図るとともに，基礎的・基本的な内容の指導を徹底し，個性をいかす教育の充
実に努めなければならない」と述べている［文部科学省『中学校学習指導要領』平成
元年3月，p.1］．また，社会科の指導計画の作成と内容の取扱いにおいて，「1.
生徒の主体的な学習を促し，社会事象に対する関心を一層高めるため，（中略）
適切な課題を設けて行う学習の充実を図るようにすること．2. 指導の全般に
わたって，資料を選択し活用する学習活動を重視するとともに，作業的，体験
的な学習を取り入れるよう配慮するものとする．（中略）3. 第3学年における
選択教科としての「社会」においては，生徒の特性に応じた多様な学習活動が
展開できるよう，（中略）分野間にわたる学習，自由研究的な学習，見学・調査，
作業的学習などの学習活動を学校において適切に工夫して取り扱うものとす
る」［前掲指導要領，p.36］としている．これらの整理については，教育課程一般
編に詳しい．

② 中学校学習指導要領教育課程一般編

教育課程一般編によると，今回の改訂については，昭和58年11月の中央教
育審議会の教育内容等小委員会の審議経過報告にはじまり，臨時教育審議会の
諸答申，さらには昭和62年12月の教育課程審議会の答申を受けて実施された
［文部科学省『中学校学習指導要領解説　教育課程一般編』平成元年7月，pp.1-3］．

　その中で，改訂の基本方針として以下の4点を示している［前掲教育課程一般
編，pp.4-7］．

　　ア　心豊かな人間の育成
　　　　自然との触れ合いや奉仕などの体験を通した学習を重視．
　　イ　基礎・基本の重視と個性を生かす教育の充実
　　　　基礎的・基本的な内容を確実に身につけさせるため，個に応じた指導
　　　　など指導法の改善を図る．生徒の個性の多様化に適切に対応するため，
　　　　選択履修の幅を拡大する．授業時数について，上限，下限の幅をもた
　　　　せる．自ら学ぶ意欲や主体的な学習の仕方を身に付けさせるよう配慮．
　　ウ　自己教育力の育成

第 4 章 ┃「協同的学び」のための教育課程アラカルト **137**

生涯学習の基礎を培う観点から，学ぶことの楽しさや成就感を体得させ，自ら学ぶ意欲を育てるため体験的な学習や問題解決的な学習を重視する．また，自ら学ぶ目標を定め何をどのように学ぶかという主体的な学習の仕方を身につけさせるよう配慮した．

　エ　文化と伝統の尊重と国際理解の推進

③ 中学校指導書社会編

社会編によると，指導計画の作成と内容の取扱いについて次の 3 点を示している［文部科学省『中学校指導書　社会編』平成元年 7 月，pp. 125-127］．

　ア　指導計画の作成上の配慮事項：適切な課題を設けて行う学習の充実を図る．

　イ　資料等の活用と作業的，体験的な学習：今回の改訂では「体験的な学習」を重視．これは自らの直接的な体験を通して社会的事象に対する認識が深まっていくことを期待したものである．

　ウ　選択教科としての「社会」：生徒の特性等に応じ多様な学習活動を展開．

次に，今回の改訂を指導要領の改訂の歩みからみてみたい．

(3) 体験的な学習や問題解決的な学習の重視
① 中学校学習指導要領の内容の変遷

戦後の教育改革により出発した初期社会科は，問題解決的な学習を重視し，生徒一人ひとりの意識や課題と結び付けて学習意欲を喚起し，生徒の個性をいかす点で，多くの成果をあげた．しかし，その一方で基礎学力の低下をもたらしたといわれている．

1958 年版の指導要領は，その反省にたって，系統学習へ大きく転換した．科学主義の理念に基づき，生徒に高度な理解を求めることとなった．また，この時，「特設道徳」が新設された点も注目に値する．

1969 年版の指導要領は，過密化した学習内容の精選が目玉となった．また，この時，従来の座布団型から π 型への転換が図られた．

1977 年版の指導要領では，知識中心の学習から，思考力や判断力を重視した

学習への転換が図られた．生涯学習の理念の導入など，今回の改訂に繋がる部分も多い（指導要領の変遷については，篠原昭雄『中学校社会科新旧学習指導要領の対比と考察』明治図書，1989年，pp. 141-200 がある）．

今回の改訂（平成5年本格実施）は，先にみたように，知育偏重の弊害を是正し，自己教育力の獲得と個性重視をめざしている．そのため，初期社会科の柱であった問題解決的な学習を取り入れている．「適切な課題を設けて行う学習」や「選択社会」は，今回の改訂の中心的な役割を担うものであろう．

② 問題解決学習と系統学習

初期社会科が批判の矢面にたたされている時期に発刊された竹田加寿雄著『社会科教育の根本的改善——単元学習の原理と反省——』[明治図書，1955年]においては，すでに今回の改訂学習指導要領がめざしている点について，問題提起している．

同書によると，「社会科の指導を問題解決を図る経験単元か系統的な教材単元かといった二者択一をたどるのではなく，このようにそれぞれの単元内の1つのまとまった学習題材に対する，2つの学習のいき方としてほぐしてくれば，その巧みな組み合わせが見出されるのではないかということである．そしてかなり系統的に配置された課程や，地歴のそれぞれの単元といった分科的な構想をたてても，問題解決学習を随所に入れる余地が見出されるはずであり……」と述べている［前掲書，p. 203］．

ここで，同書により，問題解決学習と系統学習とを比較し，整理しておきたい．

問題解決学習（経験単元学習）は，ジョン・デューイの経験主義の教育哲学にその基礎をおいている．「あくまでも，子どもらが，生活事態に直面して生じた問題を，処理していく働きの側から，統一的にながめて，そこに望ましい探究方向を見出そうとするものである」「知識というものは，知ろうとする働きに先立ってある何かを客観的なものではなく環境を処理していく，主体者の実験的操作の結果として生ずるものであるという，根本的な知識観に，結局，連なるものである」また，「学習者の経験活動に先立って，客観的な知識体系から，学習方法を規定しようとすることを拒否する」［前掲書，p. 148］．

第 4 章 「協同的学び」のための教育課程アラカルト

　一方，系統学習（教材単元学習）にあっては，「教師の豊富な知識技能の見通しに立って，どんなものを学習させるかという課題が選ばれ，生活との結び付けも，そこに含まれる知識の系統にそってなされるため，子ども自体が学習活動によって，二者の要求を自主的に統一して，見出していくものとはならない（子どもの経験活動自体が，知識技能を生活と結びつけながら獲得していく場として，むしろ選ばれる性格をもつ）」［前掲書，pp. 142-43］

　次に，同書の図表（図 4-3，4-4）によって両者を比較してみたい．

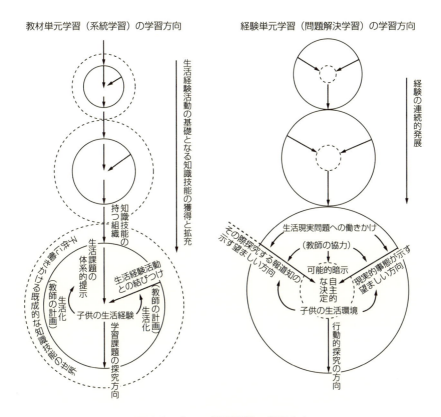

図 4-3　2 つの学習形態の学習方向
出所）竹田加寿雄『社会科教育の根本的改善』明治図書出版，1955 年，p. 142.

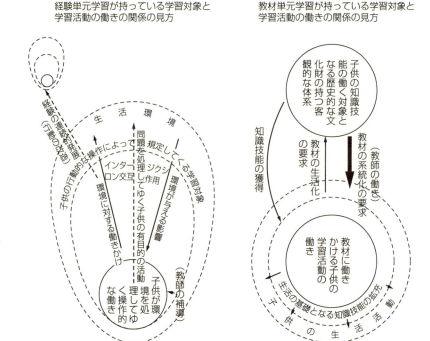

図 4-4　2つの学習形態が持っている学習対象と学習活動の働きの関係の見方
出所）竹田加寿雄『社会科教育の根本的改善』明治図書出版，1955年，p.150.

③ 体験的な学習や問題解決的な学習の重視

問題解決的な学習を進めるには，次の章で取り上げる「適切な課題を設けて行う学習」が，最適な方法と思われるが，ここでは，もう1つの大きな柱となる体験的な学習について，社会科指導資料により述べることにする［文部科学省，『中学校社会科指導資料　作業的，体験的な学習の充実』1993年］．

指導資料によると，作業的，体験的学習の意義として次の6項目をあげている［前掲書，pp.12-13］．

　ア　学習の単調さを防ぎ，学習への関心・意欲を高める．
　イ　学習の満足感や成就感を体得させる．
　ウ　生徒一人一人が主体的に追求できる活動であることから，自己とのか

かわりの中で，課題を見出し，解決する能力を養う．
エ　知識を総合し，生きた活用ができる知識として定着させる．
オ　学習を通じて人と協力する態度を養い，集団の中における個人の役割を自覚させ，責任感を培う．
カ　社会的事象を多面的に考察したり，公正に判断したり，自らの考えを積極的に表現する能力を身に付けさせる．

「総じて，作業的，体験的な学習を実習することにより，生徒の社会的事象に対する興味・関心を深めるとともに，主体的な学習活動を通して，自ら学ぶ力を高め，社会的事象への理解を深めることが期待される」[前掲書，p.13]．

(4) 中学校社会科における適切な課題を設けて行う学習
① 適切な課題を設けて行う学習の捉え方
社会科指導資料によると，「適切な課題を設けて行う学習」を次のように位置づけている［『中学校社会科指導資料　作業的，体験的な学習の充実』］．

「適切な課題を設けて行う学習とは，社会的事象に対する生徒の興味や関心を一層高め，生徒がその学習に主体的に取り組むことを促すような指導上の工夫である．盛り沢山な内容を，一方的に注入するような授業から脱却して，生徒自らが，問題の解決に当たる喜びを味わうことができるような学習の実現を目指したものということができる」[前掲書，p.6]．

また，同書では，その趣旨について以下のようにいう．

「生徒を中心とした学習を重視しており，単に生徒の興味や関心を高めることだけでなく，生徒が主体的に学習にかかわり，学習活動の主体者に位置付けられるような学習内容や方法の工夫が求められているといえる．さらに，社会科学習への生徒の関心や意欲を喚起し，日常生活において，幅広く社会的事象に対する関心を継続的に高めることができるような学習を目指したものであることが分かる」[前掲書，p.17]

② 課題学習の時数をどう確保するか

指導資料によると，「適切な課題を設けて行う学習」に当てる時数として，10時間から3〜5時間の継続する時間を揚げている［前掲書，p. 221］．要するに，弾力的に運用してよいということである．

問題は，どのように時間を生み出すかということである．この点について，同書では次のように述べている．

「特に新たな学習内容を加えたりせずに，『事項を再構成するなどの工夫』をして，実施すれば解決できる問題である．また，この学習に多くの時間を配当しても，この学習が効果的に指導され，生徒の主体的な学習を促したり，学び方を学習させたりすることができれば，その後の学習を能率よく進めることも可能となるので，この学習の授業時数だけでなく，各分野の全体的な指導計画のもとで，適切な授業時数の配当を考えることが大切である．」［前掲書，pp. 221-22］．各校での，発想の転換が求められているといえる．

③ 課題学習の内容をどうするか

指導資料によると，適切な課題の要件として，「生徒の主体的な学習を促すようなもの，生徒の社会的事象に対する関心を一層高めることができるもの，生徒の発達段階や学校の所在地域の特性に配慮したもの，生徒自らが計画し，調査しまとめるなど，学習活動が組織しやすいもの，資料を選択し活用する学習や作業的，体験的な学習ができるもの」を掲げている［前掲書，p. 18］．

筆者は，このような要件を満たす課題の1つとして「地域学習」を考えている．地域の協力が得られるならば資料が得やすく，体験的，問題解決的な学習が可能である．また，学習の成果を資料提供や取材に協力していただいた方に，お礼の意味で報告することが，学習のまとめに繋がる．

④ 適切な課題を設けて行う学習の事例

事例は，1983年度の池田市立細河中学校の文化祭での取組みである．筆者が，文化祭実行委員長として，また，社会科担当教員として，指導したものである．実践は学級としてのものであったが，これを生徒個人または小グループで自ら課題をみつけさせ，取り組むことが可能であると考える．

(5) おわりに

　第三の教育改革の時代に突入している今日，21世紀を担う子どもたちを育てるためにも，各学校の大胆な実践が望まれる．旧来の枠に捕らわれることなく，柔軟な発想をもちたいものである［『研究収録　いけだ』第7号，池田市教育委員会，1995年］．

資料　太平洋戦争下の細河

第6章　太平洋戦争下の細河

1　太平洋戦争と細河地区戦没者〔担当＝Ni・Nu〕
　1　太平洋戦争とは：

1941	12.8	太平洋戦争始まる 真珠湾攻撃，マレー半島上陸
1942	6.5	ミッドウェー海戦
1945	5.20	硫黄島玉砕，米軍が沖縄本島に強行上陸．広島・長崎へ原爆投下．ソ連対日宣戦布告
1945	8.15	終結．日本敗戦．

　2　"大東亜戦争"と呼ばれる理由：
　日本は欧米がアジアを植民地にすることに反対し，日本を中心にアジアの共存共栄をはかることをたてまえに，朝鮮・中国・東南アジアを侵略する企てをおおいかくした．
　3　細中校区の戦没者の墓調べ：

年	月	日	戦没者名	戦没者の階級	亡くなられた場所	町名
17	7	5	井上　太良馬	陸軍上等兵		伏　尾
	7	15	上段　秀吉	海軍二等水兵	北太平洋上	木　部
	8	2	山本　松彦	陸軍歩兵上等兵		吉　田
18	8	10	玉井　憲治	陸軍二等兵曹		木　部
	8	18	上野　　勝	陸軍上等兵	満州	中川原
	10	21	立川　正三	海軍上等兵	満州	木　部
	11	11	山上　　実	海軍一等兵曹	ソロモン島	中川原
19	1	2	森　　喜雄	陸軍歩兵一等兵	内地	東　山
	2	16	勝川　正一	陸軍上等兵	ミンダナオ島	伏　尾
	2	16	織田　伊太郎	陸軍上等兵	ミンダナオ島まで東方12	吉　田
	2	16	山本　重次郎	陸軍歩兵上等兵	0マイル海上（上の人と同じ）	吉　田
	6	6	勝川　由太郎	陸軍上等兵	ブーゲンビル島	伏　尾
	6	10	岡本　文太郎	陸軍伍長	ニューギニア島	伏　尾
	6	30	宮崎　政義	海軍一等機関兵		

19	7	18	柄沢　　　保	陸 軍 歩 兵 軍 曹	硫黄島	吉　田
	7	18	西 田 之 雄	陸 軍 少 尉	サイパン島	木　部
	7	31	山 本 実次郎	陸 軍 歩 兵 少 尉	マニラ海	吉　田
	8	4	藪 内 義 一	陸 軍 兵 技 曹 長	ニューギニア島	吉　田
	8	10	岡 崎 弘之助	陸 軍 歩 兵 伍 長	ニューギニア島	東　山
	8	23	種 池 徳太郎	陸 軍 兵 長	中華民国，湖南省	木　部
	9	26	安 福 義 一	海軍軍属無線通信士	台湾	木　部
20	3	17	織 田 　 貫	陸 軍 歩 兵 兵 長	硫黄島	吉　田
	3	17	山 田 増太郎	陸 軍 上 等 兵	レイテ島	木　部
	4	24	中 腰 政 一	陸 軍 機 関 兵 長	ルソン島	木　部
	5	4	原 　 武 一	陸 軍 伍 長	比島	木　部
	5	10	中 森 増 三	陸 軍 歩 兵 兵 長	沖縄	木　部
	5	20	大 下 興 助	海 軍 水 兵 長	レイテ島	木　部
	5	27	山 本 保太郎	陸 軍 歩 兵 伍 長	ルソン島	吉　田
	6	11	上 野 保 平	海軍航空一等整備兵	内地	東　山
	6	12	山 田 種 吉	陸 軍 軍 曹	沖縄	東　山
	6	18	山庄司 真 治	陸 軍 歩 兵 少 尉		中川原
	6	30	小 森 一 雄	陸 軍 歩 兵 曹 長	中華民国，河南省	木　部
	7	29	上 巻 春 次	陸 軍 上 等 兵		古　江
	8	8	森 井 　 晃	陸 軍 上 等 兵	中華民国，河南省	木　部
	8	9	山 脇 佐 一	海 軍 一 等 水 兵	中華民国，内海	東　山
	8	18	上 野 万太郎	海 軍 伍 長	ラバオ	中川原
	9	18	山庄司 　 清	陸 軍 歩 兵 兵 長	中華民国，河南省	吉　田
21	1	15	梶 尾 繁治郎	陸 軍 上 等 兵	満州	中川原
	1	27	上 巻 治 市	陸 軍 上 等 兵		古　江
	2	28	山 本 　 豊	陸 軍 曹 長	ソ連タイセット地区	吉　田
22	7	18	上 野 忠 雄	陸 軍 一 等 兵		中川原
	7	1	細 見 錦 一	陸 軍 二 等 兵	京都で戦病死	木　部

4 太平洋戦争と細河地区の戦没者

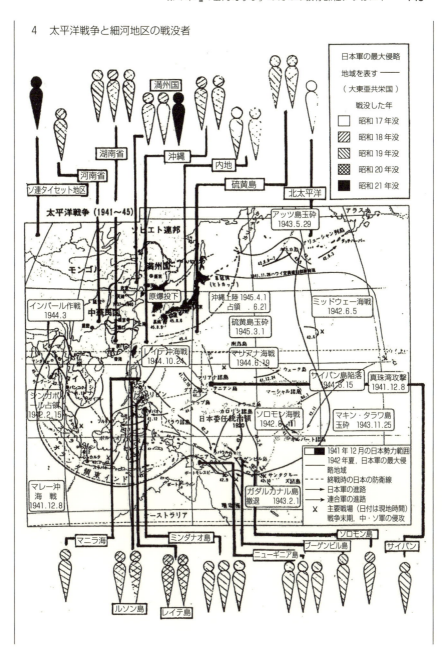

〈感想〉
- 多くの戦没者の墓を見て，なぜ戦争をしなければならなかったのか．若い人や女の人，子どもの命をうばっていった太平洋戦争．何の利益もない，はじめから勝つとなんか思っていなかった日本は，なぜ戦争をしたのだろう．日本を含む世界は，この人達の死をむだにしてはいけない．そして，二度と同じ戦争をおこしてはいけないと思う．次に，もし世界大戦がおこったら世界は破滅してしまうだろう．今のうちに，絶対おこらないようにしておかないと，いけないと思う．
- この辺は，田舎だと思っていたのに，フィリピンや中国，遠くは，ソ連やソロモン諸島まで戦争に出かけている．大きな戦争だったと思う．あんまりにも遠くに出かけていって消息もわからなくなった人もいるだろう．その家族はどんなに悲しんだことだろう．
- 私たちは，一日も早く戦争につながっていくものを根こそぎなくしていきたい．

5　毘沙門さんの"祈禱簿"による細河地区の復員兵・戦没者調べ〔担当者＝Ｔ・Ｓ〕
① 調査の方法
- 細河地区（吉田・伏尾・東山・中川原・古江・木部・新宅）を祈禱簿を持ってまわった．外を歩いている人や作業をしている人に，その中に名前ののっている人が復員されたかどうかきいてまわった．

② 調査結果

	吉田	伏尾	東山	中川原	古江	木部	新宅	全体
復員者	40%	43%	69%	50%	59%	63%	47%	54%
戦没者	60%	57%	31%	50%	41%	37%	53%	46%

（吉田）戦60%／復40%　（伏尾）戦37%／復63%　（東山）戦31%／復69%　（中川原）戦50%／復50%

（古江）戦41%／復59%　（木部）戦37%／復63%　（新宅）戦53%／復47%　（全体）戦46%／復54%

③ 考察
- わかったこと
  - 私たちは，祈禱簿をもとに，細河地区を歩いて戦没者と復員者がどれくらいの割合であるかを円グラフで表した．

……結果

  - 細河地区の戦没者と復員者がだいたい同じ割合であることがわかった．

④ 祈禱簿について
- 戦争中，細河地区に住む人々が出征兵士が無事に生きて帰ってくることを願って，祈禱寺である毘沙門さんに納めたものである．しかし，この中の多くの人は，「帰らぬ人」となり，悲しい遺物として残されている．

⑤ 感 想
- 私達は，取材をする中で，出征兵士もその家族の人もきっと悲しい思いをしただろうと感じた．こんなことが，二度と起こらないようにしなければならないと痛感した．

〈池田市からの出征兵士〉
ⓐ 15年戦争（1936年〜45年＝満州事変〜太平洋戦争）中の池田市の人口

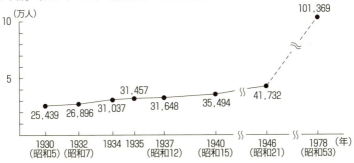

ⓑ 池田市への復員者

年 代	人 数
1948（昭和23）年	1,489人
1949（昭和24）年	1,501人
1950（昭和25）年	1,508人
1951（昭和26）年	1,504人
合 計	5,997人

- ⓐとⓑの資料から判断すると，15年戦争中池田市からは，少なくとも5人に1人が出征したと考えられる．
※ⓐ，ⓑは『池田市史』(旧版) 概説篇をもとに作成した．

2 太平洋戦争下の細河〔担当者＝K・E・O・K・Tu〕
  1 円城寺でのお話：
  - 戦争中，円城寺に疎開者あり，本堂に30人，入りきらない人は，桜の木の上に，板をひいて眠った．

〈東山工場〉
　出る所がわからないくらい大きな工場で，入口はいくつもあったが，中で1つにつながっていて，入口を松の木で屋根をつくって長尾山から木を持ってきてかぶせたりしていた．そこでは，3,000人ほどの人が毎日出入りしていた．
　みがき粉をとって，その掘った穴に兵器をかくしていた．戦争が終わったらアメリカの進駐軍が穴を埋めるために入口を爆発した．
　東山の出口に兵舎を作って生活をしていた．

2　谷向佳次郎さんの話：
〈東山の壕について〉
　やぶの中に壕を13個ほど作った．壕には，電気が通っていた．

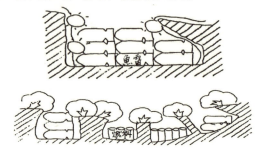

3　東山の壕の模型完成図：

3　戦争の惨禍を忘れぬために
〈私たちが学んだこと〉
　たくさんの人が戦争で死んだ．戦争を始める前になぜ，これほど多くの人が被害にあうことがわからなかったのだろう．戦地へ行った人だけではなく，行っていない人もたいへんな苦労をしているんだと思った．織田さんの話では，突然爆弾が落ちてきて目の前で5人が死んだという．そのときのことを考えると，おそろしくてたまらない．食べ物もほとんどなくて，いつもおなかをすかしていたそうだ．私たちは，戦争で受けた被害と同時に，日本人がアジアを侵略してゆく中で犯した残虐な行為も忘れてはならないと思った．もし，再び戦争が起こったならば，人類は破滅するかもしれない．絶対に戦争を起こしてはいけない．これまで平和学習を通じて戦争のおそろしさ，平和の尊さを学んできたが今後も平和学習を続け，戦争を阻止し，平和を守りぬきたいと思う．

出所）池田市立細河中学校『平和教育の展開――部落解放学習の課題と結合した全校平和学習――』1984年．
　　　『研究収録　いけだ』第7号，池田市教育委員会，1995年．

第5章
人権教育・平和教育の構築に向けて

① 同和教育・人権教育の歩みと共に

(1) 卒業生が問い返したこと
——池田中学校進路指導の克服すべき事柄——

① はじめに

1979年4月15日，本校卒業生で府立E高2年のT君が自ら命を絶った．T君は，中学時代には部落解放子ども会の活動に積極的に参加し，高校でも高校友の会や部落研の活動に熱心に取り組んでいた．T君の自死に対して，私たちは強い衝撃を受けると同時に，T君にかかわった者として（高校へ送り出した者として）「何がT君を死に追いやったのか」を可能な限り追求し，池中教育，とりわけ，池中進路指導のあり方について根底から総点検する必要に迫られた．

T君の自死は，折りしも，本年度の池中教育の重点課題のひとつとして，「とかく，めさきの進学指導だけに陥りがちな進路指導の現状を総括し，〈進路追跡〉をも視野に入れた進路指導の研究・実践を進めよう」とした矢先のできごとであり，その死が私たちに問い返したものは，余りに大きく重い．

このレポートは，T君の自死について池中として総括を行ない，池中進路指導の克服すべき事柄を探るための作業のひとつである．建設的なご批判・ご教示をお願いしたいと思う．

② 卒業生の現状と高校教育

1977年度の卒業生の場合を中心に考えてみたいと思う．中学区単独選抜制が行なわれている大阪府下にあって，本校の卒業生の97％が30校余りの高校に分散して進学している．あとの3％は，池中として進学を保障することができず，結果的には，就職したり，職業訓練校へ進んだ生徒である．

77年度の300余の卒業生の内,「地区生徒」は16名,9名が公立普通科,3名が公立実業科,2名が私学,1名が公立定時制,1名が専修学校（4年間で通信制の高校卒業資格が得られる），へ進んだ（**資料①**）.

資料①　高校友の会と池中教育（子ども会担当者）

77年度の16名の「部落」の卒業生の後の足どりを追うに当って,次の5つの分類によって述べてみようと思う.

a．高友に結集している5人,「がんばれや」

……この5人は,「とにかく高友へ行かなあかん」,「高校は卒業しなあかん」という所でしか共通点を見い出しえていない.高友の活動の中で,自分の学校のことを語り,家のことを語るという話し合いが不足しており,彼らにとって高友が拠って立つ基礎に成り得ていない現実がある.「今,高友に来ている先生,ほとんど名前知らんわ」というYの言葉は,1年以上も参加した後のものであるだけに重い.「とにかく行かなあかんねん」という思いで参加していることと,「ほとんど名前知らんわ」という現実をどう捉えたらいいのだろうか.

b．部落研のみ活動しているふたり,「いっしょにやろや」

同一高校に進んだHとTがこのグループに属する.このふたりは,少なくとも学校の中で〈部落を語る場〉を持っている,そこへ集っているということで,「何かしなあかんのと違うか」と考えているということである.……池中時代の〈つらいことを言い切る〉取り組みの中でふたりとも自分の家のことはそれなりに語っている.語ったことが,「自分は頑張る」ということにつながった1つの成果である.しかし,それが「自分と一緒に頑張ろう」ということにまでつながっていないという現状がある.部落内に目を向け,荒れているMやKにこのふたりがつながって行く時,このふたりは「自分と一緒に頑張ろや」という所まで行くのではないか.

c．丑松的になってしまったふたり,「どうなっとんや」

ふたりとも16人の男女のトップの成績で,公立普通科へ楽々と入学した.……ふたりの成績がよかったことが,逆にふたりに「自分はやっていける」という意識を持つことは予見できてはいたが,その予見を正しく生かして指導していかれへんかった.「かしこい」いうことを捉え返させることは,何で今賢いのかを父母・部落との連なりで考えさせるべきだったし,「かしこい」ことをどうこれからの生き方に部落とのかかわりで見据えさせるか（＝人材養成）という問題にしていけなかったのである…….

d．くずれている4人「だれのせいや」

全て男子である.また,4人とも中学の時から生活面でくずれのあった生徒

たちである．そして，中3合宿の中で一番頑張ったのもこの4人であった．また，池中が高友とのかかわりの中で一番指導しようとしてきたのもこの4人であり，指導でけへんかったのもこの4人である．bで述べたTやHと同じ学校に進み中途退学したT.Kと，今年4月自死を遂げたMTには，共通する点が多い．即ち，中3合宿で最も頑張ったふたりは大いなる希望を持って高校へ入ったということであり，自分の希望通りの高校へ入ったということである．このふたりは，なぜ高校に入ると髪を染め，シンナーを始めたのか．ふたりは，「先生らに聞いていた高校と違う，おもろない，友達もおれへん」と言っていた．私は，次の様な反省をせざるを得ない．「高校入るために頑張ろや，泊り込んでも頑張ろや」という中3合宿は，頑張り抜いたふたりにとって，高校を目的にしてしまったということである．自分が描いた高校への考えと現実とのあまりの違いに，ふたりは「おもろない」という一言で荒れていったとすると，我々はそんな考えを持たせてしまった側の責任として，取り組みの総括を当然のこととしていかなければいけない……．

e.「全く見えない」女子3人のこと

　専門学校へ行ったKさんは，小学時代に養護学級（現在の支援学級）に入っていたため「トクシュ」と「バカ」にされ，いじめられていたが，中学でも充分な学力をつけないまま卒業させてしまった．

　16名の内，遺憾ながら，すでに高1で中途退学した者2名，留年した者2名（この内，1名はこの2学期に退学），を数える．中途退学者のひとりは，府立の定時制高校に通っていたM君であり，もうひとりは，自らの意に反して，片道1時間もかかる公立普通科へ通学していたK君であった．

　KさんやM君に対しては，高校進学を保障することすらできなかったが，K君に対しても，ただ高校に入れただけに終っていた感が強い．

留年し，ついに退学していったT.K君の場合

　府立S高にやっとの思いで合格したT.K君にとって，S高は「夢」であり，あこがれの的であった．S高は，本校が「地元校」と考え，例年，300余名の卒業生の内70～80名を送り込んでいる普通科の高校である．同学年の地区生徒はT.K君を含めて3人である．他のふたりは，部落研で活動しているが，高校友の会の活動には参加しておらず，K君とのつながりはほとんどない．S高の4～5名の教師が高校友の会の

活動に参加している.

　TK君は，S高に持っていたイメージと現実とのギャップに翻弄され，友達もでき
ぬまま，S高から遠ざかっていった．学期が進むごとに欠席が目立ち，ついに留年.

　本年度も欠席がちであったため，担任は，休学届けを提出するようT.K君に迫った.
このことが引き金となって，K君は退学を決意した.

　この時点で，S高の高校友の会にかかわっている教師から本校の子ども会担当者の
方に連絡が入り，早速，中２の時の担任が３日連続して家庭訪問した．その結果，K
君は退学を思いとどまり，再び登校するようになった．この間，S高の担任は「学校
に来たら指導する．家庭訪問や高校友の会への参加はしない．」と述べ，結局，高校
友の会にかかわっている教師が家庭訪問や地域での指導に当り，学校では担任が指導
する，という奇妙な分担（!?）が行われた.

　登校し始めたK君は，中間考査が終ると，やがて元に戻ってしまった．「学校へ行
ったら卒業する自信ある」と言った彼は，中２の時の担任の「卒業証書を手に入れる
ためだけに高校へ行け．テスト前になったら高友の学習会に参加せよ」というアドバ
イスを一時的に受け入れ，ついに，この２学期に退学した.

　一方，K君と同様にS高校に進み，去年１年間遊びまわっていたA君（「地区」外の
生徒）は，無事に２年進級を果たしている．このふたりの結末の違いを，単なる学力
差としてかたづけることはできない．K君は，極めて純粋にS高に対する期待感を持
っていた．それは，「地区」内でのS高の評価の反映でもあったが，「輪切り」され，
一定のあきらめを持って入学している他の多くの生徒とのギャップは，あまりにも大
きかったのではないか.

　子ども会の活動の中で，K君は，「先生，オレ，医者になろかな」とつぶやいたこ
とがあった．彼は，なぜそのように考えたか明らかにしなかったが，彼の父が３年間
入院生活を続けていたことと無関係ではないと思う.

　中２の時，自己の立場を明らかにして生徒会役員に当選し，生徒会として差別問題
に取組み，２波にわたる支部主催の「中３合宿」の中でも，とことん頑張りぬいたK
君であったのに…….

自ら命を絶ったM. T君の場合（資料②）

　兄が果たせなかった府立E高の造園科に入学したT君は，部落研と高校友の会の両

方において，積極的に活動していた．

E高は，実業高校であり，例年，本校から20名程度が進学している．同学年の「地区生徒」は，T君以外に女子が1名おり，E高の数名の教師が高校友の会の活動に参加している．

中2の途中から，喫煙などの生活の乱れが見られたT君は，高1の2学期になり，自分が真面目になろう，立ち直ろう，としても，周囲からは受け容れられず，「悪いこと」をすることによってつながっていた仲間たちとも切れ，ひとり苦しみ悩んでいたようである．高1の11月頃から快活さは消え，急におとなしくなり，ふさぎ込むようになった．3学期には欠席が目立ち，2年への進級もおぼつかない感があったが，留年・中途退学を出さないことをめざすE高の姿勢と，T君を自宅に呼んで追試験の勉強に取り組ませた担任の努力とによって，T君の2年への進級が実現した．

しかし，新学期を迎えてもT君は学校へ行くのをいやがり，新担任の家庭訪問によって，やっと，4月15日（日）に身体測定のために登校した．そして，その日の午後，帰宅直後に自室で自ら命を絶った．

T君は，中学時代は解放子ども会に意欲的に参加し，いつも教科の学習よりも話し合い活動を望んでいた．「中3合宿」では，兄が指導者として参加したこともあってすばらしい頑張りを示し，中3の3学期の成績の伸びは群を抜いていた．

T君の死から半年以上過ぎた今，E高ではいまだに「T君の自死についての総括」がなされていないようである．それどころか，テレビ，ラジオにレギュラー出演しているN教師は，本年6月，池中卒業生である3年の「地区生徒」K.M君に対して，「オレに逆らうと就職や結婚を邪魔したる」と露骨に差別発言をし，支部が中心となって確認会が開かれたのである．E高では，数年前にも本校卒業生が差別発言を受け，支部の追及によって，学校ぐるみの解放教育の推進を約束していたのであった．

あいつぐ差別事件が示すE高の差別体質が，T君の自死と深くかかわっていることは，まちがいないと思う．

T君の死を無駄にしないためにも，私たちは，送り出した側である自分たちの責任を明らかにし，地域や高校との連携の方向をつかみたいと思う．

─── 資料②　E高生T君の死に対するひとつの総括（旧３年担任）───

T君の生いたち

　園芸業を営む父母と兄妹の５人家族である．幼小時より，気まじめでおとなしく，手のかからない子であった．母親思いでよく気がつき，母親も兄妹以上にTを可愛いがっていた．妹がよく，「母ちゃんは，いつもTちゃんを可愛いがりすぎや」と言っていた．小学校時代，先生たちからも「素直でよい子」という一致した感想を得ている．あたたかい家族的雰囲気の中で，誕生会やボウリング大会など家族全員でしばしばいろんな行事を持ち，申し分のない家庭環境のもとで育っていった．しかし，そのせいか家の中で生活する時間が多く，余り友達との付き合いは活発な方でははかった．

T君を死に追いやったものは？

　中学２年頃からロックミュージックを好んで聴いていた彼が，高校へ行って口ぐせのように言っていたセリフは，「オレは偉大なアーチストやねん」という言葉である．髪を茶色に染め，流行の先端を行く服装で街をかっ歩していた高校１年の１，２学期―その頃の彼のアルバムに見る上半身裸で足を振り上げているポーズは，他の同じような連中に比べて妙に突っ張った印象を与える．ところが，10月のホームルームで自己批判を行った頃から，彼は徐々におとなしい人間へと変身していく．やがて，学校へ行くのをいやがり，父母の飲食店を手伝いに行ったりするようになる．彼が陽から陰の行動へ変身した動機については，誰も何もつかめていない．それからは，「急に友達が来なくなり家で閉じこもることが多くなり，他人に会いたがらなくなった」と家族の人たちは言う．彼が中学３年の初めに，「（中２の時の友人）Sが廊下で会っても，あいさつもしてくれない．オレを避けている」と非常に気にしていたことがあったのを思い出す．また，高校１年の体育祭の時に，２人３脚の組み合わせを決めるとき，クラスの女子全員がT君と組むのをいやがり，彼はトップ（１人でする）に割り当てられた，という話をE高校の先生から聞かされたのを思い出す．

　初七日の夜に，彼の母親が，甥にあたる高校生に対して「友達だけはつくりや．友達を作ることがいちばん大事や」と言っていた言葉には，祈りに似た感情がこめられていた．遊ぶ時には喫茶店みたいに，毎晩多くの友達が寄り集まっていたのに，彼がおとなしく，まじめになろうとした途端，誰ひとり彼に近寄る者は居なかった．通夜や葬儀に集まって来た100人を越す同級生の中に，彼の気持ちを汲み取れる者は誰も居なかった．勿論，小中高を通じて彼を担任したり，彼のまわりの先輩にあたる大人達の中に誰ひとりとして彼の頼りにする人間も居なかった．だからこそ，彼は一片の遺書も残さずに逝ってしまったのだ．

　しかし，父親は言う．「いくらあの子が気の弱い子でもそんなことで死ぬとは

思えない．やっぱり何かひとに言えないようなことが……しかし，あの子が仏になった今では，そのことがわかってもどうなるものでもあるまい．」

　T君が外出しなくなったのを気にした母親は，1月から休みになると彼を外に連れ出すようにした．母親がよくお詣りする四天王寺や伏見稲荷へ行ったという．彼は，「こんな年になって親と一緒に歩いていたら格好悪い」と言いながらも付いて行った．この頃の彼は，「学校へ行きたい気持ち半分，やめたい気持ち半分であった」という．非常に気にしていた2年への進級が決まって喜んでいた彼が，2年が始まると2，3日でもう行く気をなくしたのは何故だったのか？　担任は「彼が自殺した動機は全くつかめない．学校では何もなかった．ただ，高槻方面の若者（窃盗グループで警察に逮捕）らとのことで気にしていだが……」と言い，それが彼の死とどのように結びつくのかは全くつかめていない．

　そして，4月15日に登校してから帰宅するまでの間に，彼の気持ちを死に追いやるどのような圧力があったのか？　同級生の代表が，「君がそれほど苦しい思いをしていたのに，なぜひとこと言ってくれなかったのだ……」と泣きながら弔辞を述べていたのが，何と空しい響きであったことか．また，同じく部落研の代表が，「……ぼくらの星であったT君をなくして，ぼく達はどうしていったらいいのか……でも安心してくれ．ぼくらは，これから立派に活動を続けて行くよ……」と叫んでいた言葉を，彼はどんな気持ちで聞けたのだろうか．

　ある人が葬儀の席で，「残念としか言いようがないな．彼は，我々の手の内にあったのと違うか」とつぶやいた言葉が，筆者やまわりの人々に鋭く突き刺すように追ってきた．素直で物わかりのよい彼は，誰の言葉も受け入れた筈だ．ただ誰かひとりでも彼に手を差し出していたら……彼は死なずに済んだかも知れない．

③ 中学で取り組んだこと

　77年度卒業生の内，「地区生徒」16名は全員子ども会に結集し，1年生の時から池中教育の柱である〈自己の生活を語る〉とりくみの推進力として各クラスで活躍してきた．1・28の狭山差別裁判に於ける最高裁への上告趣意書提出の日には，16名全員がそれぞれのクラスで〈狭山〉の訴えを行い，〈部落民宣言〉を行った．

　2年になると，5・22狭山同盟休校に15名が参加し，前日には全員クラスで盟休闘争についての訴えを行った．また，この年の後期の生徒役員選挙に「地

区生徒」2名が立候補し，部落差別・在日朝鮮人差別・「障害者」差別に取り組む生徒会をめざそうと訴えて，当選した．そして，生徒会によって「造花の判決」の上映を成功させた．一方，在日朝鮮人生徒も，クラスの中で自己の立場を明らかにし，日本人生徒に自分たちのつらい立場を訴えていった．しかし，この年には，「地区生徒」・在日朝鮮人生徒と一般地区生徒が一緒になって，反社会的な行動（まんびき・窃盗・喫煙など）に走るのが目立った．

　3年生になると，多くのクラスは学力向上をめざして〈自主学習会〉に取組み，生徒の手で学習プリントを作成し，生徒どうしで教え合い高め合おう，と努力した．クラスによっては，100日を超える取組みをしたところもある．そのような中でそれぞれの生活を語り合い，共に差別をなくす社会を築こうと話し合ってきた．それが，必然的に〈進路公開〉へと発展していった（資料③．参照）．解放子ども会の活動の中でも7波にわたる「強化学習」に取組み，入試直前には，支部の主催によって2波にわたる「中3合宿」に取り組んだ．合宿の中では，あくまでも「地区生徒」が〈地区を担う人材〉として自覚を高めるよう，地区の青年を中心に取組みが進められた．

資料③　私の希望する職業

・僕は，1学期の時，希望する職業として自動車，電気関係の職業を望んでいたが，この1年間，いろいろなことに取り組んできて，なんか自分の希望だけで職業を決められないような感じがしてきた．

　今，僕らは差別問題やその他の問題に取り組んでいる．僕は，そのことと職業の選択とがどう関係してくるのかということを考えた．中学を卒業してしまえば，もう2度と差別問題を取り組む機会がないかもしれない．でも，僕はぜったい高校に行っても取り組んでいく．だから，もし高校を卒業して職につく時，差別問題なんかを考えないで決めることはできない．中学，高校と取り組んできたことをはたしてそのままにすることができるか．僕は，そんなことはできないと思う．それは，H君やK君に対する裏切りでもあると思う．僕らが，今，取り組んできていることは現在のためだけではなく，中学，高校を卒業して職につくとき，その真価だけが問われるのだと思う．だから，H君が僕らに，高校にいったら知らんふりされそうだ，だからそのことについてみんな答えてほしい，といったのはそのことだと思う．つまり，僕たちが，H君らを裏切らないと言ったのは，中学，高校はもちろんそのあとも絶対に，差別問題に取り組んでいくということを言ったのだ．

第5章 ▌人権教育・平和教育の構築に向けて　　157

　現在，僕のつきたい職業というのは漠然としていてはっきりと決めていない．でも1つ言えるのは卒業してからも今まで取り組んできたことを生かしたり，それより一層深く取り組める職につきたい．このことは高校に進学してからもっと自分の決意をかためて具体的に決めていく．（K.U）

・職業……ずしーんと重い響きがする．卒業を控えている今，落ち着かない，あわただしい時，考えずにはおられない重要なことだ．私は進学．クラスの大部分はそうだ．だけど，この3月14日を過ぎると社会へ一歩先，もまれ，がんばっていかなければならない友がいる．その道で歯をくいしばっていかねばならないのだ．共にやっていこう！　共にがんばろう！　私たち3の2はいろんな話し合いを経て卒業を迎えようとしている．35とおり道は違うのだ．だけどこの1年間，私自身，去年に比べていっそう大きくなったと思う．そして改に私の希望する職業は「教師」だとはっきり言える．

　「教師」……新しい考えを伸ばす．人，ひとりひとりの能力を伸ばしていることになる．僕はそう思う．

　いちばん最初に書いたが，1学期の時，希望する職業として，自動車，電気関係の職につきたいと思っていたが，1年間やってきたことを考えると僕は高校を卒業してからも差別やその他のいろいろな問題に取り組みたいし，人の人生を築きあげていくうえで大切な役割．それだけに，むずかしく，悩むことも多いだろう！　しかし，それだけに，やりがいのあるすばらしい職業であると思う．「社会を変えていく」という大きな使命をもって，私はがんばらなければならないのだ．それは，「がんばる」っていうことは，H君やK君たちを裏切らないってことの証しだと思うから．絶対，裏切らない，みんなで泣きながら「つらいこと」を言い合ったもの，みんなでずっと学習会してきたもの……今まで私たちの取り組んできたことを無駄にしたくないことばかりだもの．（Y.I）

[『3年2組卒業文集』より]

④ 池田中進路指導の克服すべき事柄

　本校では，この5年間で高校へ進学した生徒の内16名の中途退学者を出している．それは，進路指導が進学指導，それも高校を選ぶ（⁉）ことだけに終ってしまいがちである現状の反映である．そこには，「高校へ入れたら何とかなる」「とにかく，高校へ入れよう」という安易さが見られると思う．しかも，進学先が30余の高校に分散し，〈進路追跡〉の体制をとることもできないまま，中途退学したT・K君の場合のように，取組みが後手後手にまわっている．そ

158

れどころか，時には，退学後にその事実をキャッチすることさえある．

　そこで，まず必要なのは，「基礎学力と将来の展望につながる学力をつけるのだ」という目的意識を充分に育てることではないか．自己の生き方とかかわって教科の学習の意義をとらえることが〈展望〉を切り拓く道筋になると思う．その原点として，部落解放をめざす学習が不可欠である．解放学習によって社会的立場の自覚を高め，そのことによって〈職業〉を社会的な問題としてとらえることが可能となる．解放学習の不充分さは，地域の活動を担う人材を養成する目的で進められた「中3合宿」や「強化学習」が教科学習偏重となり，地区生徒に生きる展望を見い出させないままに終っていることに端的に表れている．しかも，高校や社会に出てから，どのように周囲の者にその立場を自覚させ，解放運動を組織するか，という点については，ほとんど手つかずの状態である．その上，地区生徒の仲間づくりを進め，共に高校や青年部に結集させる指導も弱い．当面，地区生徒の〈地元高集中〉を図り，高友の中で各高校の様子を出し合い，高校教師が地域にかかわらざるを得ない状況をつくり出すことが必要ではないかと思う．教師と生徒が，共に石川一雄氏の厳しい生きざまに学び，自立自闘の思想を育てたいと考える．

⑤ おわりに

　T君が自ら命を絶ってから半年以上経過した．この間に新しく取組み始めたのは，次のようなことである．

- 支部を軸に，地元の府立E高・S高との間に連絡網をつくり，定期考査ごとに高校側から報告を受ける体制をつくる（1学期から）．
- 高校友の会の活動に池中として組織的にかかわる（2学期から）．
- 〈進路指導の基本方針〉を確立し，生き方の指導を柱に，これまでの進路指導の内容や組織を総点検し，新しい方針にもとづく研究・実践を進める（6月から）．

　T君の死を無駄にすることなく，着実な歩みをしたいと思う．最後に，再び，生徒の作文を紹介して本稿を閉じたい．

(31) M.H

中学校に入った当時は、これからどうして行うかと思って心がうきうきしていた。クラブを決める時期になって、どこのクラブに入っていいものかわからなかったが、柔道部に入ることにした。先輩も先生もきびしい中にまたまた楽しさがいっぱいあった。その中で一番印象にのこっているのは、練習のきびしさに泣いたことだった。

クラブの面ではこういうような状態であったが日ごろ自分のやっていたことを考えて見ると、児童館にもいっていなかったし、自分が何をするというようなけじめがいっこもなかった。このころから「自分は部落民であることを自覚」したのである。三学期が始まるとすぐぐらいに狭山差別裁判のことで訴えたが、はたしてみんながわかってくれたかが疑問である。そのあとの態度が自分でなっていなかったと思う。

二年生になって、一年と違って学校にもなれて、クラブでも責任のあるキャプテンとなった。勉強したかと聞かれると、何もやっていない感じである。こういうあやふやな気持ちが児童館を休むという結果になってしまったと思う。二年生になっても訴えたが、みんなわかっている顔だけをして、いかにもわかっているといった具合である。

僕も同じ立場であった。T君、M君、から離れていたしはげまされなかった。

三年生になって、　W君が、自己紹介の時に、"自分は朝鮮人である"と宣言した。ちょっとどぎもをぬかれた感じもあったし、自分もいっていかなあかんなあと思った。促進へ行くのが、つらいときもあった。みんなの目を気にしすぎたからかもしれないが、やはりいやであった。生活態度の方は三年になって児童館にも行き出したし、ちょって勉強もしだしたけど、まだまだと行った感じだ。学習会でも自分から"やろう"といっていたのにつぶし役になっていた面がいっぱいある3/31まで学習会をするつもりだ。なんのために学習会をするかを考えれば、みんなもがんばってがんばるはずだ。これからのことは、浚高に行きたい。他の学校だとはたして自分が続くか疑問である。まよっていることがある部落研究会に入るか、柔道部に入るかであるし、二、三年間、なんゆうかうかした生活をおくって来た。これを高校というしんの中でがんばって行きたいと思う。

―――――――――――――― 3年2組卒業文集「私たちは、どう生きるか」から-

出所）「第31回全国同和教育研究（福岡）大会進路保障分科会資料」1979年.

⑵ 社会認識を深め，解放への行動を育てるための池田中学校教育計画とその実践
　――「ぼくもいわねば」の取組みをどう位置づけたか――

①『にんげん』新教材「ぼくもいわねば」の取組み
　――どんな社会認識をどのように深めて解放への行動を育てたか――

1976年の第29回全国同和教育研究（神戸）大会社会認識分科会で報告した取

第5章 ▌人権教育・平和教育の構築に向けて　　161

組みを紹介する.

社会科（1年地理）における「水俣病」学習（1975年度1学期）

　九州地方の地誌学習の中で水俣病をとり上げだが，約半数の生徒にしか，水俣病（公害問題）を自己の問題として捉えさせることができなかった．それは，水俣病に対する闘いの位置づけ（運動の観点）を十分におさえられていなかったことと水俣病に対する患者・市民・チッソ・行政・裁判所との関連を構造的に把握させる（立場の自覚）ことが，教科指導の中だけでは十分におさえきれなかったためである．生徒の生活現実との切り結びが不十分な中では，生徒の認識は観念的になり，行動には結びつかなかった.

道徳・学活における「ぼくもいわねば」の取組み（3学期）

　全国解放教育研究所の要請で『にんげん』新教材の検討に取り組んだ．学年同研（1年）の中で，学級を『にんげん』の思想（集団主義）で捉えなおし，これまでの取組みを点検していく契機とすること，特に，過去の実践から導き出された「道徳・学活指導の原則」としての「学級集団作りは，つらいことを言い切らせる指導である」ということを再確認して，水俣病をテーマにした「ぼくもいわねば」の教材と，学級の問題とを結合させることになった.

　つらいことを言いきる指導が継続して行なわれている学級では，この教材との一致点を見出し，学級の取組みに自信と展望を深めていった．また，多くの学級で，「ぼくもいわねば」の取組みを契機として自分の立場を明らかにする取組みが前進していった.

　このように「仲間はずれ」などの問題から「差別のしくみ」を認識しつつあった生徒達は，社会科学習と結合した学級の取組みによってさらに認識を深め，なれあいを許さない仲間作りを進めてきた.

　社会認識は1つの教科や教材を日常的な活動と結合させることがなければ育ち得ないということを実践的に明らかにしたといえる.

取組みの結合と発展（認識と行動）

　1年で拡大，定着していった「つらいことを言い切る」取組みは2年生になって生徒自身が継承していったが，特に地区生徒は，5・22の同盟休校を闘い

ぬくなかで学年全体に「狭山」を訴え，子ども会活動の中では父母の仕事や自分の生育歴に目を向けていった．

また，共に促進指導を受けている在日朝鮮人生徒と自己の立場を見据えて差別と闘っていく決意を固め，朝文研活動と手を結んでいった．さらに後期生徒会役員として全校生徒に自己の立場を明らかにし部落差別，朝鮮人差別，障害者差別の問題を提起している．

② 池田中学校教育計画のあらましと社会認識を育てる手だて
池中教育計画を生み出した必然性

解放教育（同和教育・人権教育）にとりくむ教師集団として，すべての分掌を公選してきたが，それを支える集団主義の観点が欠落していたために，相互批判や実践交流，点検が困難になり，教育のあらゆる場面で相反する指導が行なわれる結果となり，生徒を高められなかった．

また，継承すべき実践の成果は「差別認識」「集団のとらえ方」のずれの中で教師集団として組織的に受け止め，深めることができなかった．1972 年以来，無原則な流れの中でも，実践のよりどころと組織的な点検の基準を定めることで「解放の学力」を追求していくための池中目標を模索してきた．そして，教育を個人の力量にゆだねることなく，『にんげん』の思想で組織的に教育を行なう「池中教育計画づくり」を進めてきた．

1つの実践をすべての教育の場面に結合させる計画の中で，社会認識はどのように育てられるか
a．社会認識を育てる指導の出発

「つらいことを言い切らせる指導」と「促進指導とかかわる学級の取組み」を全校的に行なう中で，生徒の生活上の課題や願い，学級の差別構造や偏見，部落差別の結果としての非行や低学力，差別の現実などの本質が明らかにされていく．このことが，「なれあいを許さない集団」作りの出発点となり，被差別の生徒と客観的に差別する側にくみこまれる生徒の立場の違いを明確にして差別・偏見のとりこから解放されたいという欲求が生徒に生まれてくる．

b．生徒の欲求（部落問題学習の必然性）を満たしていく取組み

- 授業の中で集団主義の観点を貫くために，部落問題学習，在日朝鮮人教育，障害者の就学保障，進路指導，集団作りの観点を明らかにして池中教育目標の具体化を図っている．
- 教育目標に沿って教科内容を検討し教科指導計画を作成した．
- 学校生活の中で日常的に起る問題を『にんげん』の思想で解決していく手だてを明らかにした．つまり個人主義の生活意識を克服しきれていない教師集団が集団主義の具体的な実践を生徒指導の中に出していける手だてとして，非行や差別語，運動の成果から学んだ「学活・道徳・集団作りの指導の原則」を確認した．

　以上の手だてによって，1つの実践を教育のあらゆる場面と結合させることができる．「ぼくもいわねば」のとりくみは，この教育計画の中に位置づけられたものである．この教育計画は集団主義をめざす教育があたりまえのものとして確立させておくために，集団主義を言葉としてとらえるのではなく具体的な実践の手だてを模索し追求することによって作り上げてきたものである．

資料 「ぼくもいわねば」の取組み

1. "にんげん" 新教材「ぼくもいわねば」の取り組み
――― どんな社会認識をどのように深めて，解放への行動を育てたか ―――

Ⅰ 社会科（1年地理）における「水俣病」学習

〔 昭和50年度 1学期 〕

① とりあげた場面；九州地方の地誌学習の中で「開発の進む南九州」の第3時．
② 「水俣病」の位置づけ；資本主義の矛盾の集中的なあらわれとしての公害，その典型が水俣病．
③ 学習のねらい；「水俣病」のすさまじい人間破壊の実態を認識させ，その元凶であるチッソ・それを放置してきた行政に対して激しい怒り，憤りを覚えさせ「水俣病」（公害問題）を自らの問題として認識させる．

④ 学習後の生徒の認識；約半数の生徒にしか「水俣病」を自己の問題として捉えさせることができなかった。
⑤ 授業の反省；「水俣病」に対する闘いの位置づけ（運動の観点）と，「水俣病」に対する患者・市民・チッソ・行政・裁判所の関連を構造的に把握させることが不十分であった．
※生徒の生活現実との切り結びが不十分な中で，生徒の認識は観念的となり，行動には結びつかなかった．

※ Ⅰ，Ⅱを有機的に結合させることができなかった．

Ⅱ 学級集団づくり（1年2組）

〔 昭和50年度 1〜3学期 〕

① 1学期；5月末より促進指導のとりくみ開始．日常の授業の中で勉強のわからない人をバカにする雰囲気がある中で「抽出促進」を受けることは何を意味するのか，「学力」とは何か，を追求．

6月に入り，在朝生徒1名，一人親家庭生徒1名が国語と英語の「促進指導」を受け始め，クラスの自主学習会を組織．

② 2学期；形式的な仲間づくりのとりくみが進む中で，地区生徒M夫や貧困家庭の生徒N子が仲間はずれにされていった．クラスの話し合いもホンネが出ず，中味のともなわないものに終始していた．そこで，担任が個々の生徒の意識をつかむ手だての1つとして，これまでの「班ノート」にかえて生徒ひとりひとりに「生活ノート」を書かせることにした．

「つらいことを言い切る」とりくみの開始．12月末，ようやく，ホンネを出し合えるようになる．M夫のたちあがり．

③ 3学期；M夫は，狭山闘争の一環である1・28「上告趣意書」提出日を前にクラスの中で「部落民宣言」を行い「狭山差別裁判」について訴えた．

M夫の訴えに対するクラスのとりくみ．促進対象の2人を中心にした自主学習会．

第5章 ▌ 人権教育・平和教育の構築に向けて　165

Ⅲ　道徳・学活における「ぼくもいわねば」の取り組み〔昭和50年度3学期〕

　（A）取り組みの経緯；全国解放教育研究会より"にんげん"新教材「ぼくもいわねば」を検討するよう
　　　　　　　　　　　　にとの依頼を受ける．"にんげん"池田版作成の観点から，学校として取り組む．

　（B）取り組みの対象；第1学年10クラス．

　（C）取り組み前の状況（学校全体として）；

┌──────── ＜研究委員会＞ ────────┐
│
│○池中教育目標を実現するための「道徳・学活
│　の指導の原則」を作成（夏休み）．
│○指導の原則をふまえて，日常的に学級内で生
│　起する具体的な問題についての観点づくり
│　（2〜3学期）．
│○"にんげん"新教材の検討→"にんげん"
│　池田版の作成．（3学期）
│
└──────────────────────┘

┌──────── ＜学年同研（1年）＞ ────────┐
│
│○2学期末までに「つらいことを言い切る」指
│　導が行なわれ，仲間づくりがかなり進んでい
│　るクラスが半数をしめる一方，仲間づくりが
│　ほとんど進んでいないクラスが2〜3あった．
│○1・28の直前から当日にかけて，地区生徒全
│　員（16名）が「狭山」の訴えを行い，「狭山」
│　と自己とのかかわりの中で「部落民宣言」を
│　行なった．（全クラス）→「クラスとしてどう
│　受けとめるか」のとりくみ．
│
└──────────────────────┘

「ぼくも
いわねば」
の実践

┌──────── ＜社会科（1年地理）＞ ────────┐
│
│○池中教育目標を具現化するための「解放教
│　育」をすすめる教科指導計画（昭和49年
│　4月完成）の中で，公害問題が全教科のカリ
│　キュラムに組みこまれ，社会科においても
│　「九州地方の地誌学習」の中で水俣病をとり
│　あげてきた．
│○50年度は，水俣病について2時間とりくん
│　だ．
│
└──────────────────────┘

┌──── ＜地区子ども会（児童館）活動（1年）＞ ────┐
│
│○最初の学習会（国語）で"にんげん"教材の
│　「ふるさと」をとりあげ，次の社会科の学習
│　会に於いても「郷土をさぐる」を活用しなが
│　ら地区の歴史を学習　（話し合い）
│○地区生徒の立場の自覚．（1〜2学期）
│　1・28のとき全員が池田支部の早朝集会に参
│　加し，集団登校．
│
└──────────────────────┘

　（D）取り組みの位置づけ；・社会科学習との結合，発展……運動の観点，差別・抑圧・疎外のしくみの
　　　　　　　　　　　　　　　　　　　　　　　　　　　理解
　　　　　　　　　　　　　・学級のとりくみとの結合……「つらいことを言い切る」とりくみの点検〔"に
　　　　　　　　　　　　　　　　　　　　　　　　　　　んげん"の思想で！〕・発展

　（E）取り組みを進める手順；①教材の検討・指導案の作成・資料の提供〔学年代表から構成されている「研
　　　　　　　　　　　　　　　　究委員会」道徳部会〕
　　　　　　　　　　　　　　　②実践に向けての指導案の検討・とりくみの位置づけの確認〔学年同研（推
　　　　　　　　　　　　　　　　進母体）〕→各学年で一斉に実践→各学級の実践記録を提出（研究委員会
　　　　　　　　　　　　　　　　へ！）
　　　　　　　　　　　　　　　③取り組みの総括・展望〔研究委員会〕

(F) <u>学習のねらい</u>；資本主義の矛盾の集中的なあらわれとしての公害——そのすさまじい人間破壊の実態を水俣病にみるとともに，それとの闘いを学ぶことによって，社会（クラスなども含む）の中での差別と疎外を克服する力を育てる．

(G) <u>取り組み</u>；

〔1年2組〕・全体を通読し(1)の段落を学習した時点……社会科学習のときと同様に，半数の生徒は，主人公の昭一君（胎児性水俣病患者）に同情したり感心したりするにとどまったが，約2割の生徒は，クラスの「仲間はずれ」をなくすとりくみとに一致点を見い出した．

・(2)の段落まで学習した時点……6割の生徒が，チッソや政府に対して，さらに<u>水俣病患者に向けられた差別に対して怒りを燃やした</u>．中には，昭一君母子にも，クラス同様「つらいことを言い切る」とりくみが必要だと考える生徒が出てきた．

・全体を学習し終えた時点……ほぼ全員が，チッソ・行政・水俣病患者に対する差別に対して激しい怒りを覚え，自分たちもいつ公害病患者になるかもしれないことを確認した．そして，自分たちの取り組み同様「つらいことを言い切る」ことが問題解決の第一歩であることを認識し，クラスの取り組みに自信を深めた．

〔1年全体（10クラス）〕

各クラスとも，ほぼ研究委員会の提示した指導案にそって，2～8時間の学習が行われた．

> ┌─────────────────────────────────┐
> │ つらいことを言い切るとりくみが継続して行なわれ，仲間づくりが進んでいるクラス │
> └─────────────────────────────────┘
> ・この教材を自分の問題・学級の問題として受けとめ「つらいことを言い切ろう」というクラスの取り組みとの間に一致点を見い出す．特に，1・28前後の地区生徒の訴えを受けて，ますます，つらいことを言い切ることの大切さを認識する．
>
> ┌──────────────────────────┐
> │ 1・28前後から，つらいことを言い切る取り組みが始まりつつあったクラス │
> └──────────────────────────┘
> ・「ぼくもいわねば」の学習がテコとなって，つらいことを言い切るとりくみが深められ，地区生徒の訴えを学級として受けとめようという姿勢が強まる．
>
> ┌─────────────────────────┐
> │ つらいことを言い切る取り組みがほとんど行なわれていないクラス │
> └─────────────────────────┘
> ・つらいことを言い切ることの意味がつかめず，「ぼくもいわねば」の学習が，学級の諸問題と結びつかない（結びつけようとしているが！）．

(H) <u>取り組みのまとめ</u>；生徒の認識は「つらいことを言い切る」とりくみを軸にした学級集団づくりの進展の度合によって違っている．即ち「仲間はずれ」などの問題から「差別のしくみ」を認識しつつあった生徒・クラスは，社会科学習と結合した「ぼくもいわねば」の学習によって，さらに認識を深め，なれ合いを許さない仲間づくりを進めた．このことから，<u>社会認識は，一つの教科や教材を日常的な活動と結合させることがなければ深まらないこと</u>が明らかとなった．

(I) <u>取り組みの反省と展望</u>；どのクラスにおいても，公害問題において水俣病患者と同様に被害者の立場にある我々自身が，水俣病患者に対して差別意識を持っており，このことが患者の人たちを死にまで追い込んでいるという認識（立場の自覚）を十分にもたせることができなかった．この点は，今後，仲間づくりのとりくみを進める中で，部落問題・在朝問題の学習を深めることによって，さらに，教科学習の中で資本主義社会のしくみを学習することによって克服する必要がある．

第 5 章 ┃ 人権教育・平和教育の構築に向けて　　**167**

Ⅳ　「ぼくもいわねば」の取り組み発展 ───── 認識から行動へ ───── 〔昭和 50 年度 3 学期～51 年度〕

── ＜研究委員会＞ ──

○新たに「にんげん部会」を設置し，新版 "にんげん" の研究を通して，部落・在日朝鮮人・障害者などの差別の現実と解放運動を道徳・学活，教科に生かす指導計画を立案中である（51 年度 1～2 学期）．

○促進指導を軸にした「学習の自覚」の展開例を各学年におろし，実践する（51 年度 1 学期）．

○脳性マヒの人たちがつくっている「青い芝の会」との交流を出発点に障害者差別にとりくみ始める（51 年度夏休み）．

○文化祭に「朝鮮中大阪初中級学校」に特別出演してもらい，朝鮮人差別にとりくみ始める（51 年度 2 学期）

── ＜学年同研（1 年→2 年）＞ ──

○各クラスのとりくみを "にんげん" の思想（集団主義）によって点検する（50 年度 3 学期）．

○5・22 の前日に，地区生徒全員（15 名）がクラスの仲間に「部落民宣言」を行い，「狭山」の訴えを行った（51 年度 1 学期）．各クラスで「狭山」の集団学習を行なう（　〃　）．

○2 年生主体の生徒会活動の中で映画「明日への誓い」を上映し，生徒会活動を生徒自らの手で進めるようになった（51 年度 1 学期～）．

○1 学期の間に，半数のクラスで「つらいことを言い切る」とりくみが行われている（51 年度）．

○地区生徒 2 名が生徒会役員に立候補して当選し，生徒会として「差別問題」のとりくみを始めた．11 月中旬には，生徒会の手で "狭山" の映画「造花の判決」を上映することに決定した（51 年度 2 学期）．

○文化祭のときに行なった朝鮮人学校との交流会に在朝生徒全員（8 名）が参加し，民族意識を高めつつある（51 年度 2 学期）．

○文化祭のとき，地区生徒のいる 2 クラスで「部落問題」・「狭山」の展示を行い，在朝生徒のいる 1 クラスでは「朝鮮人差別」の展示を行なって，クラスぐるみで「差別問題」にとりくんでいる（51 年度 2 学期）．

「ぼくもいわねば」の実践

── ＜促進指導（2 年）＞ ──

○対象生を地区生徒に限定し（同じ被差別の立場におかれている在朝生も含む）促進を受けることが「部落民宣言」を意味するようになった（51 年度）．

○促進指導を受けている在朝生徒が「差別発言」をきっかけに立ち上がり，共に促進を受けている地区生徒の支えによって，原学級で「朝鮮人宣言」を行った（51 年度 1 学期）．

── ＜地区子ども会（児童館）活動（2 年）＞ ──

○解放同盟の 5・22 同盟休校に 15 名中 14 名が参加し，そのうち数人は扇町公園での集会・デモに参加した（51 年度）．

○父母の職業や自己の生育歴に目を向けるようになり，そのことをクラスの中で語っていく生徒がでてきた（51 年度 1 学期～）．

○狭山闘争の一環である 10・30 の扇町公園の集会・デモに大部分の生徒が参加した（51 年度）．

出所）池田市立池田中学校「池田中学校　教育実践とそのめざすもの」1976 年．

② 平和教育の構築「池田市立池田中学校の平和教育」
――解放教育に位置づけた全校平和学習――

(1) はじめに

　教員生活を始めて，早くも 8 年目を迎えた．最初に勤務した大阪教育大学附属池田中学校では，授業に打ち込む諸先輩の姿に多くのものを学んだ．

　附中から，被差別地区のある池田市立池田中学校へ転勤した時には，何かととまどうことが数多くあった．しかし，池中の教師集団の組織的実践に触れ，部落解放をめざす教育の真髄を学ぶことができた．職員会議の位置づけを明確にし，担任をはじめとするすべての係・校務分掌（校長・教頭を除く）を教師集団で互選する体制を確立している池中の中で，筆者は，研究委員・研究委員長・同和委員長（副主担）を担当し，そこで，解放教育の観点に立って，道徳・学級活動における平和教育の構築を提起し，推進する場を得た．

　本稿は，筆者が中心となって提起し，池中教師集団の集団討議を経て，教師集団として組織的に取り組んだ平和教育の実践記録（1976〜77 年を中心に）である．

(2) 池田中学校の教育

　池田中学校の平和教育について報告する前に，本校の教育の概略について記しておきたい．池田市立池田中学校は，1980 年度で創立 33 年を迎える．昭和 44（1969）年 4 月に大阪府教育委員会より同和教育の研究指定を受け，現在に至っている．1969 年以前の池田中学校は，阪急宝塚沿線からの大量越境により「進学校」とされ，その一方で，「長欠」を抱え，能力主義による差別と選別の教育を推し進めていた．1969 年以降，解放教育に取り組む中で，従来の教育の見直しを図り，池中教育の構築をめざしてきた．この間，大阪市内の越境＝差別根絶の闘いと相俟って，本校の越境通学は姿を消した．現在，障害児学級 3 を含めて合計 27 学級，生徒総数 900 名である．このうち，被差別地区の生徒は 40 名である．同和加配により，40 人学級が実現し，国語・数学・英語につ

いては「促進指導」に取り組んでいる.

1969 年度から解放教育の研究と実践に取組みはじめた本校では,「地区に学ぶ」諸活動や,「差別の科学的認識を育て,ひとりも見落とさない教育」をめざす中で,教科・道徳・学級活動などの教育内容を明らかにし,その指導計画を作成することとなった.とりわけ,1971〜72 年度には,新教科書の検討をてがかりにして全教科の指導計画を作成する過程で各教科の目標のもとになる「池中教育目標」を明らかにする必要が生じてきた.即ち「部落解放をめざしすべての人間の解放を保障する教育」をすすめる上で池中教師集団は「どのような人間像を追求するのか」,「そのためにはどんな力を具体的に生徒に育てていかなければならないのか」ということを明らかにする必要が生じた.そのために当時の「学校教育計画の確立」をめざす大阪の解放教育運動の動きともタイアップしながら全職員の意見をもとにして「池中教育目標」とその「実践課題」を決定した.

池田中学校教育目標

1 すべての子どもの人権を尊重し,ひとりひとりの可能性を最大限に伸ばそう.
● すべての子どもに,自らの学習する権利を自覚させ進路の保障に努める.
● 人権を最も侵されている者の立場に立って,すべての子どもの生命・人権・人間性を何よりも大切にする教育を進める.

2 人間らしく生きるための真実を追求し不合理や差別を許さぬ人間を育てよう.
● 社会構造や社会意識としての差別の実態と本質を,科学的に認識させるとともに,その中での自己の社会的立場を自覚させる.
● 現実のさまざまな矛盾や差別を見ぬき,それを許さない豊かな鋭い感性を育てる.
● 自然の摂理について,論理的実証的に考える力を育て,自然と生活との関係を人間らしく生きる立場で認識させる.

3 ひとりひとりの願いを高め,それを実現させる集団づくりをすすめよう.
● ひとりの問題をみんなの問題としてとらえ,その解決にとりくむ態度を養う.
● 自らを高めるために,集団の中で主体性・創造性を身につけさせる.

4 解放を実現させるために,正しく行動できる力を育てよう.
● 解放運動の歴史や,身近な要求活動の中から,解放への展望を学びとり,解放の意欲をもたせる.
● 解放への運動を正しく進めるために必要な手だてや,人間理解の力,言語その他の表現能力,または組織力などを身につけさせる.
● 人間らしい生活にかかわる労働を大切にするとともに,生きるための技能と体力を

育て，健康を守る態度を養う．
 5 人権を守る平和な社会を築きあげることのできる人間に育てよう．
● 生命と人権を何よりも大切にする態度を身につけさせるとともに，生命と人権の保障される平和な社会を自ら造っていく意欲を高めさせる．

　その後，1974 年「解放教育を進める教科指導計画」(改訂版)を作成し，1975 年には，過去の幾多の実践の誤りの中から「道徳・学活・学級集団作りの指導の原則」を確立していった．
　一方，1972 年度には，池田市教職員組合の「職場総点検(校内人事の民主化)

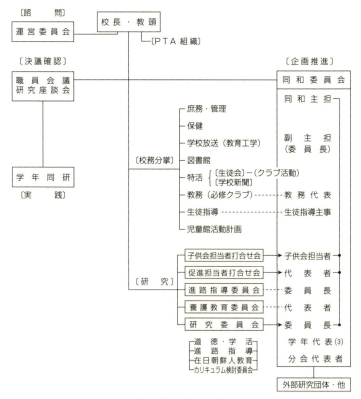

図 5-1　池中教育の推進組織 (1970 年代)
出所) 池田中学校作成，1978 年．

第5章 人権教育・平和教育の構築に向けて　171

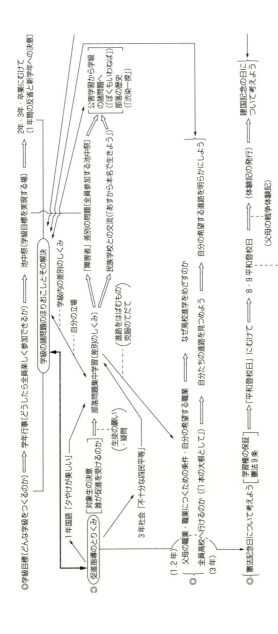

図 5-2　道徳・学級活動の年間計画の構造（1978 年度）

出所）筆者作成.

運動」の提起を受けて，すべての子どもたちの進路を保障する池中教育の確立
をめざして，すべての係・校務分掌を教職員全員で互選する体制を作りあげた．
その中で「同和委員会」を池中教育の研究と実践の推進機関とし，「学年同所」
を実践の核とする池中教育の推進組織（図5-1）を造りあげた．

　さて，この項の最後に，池中教育の推進組織と本校の道徳・学級活動の年間
計画の構造（図5-2）を示しておきたい．

(3) 池田中学校の平和教育
①「全校平和登校日」の設定

　1976年の全国同和教育研究大会で報告したように，本校では，1つの教科や
教材を日常的な活動と結合させることによってのみ生徒の社会認識が深まるこ
とを実践的に明らかにしてきた．従って，平和教育の取組みも，池中教育の年
間計画の中に位置づけられ，教師集団によって組織的，かつ日常的に取り組ま
れる必要があった．

　しかし，本校では，沖縄返還当時（1972年）全校一斉に沖縄の学習に取り組ん
だが，その後継承されず，平和教育の取組みといえば，社会科が担当して全校
的に取り組む憲法記念日に向けての実践と教職員組合（組合加入率は100%）の教
文推進委員が提起する夏期休暇中の8月18日の平和学習のみであったといわ
ざるを得ない．しかも，8月18日は，教職員の給料日であるという理由で登
校日としていたのである．

　そこで，筆者が研究委員会のメンバーと組合の教文推進委員を兼務していた
1976年，かねてから池田市教職員組合が提唱していた「全校平和登校日」を初
めて広島原爆忌の8月6日に設定することを職員会議に提起し，了承された．
「全校平和登校日」は，次のように位置づけた．

8・6平和登校日の位置づけ

- 平和教育は，現在本校の進めている「道徳・学級活動の計画的実践」の
  中に組み込まれるべきものである．道徳・学活をはじめ，各教科のカリ
  キュラムの中に位置づけられ，学校教育全体を通じて実践される必要
  がある．

第5章 人権教育・平和教育の構築に向けて 173

- 「8・6平和登校日」は，本校の不充分な平和教育の取組みを推進する
  きっかけをなすものとして位置づける．
- 平和教育を同和教育と並列的に捉えず，本校の解放教育の中に位置づ
  ける．
- 8・6平和学習のねらい
- ア 広島・長崎の被爆の実態は戦争の残忍さ・悲惨さを最も端的に示すも
  のであり，これらの学習を通じて，生徒に「生命の尊厳」と「反戦平
  和」を志向する態度を身につけさせる．
- イ 被爆の実態のみの追求は被爆者に対する差別意識を助長する結果にな
  りかねない．戦争責任を追求することによって，戦争をひきおこした
  政府がその被爆者を放置し，被爆者が就職差別や結婚差別に苦しんで
  いることを明らかにし「差別のしくみ」を理解させる．〔→部落解放学
  習との結合，日本人として在日朝鮮人問題を考えることへの発展〕
- ウ 戦争がなければ平和であるということにはならない．現在も世界各地
  で戦争が続いており，日本は安保条約によってその戦争体制に組み込
  まれているし，核保有国の増加と安易な原子力エネルギーへの依存は，
  核戦争の危険を増大させている．戦争を今日的問題として捉えさせ，
  平和教育を「反戦平和」の運動として理解させる．

「8・6平和登校日」に先立って，7月12日に，全校生徒を対象に次のよう
な戦争と平和に対する意識調査を実施した．

「戦争と平和」についてのアンケート

全世界で5700万，日本だけでも250万の尊い生命を奪った第2次世界大戦
が終って今日まで30年以上の歳月が流れています．私たち「戦争を知らない
子どもたち」は，一見「平和」な社会の中で，平穏無事な生活を送っているよ
うに見えます．

池中では，今度，7月19日の学活の時間と夏休みの登校日に，私たちにと
って「戦争とは何なのか」，「平和とはどういうことなのか」について，全校一
斉に学習する機会をもつことになっています．

今日は，その学習に向けてのアンケートをとります．みんな，気軽に答えて下さい．

——質問には，すべて記号で答えて下さい．——

1　世界で最初に原爆を落とされた国はどこですか．
　a．日本　b．中国　c．ベトナム　d．ドイツ　e．イギリス
　f．アメリカ合衆国
2　上記の1の原爆を投下した国はどこですか．
　a．日本　b．中国　c．ドイツ　d．イギリス　e．アメリカ合衆国
　f．ソ連
3　上記1の原爆によって何人ぐらいの人が殺されましたか．
　a．1万人　b．5万人　c．10万人　d．20万人　e．50万人
　f．100万人
4　あなたは，原爆についての知識を，何から，誰から，得ましたか．
　a．先生　b．家族・親戚の人　c．テレビ・ラジオ　d．新聞・書籍
　e．マンガ　f．その他
5　あなたの家族や親戚の人の中に，原爆の被害を受けられた人があります
か．
　a．ある〔父，母，祖父，祖母，おじ，おば，兄，姉，その他〕　b．ない
　c．わからない
6　池田市は空襲にあったことがありますか．
　a．ある　b．ない　c．わからない
7　あなたは，自衛隊が，能勢町に「ナイキ基地」を設置する計画を進めてい
　ることを知っていますか．
　a．はい　b．いいえ
8　あなたは，日本に核兵器が配備されていると思いますか．
　a．はい　b．いいえ　c．わからない
9　現在，世界には水爆の実験に成功した国がいくつありますか．
　a．1カ国　b．3ヶ国　c．6ヶ国　d．10ヶ国　e．20ヶ国以上
10　あなたは「日本憲法」に「戦争を放棄する」条項のあることを知っていま
すか．
　a．はい　b．いいえ

アンケートの結果を，学年別男女別に集計したのが**図5-3**である．

第5章 人権教育・平和教育の構築に向けて　　175

図5-3 「戦争と平和」についてのアンケート結果（1976年）

1　世界で最初に原爆を落とされた国はどこですか

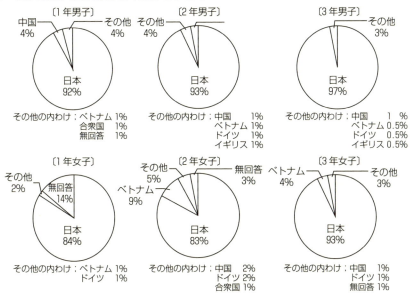

2　上記1の原爆を投下した国はどこですか

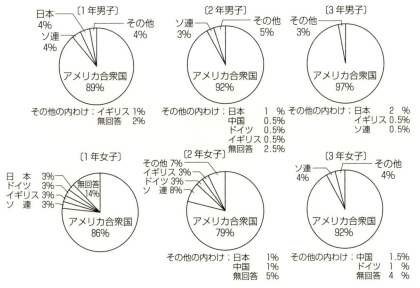

3 上記1の原爆によって，何人くらいの人が殺されましたか

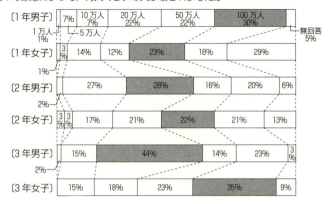

4 あなたは，原爆についての知識を，何から誰から得ましたか

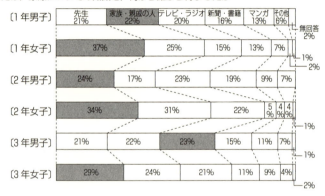

5 あなたの家族や親戚の人に，原爆の被害を受けられた人がありますか

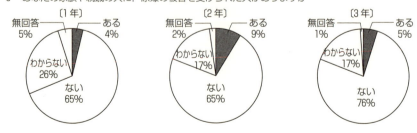

6 池田市は空襲にあったことがありますか

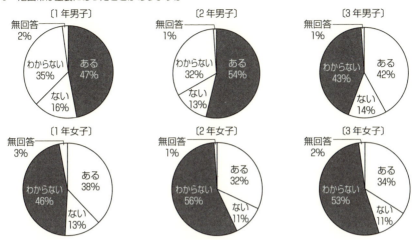

7 あなたは自衛隊が能勢町に「ナイキ基地」を設置する計画を進めていることを知っていますか

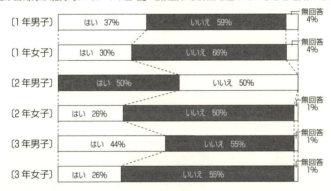

8 あなたは日本に核兵器が配備されていると思いますか

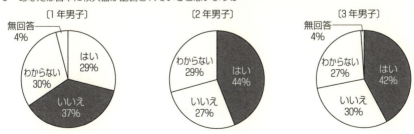

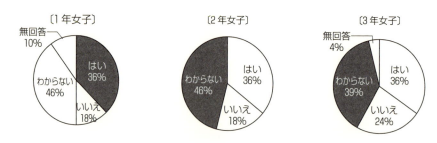

9 現在,世界には水爆の実験に成功した国はいくつありますか

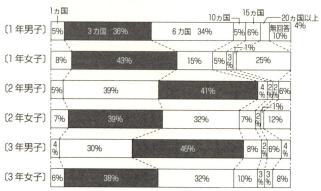

10 あなたは「日本国憲法」に戦争を放棄する条項のあることを知っていますか

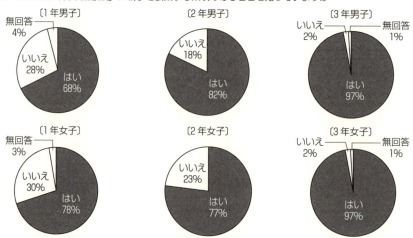

出所)筆者作成.

アンケートの結果から，次のようなことがいえるのではないかと思う．

ア）アンケート３・６・７・９から，池中生の戦争・平和に対する知識の乏しさ＝池中の平和教育の不充分さがよくわかる．特に３の項目については，広島に投下された原爆の被害による死亡者＝20万人の正答率が20〜30％と極めて低率である．また身近な問題であるはずの「能勢ナイキ基地計画」や「池田市の空襲」についても，それぞれ40〜50％，50〜70％も「わからない」・「しらない」という回答がある．

これらの結果は「逆コース」に抗して「教え子を再び戦場に送るな！」をスローガンに戦後の民主教育を推し進めてきた我々教育労働者が，民衆の戦争体験を風化させようとする目論みに屈服していることを物語っている．アンケート４の結果は，このことを証明している．

イ）アンケート10の結果を見ると，日本国憲法の戦争放棄の条項を理解している生徒は，１・２年生では70〜80％であるが，３年生になると97％に達している．これは，近・現代史学習，憲法学習を経験しているためと考えられ，この点からも，学校教育に於ける教科・道徳・学活・特別活動などあらゆる領域での平和教育の取組みの必要性を痛感する．

ウ）アンケート全体から考えて，男子の方が戦争・平和に対する意識が高いといえる．

また，アンケート調査とともに「８・６平和登校日」について意識づけをするために，７月19日には，校内テレビ放送を利用して，全校一斉に原爆写真集を見ながら長田新編の『原爆の子』の朗読やNHKで放映された「市民の手で原爆の絵を」の録音を聞かせ，クラスごとにテレビの感想・原爆の威力についての学習を進めた．そして，翌20日の終業式のあと，音楽科に依頼して「原爆を許すまじ」の歌唱指導を行なった．

これらの学習やアンケート調査をもとに，「８・６平和登校日」には研究委員会の作成した学習資料を利用しながら，「なぜ，アメリカ合衆国は，広島・長崎に原爆を投下したのか」・「被爆者の苦しみ」，について２時間の学習を行った．指導事例を提示できなかったこともあって，この日の学習は，個々の担任の力量に委ねられた面があった．生徒の方は約８割の生徒が登校した．

次に，筆者が担任をしていた２年生の「８・６平和登校日の学習について」

と題する感想文の一部を掲げる.

「8・6平和登校日」の学習についての感想

○ 私は今日つくづく戦争について真剣にとりくまなければならないと思った. 合衆国はどう考えているのだろう？　うまい具合にソ連を誘い, 結局は自分の国が有利な立場になり日本が犠牲になるのだ. 日中戦争から太平洋戦争まで約15年間もよく戦ってこれたなあと思う. まあお国のためかもしれないけど15年間といえば私が生きている間よりまだ長い. 15年の間にどれ位の犠牲者が…. もう再び戦争はやらないように…法律でも決まっているのだ. 前から戦争について少し好奇心があったが, だんだん興味を持ってきたのでもう少しとりくんでいきたい.

○ 今日の問題について, 「まず私がどのようにしたらいいのか？」ということについて, 私がすることの一つは能勢にできる基地をなんとしてもとりやめにさせることだ. 小学校6年生の時から中学校1年生の時にかけて, 私が能勢に基地ができるらしいということを知った. でも, それはじもとの人たちが反対して今はまだくわしい計画はたてられていないようだ. それを知った時は, 全然といっていいほどなにもふかく考えてもいなかった. それもそのはず, そのことを自分のことと考えていなくって, 能勢の人たちにしか関係ないと思っていました. でも, 今では基地ができることによって, 私にとってイヤーなことやこまることができるということがわかった. たとえば, 基地ができると私たちの上に飛行機がうるさくとぶようになるし, 今までのんびりとした静かな所が飛行機の音でやかましくなったりする. だいいち, 戦争になったときにいちばんこまる. だってそうなると, やっぱり敵にねらわれるし, なんだか今かんがえてもこわくなる. やっぱり, そんなことにならないように, 私は絶対に基地なんか造らせてはいけない, と思う. 私にはこれから先はどういうふうにかんがえていいのかわかりませんが, これからもっと能勢にできる基地をきっかけに, 今までにできた基地や今なお能勢以外に基地ができようとしているところについて今以上に考えてみたいし, また考えていけばいいと思う.

○ 「被害を受けた人に私は何をすればよいのか」―私には原爆の被害を受けたしんせき, 家族などはいません. でも, この渦中にはいます. その人たちが原爆の学習をしている時どんな気持ちでいるかわかりませんが, いい気持ちでいるとは思えませんが, 自分の身内の人のことをいわれているのになるほどとうなずきながら学習している人なんていないと思います. やっぱり, 被爆者という

ことを明るみに出すのがこわくていつもなやんでいると思う．それに被爆者なのに「私は被爆者です，手帳を下さい」と名のりでない人も娘のことなどでなやんでいると思う．でも，そんなことかくしたってみんなから変に見られるだけだから，そのことをみんなにうったえないといけない．私のすることは被ばく者ということを明らかにしてもらい，そしてその中で被爆者に対する差別をなくしていくことだと思う．そのためにはもっともっと原爆の学習にとりくんでいくことが必要だ．

その後，７・８月の平和学習が契機となって，２年生の２学級は11月の文化祭で池田市原爆被害者の会の協力を得て「原爆」に関する展示を行ない，平和教育の新たな広がりが見られ始めた．しかし，1976年度の取組みは，総体としては「ヒロシマの季節」の実践にとどまり，日常的なとりくみへ発展させることはできなかった．

② 父母の戦争体験の収集と文集の発行

1977年度に入り，昨年度の課題をひき継ぎ，研究委員会が中心となって，道徳・学級活動の年間計画の中に位置づけて平和教育に取り組んだ．

まず，２年目に入った「８・６平和登校日」をより有意義なものとするために，池田市原爆被害者の会の協力により広島テレビより16ミリフィルム『西瓜が食べたい』(松山善三脚本・監督，75年度芸術祭参加番組)を借りて体育館で全校生徒を対象に上映した．この映画は，1945年夏の広島を舞台に，平凡な一家族が原爆にたたきのめされるようすを描いたものである．また，上映に先立って，池田市原爆被害者の会々長の桑井勇氏に，約30分間，被爆体験を語っていただいた．講演と映画の後，全校生徒に両者についての感想文を書き綴らせ，研究委員会が感想文の分析と感想文集の作成を行い，「８・６登校日」の資料として活用できるようにした．

―― 映画『西瓜が食べたい』の感想文の分析とその例 ――

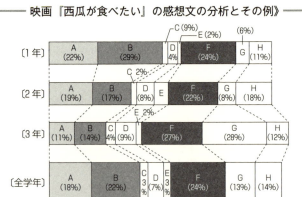

図 5-4 映画『西瓜が食べたい』の分析

（A）戦争や原爆の悲惨さ・無惨さ・恐しさだけを感じている意見
（B）再び戦争のおこらないことを願うなど，戦争に対して消極的に反対している意見
（C）原爆を投下したアメリカ合衆国の責任を追求している意見
（D）核兵器の開発・使用にだけ反対している意見
（E）被爆者やその家族の救済を訴えている意見
（F）戦争に対して積極的に反対している意見
（G）その他の意見
※ 個々の生徒の感想は，（A）～（F）の2つ以上の項目にまたがっている場合もある．従って，以下の集計は，各項目の割合の合計が100％を越すこともあり得る．なお（H）は，欠席及び未提出を示す．
出所）筆者作成．

〈感想文の例〉

○〔Gの例〕息子が西瓜泥坊をして警察につかまった時，良子が原因不明の病気で死亡した．そして母親も1年後に良子と同じ原因不明の病気で死亡した．これはどんなことを物語っているのだろうか．戦争と言う恐ろしさを物語っているのだろうか．

○〔Gの例〕自分だけでも生きのびればいいが，人と同じように死んでいれば何もできない．でも，生きていても1年たらずか2年で死んでしまう．髪が1本1本ぬけ皮ふがズルズルにむけ苦しんで死ぬのなら，空襲で一瞬の間に死んでしまった方がいいとも思う．私たちは戦争を知らないから，こんなふうにかんたんにいえるのかもしれない．

○〔Aの例〕あんなひどく，おそろしい空襲で，もし生されたとしても，やっぱり体になんだかの傷害がのこると思うから，私は，あんなんだったら，まだ死んだ方がましだと思った．

○〔Gの例〕ぼくは，こんな映画はすきではありません．こんなことがほんとうにあったということは，これからさきもまたあるということだ

からです.

○ 〔Gの例〕アメリカが悪いように日本は思っているがべつにぼくはアメリカが悪いとは思わない. 悪いのは日本, つまり天皇が戦争するといったのだ. だがだれが悪いというよりもこの問題をどう解決するか, 国がもっと率直に決めてほしいと思う.

　一方, 生徒会は, ７月末に桑井氏を招いて生徒会本部役員との交流会をもち「８・６平和登校日」に生徒集会を開いてその結果を全校生徒に報告した. また, １学期終業式には, 前年度の「原爆を許すまじ」に加えて「死んだ女の子」の歌唱指導を行なった.

　こうして２度目の「平和登校日」を迎えた. 研究委員会の提示した資料と指導案によって全クラス一斉に２時間の平和学習に取り組んだ. 当日, 朝日新聞社会部の中川記者が筆者の担任するクラスの授業参観をし, 翌朝の「朝日新聞」北摂版に本校の平和教育の実践が報道された. 新聞記事によって, ２度目の「平和登校日」の取組みのようすを次に記してみたい.

新聞に報道された「８・６平和登校日」の取り組み

その朝 "平和登校"

原爆許すまじの歌響く

池田中　核の意味みんなで学習

　——広島が33回目の原爆記念日を迎えた６日朝, 広島からは遠く離れた池田市の市立池田中学 (小谷訂吉校長, 生徒950人) の体育館に「原爆許すまじ」の歌声が響きわたった——. この日は同校がとくに定めた「平和登校日」. ほぼ全生徒が登校し, 先生たちがこの日のために準備した「平和学習」を受けながら, 教科書からも一度は消えかけた「核」の問いかける意味をみんなで話し合った——.

　池田中学が６日を平和登校日にしたのは去年から. 風化が伝えられる被爆体験. そして戦争を知らない世代の増大.「子どもたちに, 戦争を考えさせるきっかけでもつくるために, 何かしなければ」と, 先生たちの間からだれがいい出すともなく提起された試みだった. 去年の８月６日は, 原爆の記念写真を教材テレビで生徒に見せた.

　そして, ことし６月に発表された新学習指導要領案では教科書から「核」の記述が姿を消した. 後で復活が決まったが「現場がしっかりしなくては」という決意を, いよいよ先生たちに固めさせた. 夏休み前, 被爆をテーマにしたド

ラマ映画「西瓜（すいか）が食べたい」を全生徒で鑑賞し，市内に住む被爆者も招いて，その体験談をみんなで聞いた.

6日午前8時半，全生徒が体育館に集まって「原爆許すまじ」を高らかに. そのあと28の各教室に分かれ，夏休み前に見たドラマ映画でみんなが書いた感想文集を材料にして「平和学習」に入った. ことし「平和学習」の企画担当者になった丹松美代志先生（27）は3年2担当.「私自身も戦争を知らない. だから生徒と同じ立場で，どうしたら戦争を追体験できるか，を考えたい」.

ドラマ映画の感想文をおたがいに読みながら，意見を出し合った. 映画に登場する被爆者のケロイドのひどさに「あんなんだったら死んだ方がまし」と書いた感想をめぐって意見が盛んに寄せられた.「被爆者を見下した考えだ」（男）「（健常者としての）自分の立場でしか考えていない」（女）. テーマの重さのせいかいっとき沈黙が.「君たちも，被爆者も，いっしょに生きている. 被爆者に対する考えはだれもが持たないかんのや」と，丹松先生が励ます. 1人が「何の責任もない被爆者が，どうして死んだ方がましなのか」と口を開いたのをきっかけに，議論は戦争責任にまで進んだ.

2時間の学習後，丹松先生は「もちろん結論めいたものが出るはずはないが，戦争を考える道筋を探っただけでも一つの前進」と語った. この日の学習をさらに深めるため，夏休み中，父母から戦争体験を聞くことが全生徒に宿題として出された.

2度めの「平和登校日」の出席率は，前年より1割アップして9割であった. 夏休み前のとりくみの一定の成果であると思う. この日の2時間の学習では戦争責任の問題を充分に掘りさげることはできなかったが，全校生徒に改めて戦争の意味を問い直させることができたと考える.

そこで，前年度の反省の上に立って平和学習を「平和登校日」で終らせることなく，これを契機に生徒自らが平和学習を進めるてだてはないものか，1年間の継続した取組みができないものか，と考え「平和登校日」の宿題として全校生徒に「父母の戦争体験」の聞き書きを課した. 折りしも，中学生の父母の世代が「昭和ニケタ」生れで大部分を占めるようになり，戦争体験の収集は，今の時期をのがすとますます困難になるという状況である. 体験記の宿題を課すにあたり，生徒の父母に校長名で次のような協力を要請するビラを配布した.

第5章 ▌人権教育・平和教育の構築に向けて　　185

戦争体験記（談）についてのお願い

　きびしい暑さの続く毎日，皆様にはご健勝のこととおよろこび申し上げます．池中では８月６日を，平和を守り，生命を大切にする決意をあらたにする日として，毎年登校日としています．

　生徒たちは，人間の生命をうばい，すべての文化遺産を破壊しつくす戦争の姿を知りません．そこで家族の方々の戦争体験を生徒自身によってまとめて，作文にするというとりくみをすることになりました．

　大変ごめいわくをかけて申しわけありませんが，家族の方々が，戦争の体験を生徒に，あらためて伝えてやっていただきたいと思います．

　できあがった作品は池中教育の貴重な資料として活用したいと思います．生徒が体験をまとめることは大変むずかしいことですので，細かく話していただき，まとめの手助けをぜひお願いいたします．

記

１　いろいろな体験があると思いますが次の中から一つ選んで下さい．
○兵士としての体験　○学徒動員　○空襲又は原爆の体験　○学童疎開
○引き揚げ　○闇市　○戦争の生活　○その他
２　父母（祖父母）自身が体験を書いていただくのも大変ありがたいと思います
　（2000字程度）．そのときには，後に生徒が感想をつけ加えて，まとめるようにして下さい（800字程度）．
３　体験されたことを生徒に細かく話しをしていただいて，生徒に聞き書きをさせた上，生徒自身の感想を盛りこんでまとめさせていただいても，けっこうです．
４　どんな形式でもけっこうですが，日時と場所をできるだけ記録にのせて下さい．
５　作品は９月１日に提出していただきますよう，お願いいたします．

　こうして，２学期になり全校（生徒数950人）で732編の「父母の戦争体験記（談）」が集まった．体験記は，①父母の手によるもの，②①に生徒の感想を付したもの，③生徒によるきき書き，の３つのタイプに分かれており，②のタイプのものが最も多かった．①のタイプの長所は，体験者自身の筆によるということから臨場感に富み，読み手の心に迫ることである．しかし，戦争体験の継承という点では，やはり②のタイプが望ましい．③のタイプは当時の状況を殆んど知らない生徒にとっては極めて困難を伴う作業であるが，体験の継承とい

う面から有効な方法であると考える.

　ここで「父母の戦争体験」を記録する作業が生徒や父母にどんな衝撃や影響を与えたか，体験記の中からいくつか拾い出してみたいと思う.

- この母の書いた戦争体験を読んで，今の私たちにとって信じられない，想像もつかないことばかりだ. それと同時に，なぜか悲しいような気持ちになってきて，涙が出そうだった. …大きなサツマイモにパクつける日を楽しみにしていたということなんかは，今のぜいたくな自分にガーンときた. 〔中3，女子〕
- 私は，今，古い日記を取り出してあの頃の学校生活や，家庭の様子をいろいろ話したいと思います. …今読み返してみると何と不安な毎日だったでしょう. このような生活を2度とくり返さないように，いつまでもこの体験を忘れないで，次の代に伝えて行きたいと思います. 〔母親〕
- 過ぎ去った戦争の中のでき事を，1つ1つ子供たちに何かの心の粒になるよう，話していくつもりです. 〔母親〕
- 戦争…私たちは体験したことはないけれど，語り伝えてゆかないといけない重要なことだと思う. 世界平和のためにも. 〔中3，女子〕
- この話をしてもらうのに1日ぐらい待った. なかなかお父さんが話をしてくれなかったから. だんだんイライラして，おこって言ったら，やっとしてくれた. 今思うと話したくなかったのかもしれない. 〔中3，女子〕
- 父からは戦争についての話はよくしてもらっていたが，こんなに長く話してもらったのは，はじめてであった. 〔中3，男子〕
- 父の「兵士としての体験」で，平和にくらせることがどんなに感謝しなければならないことかということを知りました. …父母のけいけんもだいじにしていかなければならないと思います. 〔中2，女子〕
- はじめ母は，他のノートに書いて，この用紙に書くことをまとめていました. この紙に清書する前「聞いとりや」と言って，ノートに書いたことを読んでくれました. その時まぶたをすこし赤くして読んでくれました. ぼくらには，想像もできぬ事が母を苦しめ，祖母を苦しめて来たのです. 〔中1，男子〕
- 戦後33年たってすでに戦争を知らない人々や子供の時代になりつつあります. でも二度とあの戦争の苦しみを味わわない，世界平和を願うためにもいろいろな人々の体験を親から子へ，子から孫へと伝え聞かせる事が大切だと思います. 〔父親〕

以上のように，戦争体験の課題に取り組むことによって生徒は，① 戦争というものを身近に感じ，② 戦争の「重み」を肌でつかみ，そして，③「父母の戦争体験」を語り継ごうとしている．又，父母は，これを機に戦争体験を振り返り，体験の意味を問い返そうとしている．このことから，「父母の戦争体験」の記録に取り組むこと自体，平和教育の有効な手段であるということができる．特に父母が当時の日記をとり出してきたり，初めて我が子に体験を語るなど，予期していた以上に前向きな姿勢を示してくれたことは，本校の平和教育の推進にとって力強い支えとなった．

集まった体験記は研究委員会の手で分類・整理し，この年 (1977 年) の 11 月，『「父母の戦争体験」に学ぶ』第 1 集と題して発刊した．冊子は，全校生徒及び市内の小・中学校，市立図書館，等に配布したが，編集に際しては次の諸点に留意した．

- 戦時中の全体像を浮かび上がらせる．—父母の多くは 1935 (昭和 10) 年前後の世代で「兵士としての体験」は非常に少なく，しかも，中には「戦争を知らない」世代も出始めている．戦場での体験記が少ないことと合わせて，日本人の加害者としての側面に特に留意する必要がある．
- 郷土池田市の当時のようすを明らかにする．—前掲のように，池中生に対して行ったアンケート調査では実際には 9 回もあった池田空襲について 50〜60％の生徒が「知らない」という結果が出ている．太平洋戦争下の池田市のようすを明らかにすることで，より戦争を身近なものとして捉えさせる．
- 授業に活用しやすいように，難解な語句にはふりがなをつけたり脚注を入れたりする．又，地図や写真・図表を入れて視覚に訴える．

③ 建国記念の日を考える全校一斉学習

戦争体験の収集とともに，1977 年度から取組み始めたことの 1 つに「建国記念の日を考える全校一斉学習」がある．建国記念の日の学習は，憲法記念日の学習とともに，年度当初に道徳・学級活動の年間計画に組み込んでおいた．この年，新たに建国記念の日の取組みを始めたのは次のような理由による．

- 平和教育を「ヒロシマの季節」にとどめることなく，日常的に取り組むてだての一つとして，記念日をとりあげることが有効ではないか．
- 文部省は1975年度に「主任制度化」を強行し，1977年度には学習指導要領を改定して，学校行事に際して日ノ丸の掲揚と君が代の斉唱をうち出して来ている．法的根拠をもたぬ日ノ丸と君が代に対し，学習指導要領は法的拘束力をもつとしてその義務化を図っているのである．又，教科書検定もさらに強化された．このような教育の国家統制の強化に抗して，勤労父母の立場に立った教育の自主編成を押し進める必要がある．
- 日ノ丸・君が代の問題とともに，1977年に入って政府の挑戦的な防衛力論議があいつぎ，憲法9条の完全な空洞化の危機が訪れている．今こそ，平和教育の真価が問われている．
- そのような状況の中で憲法記念日の主催行事をとりやめ，又その後援もしたことのない政府が，建国記念の日の建国記念日奉祝運営委員会の行う祝賀行事の後援を正式に決定した．建国記念の日の取り組みに向けて，全職員で事前学習を行い，2月10日の道徳の時間に全校一斉に1時間の学習を行った．学習資料と指導案（展開例）は研究委員会が作成した．

わずか1時間の学習であったが，少なくとも「建国記念の日」のもつ問題点の幾分かは生徒に考えさせることができた．

(3) おわりに

以上，見てきたように，池田中学校では，1977年度に一応，道徳・学級活動の分野における平和教育の大系をつくりあげた．しかしながら，まだまだ多くの課題を山積みしている．

その1つは修学旅行である．本校は1980年度まで富士・箱根・伊豆方面の旅行を実施し，81年度より広島・秋吉台・萩方面の旅行に切り換えることを決定している．すでに，大阪府下の各地で広島・長崎への修学旅行を軸にすぐれた平和教育が展開されている．こうした実践に学びながら，本校の場合も早急に平和教育に位置づけた修学旅行のプランの具体化が急がれる．

2つめは，教科教育の面である．各教科の日々の授業の中でどのように平和

学習を進めているのか．この最重要な点について，学校ぐるみ，教科ぐるみの検討が急がれる．これは74年度に「解放教育を進める教科指導計画」を作成して以来の懸案であり，81年度の新学習指導要領への移行を目前にした現在こそ焦眉の課題である．

3つめは，収集した戦争体験の活用である．道徳・学級活動・教科教育，等，幅広い活用方法を探る必要がある．

さて，池田中学校では，クラスの生徒がともに高まり合う教育をめざし，そのための第一歩として生徒がお互いに自分の生活・自分のつらさを語る取組みを進めてきた．その中で，社会の不合理を見ぬき，それを許さない子ども＝差別と闘い，差別をなくす運動に立ち上がる子ども，を育てることをめざしてきた．このような教育が日本の教育の中で正当の位置を占める日をめざしてきた．その中にあって，本校の平和教育が，その一翼を担うものとして，位置づき始めている．しかしながら今日，部落解放教育が被差別部落を校区に持たない学校では遅々として進まない現状があるように，平和教育も，我が国の学校教育の中で，いまだ「正当な教育としての市民権を与えられていない」ようである．

池中では，本校に通学する被差別部落の生徒が，部落解放同盟池田支部の指導のもと，狭山差別裁判の再審を求めて，1979・80年度の「平和登校日」に「部落完全解放・狭山再審請求」のゼッケンをつけて集団登校した．日本の教育の状況がどんなに厳しくとも，私たちは，目前にいる子どもたちから目をそらすわけには行かない．そこから79年度以降，私たちの「平和登校日」の取組みは「部落差別と戦争」のかかわりを追求する必要に迫られている．これが，4つめの課題である．

以上の4つの課題の実現をめざして着実な歩みを続けたいと思う［舟ケ崎正孝先生退官記念会『畿内地域史論集』1980年］．

補 章
社会科教師・英語教師としての礎

社会科教師としての礎
――日本史研究「近世大坂画壇の先駆者・福原五岳」――

(1) はじめに

平成30 (2018) 年4月7日から5月20日まで，京都国立博物館で池大雅 (1723-76) の過去最大規模の特別展が開催された．大雅は，与謝蕪村 (1716-83) と共に近世文人画の大成者とされる．この特別展では総計162点の作品が集められたが，特別展でそのトップに紹介されたのが，福原五岳筆「池大雅像」(墨画淡彩一幅 88.0 × 29.1 cm) である．大雅は安永5 (1776) 年4月に没しているので，この肖像画はその時期の作品であろう [『池大雅特別展図録』読売新聞社，2018年，p. 16]．

大雅の弟子のうち，書を受け継いだのが木村蒹葭堂 (1736-1802) であり，画を受け継いだのが五岳 (1730-99) であると言われている．これら三者のつながりを示す大雅筆の蒹葭堂宛ての書簡が伝えられている．その内容は，「書画会を開催するので葛子琴ら知友を誘引して参加してほしいと述べ，福原五岳から話していた画幅のことで序文をお願いしたい，また含英の粉本を借覧したいと依頼している」[前掲図録，p. 49]．

本節は，五岳と北摂の在郷町・池田とのつながり，五岳の人物像，「近世大坂画壇」における五岳の位置と役割を振り返り，「近世大坂画壇」の再評価の道筋を辿る中で，「近世大坂画壇」の先駆者である文人画家・福原五岳の復権をめざそうとするものである．そして，そこから今後の文人画ひいては我が国の日本画と市民とのつながり，とくに若い世代との出会いの場をどのようにつくるのか考えようとするものである．

(2) 福原五岳の作品との出会い

　筆者が，福原五岳の作品と初めて出会ったのは平成21（2009）年4月のことである．それは，大阪歴史博物館が「特集展示 唐絵師・福原五岳──『洞庭湖図屛風』受贈記念──」を開催したことによる．筆者が，池田市在住の贈主・福原操氏より「洞庭湖図屛風」のことを伺っていたことが契機となった．洞庭湖は風光明媚で中国の故事にも登場する湖であり，「洞庭湖図」は多くの文人画家が好んで取り上げた．五岳の師・大雅にも「洞庭赤壁図巻」（明和8＝1771年）があり，関係性が指摘されている［特集展示パンフレット］．

　大雅の「洞庭赤壁図巻」については，成立の背景について詳細な研究がある［小林忠監修，ニューオオタニ美術館開館20周年記念展図録『池大雅──中国へのあこがれ 文人画入門──』求龍堂，平成22＝2010年］．図録によると，この作品は大坂の商人であり，漢詩人であった西村孟清（?-安永8＝?-1779年）が依頼したものである．図鑑には，制作2年後の安永2（1773）年に細合半斎（1727-1803）の跋文が見られる．その中で，半斎は「元や明の諸名家の筆に劣らない見事な図鑑で，落款を見て初めて池大雅の手になると知る．優れたできばえである」と書いている．また，この図鑑は，大雅が中国の名勝を集めた版本『海内奇観』をてがかりに制作したこともわかる［前掲書，pp.154-55］．そして，「大雅は，原本である絵地

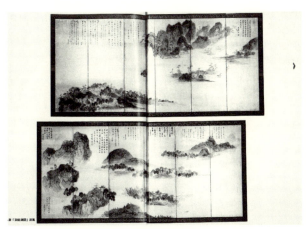

図1　「洞庭湖図屛風」
出所）「洞庭湖図屛風」，池田市立歴史民俗資料館特別展図録『池田文化と大阪』池田市立歴史民俗資料館．

図に着想を得ながらも，その厳密な位置関係にとらわれず，豊かな色彩感覚とイマジネーションを働かせて，人々の営みまで感じられる生き生きした山水図へと変身させている」[前掲書，p.162]孟清は，自らが所属する漢詩サークル・混沌社の詩会にたびたびこの図巻を持参し，仲間の供覧に付している[前掲書，p.165].

五岳の代表作であり，近世大坂画壇の記念碑的作品である「洞庭湖図屏風」(安永元＝1772年，画 紙本着色 6曲1双，図1) は，五岳43歳の作である．これは，大雅の「洞庭赤壁図巻」制作の翌年のことである．この作品が世に現れる契機については，肥田晧三の講演記録がある[懐徳堂記念会「懐徳堂に寄与した尼崎屋一族」『懐徳』54号，昭和60＝1985年].

それによると，昭和40 (1965) 年に肥田が林田良平とともに福原宅を訪問し，この屏風に出会い，感銘を受けた．「じつに驚くようなすばらしい作品」であった．その色彩や構図，雄大さに，「一見，立ち竦む思い」がした．同時に驚いたのは，この屏風の上部に，当時の大阪の著名な文人14人の賛があることだった．その14人とは，中井竹山・三宅春楼・中井履軒・中村両峰・星野仰斉の懐徳堂の関係者，片山北海・葛子琴・頼春水・細合半斉・田中鳴門・烏山崧岳等の混沌社の人々である．「当時の大阪を代表する学者文人たちが，それぞれ洞庭湖を詠じた詩を，屏風の上欄に賛している．」[前掲書，pp.45-50]

18世紀後半の大坂を代表する文人が顔を揃えており，その交流が注目される．

(3) 池田の福原家に伝わった福原五岳「洞庭湖図屏風」

近世の池田は，酒造業を中心に在郷町として栄えていた．元禄期 (1688-1703) には，伊丹とともに我が国最大の酒造の産地であり，その経済力が基盤となって多くの学者文人を輩出している[池田市『池田市史 概説篇』昭和30＝1955年，pp.131-39].

池田には，近世の池田文化を彷彿とさせる葛野宜春齋 (1771-1819) の「呉里図」が伝わっている (絹本着色 94.5×28.2cm，池田市立歴史民俗資料館蔵)．宜春齋は呉春 (1752-1811) に学んだ当時の池田を代表する文人画家のひとりであり，作品は現在の池田市域を南から描いた図である．作品の上部には，懐徳堂につらなる池田の酒造家，荒木李谿 (1736-1807)・荒木梅閭 (1748-1817) 兄弟の賛があ

る [図録『堺市博物館秋季特別展　近世の大阪画人──山水・風景・名所──』堺市博物館，平成4 = 1992年，p.89］．なお，宜春齋は池田の酒造家の生まれである．

　この荒木兄弟が，五岳の「洞庭湖図屏風」を池田にもたらし，荒木家とつながりの深かった福原家に伝わったものである．この間のいきさつは，先の肥田皓三の講演記録で明らかになっている．それによると，林田良平家に伝わっていた荒木李谿の自筆詩稿一束の中に，この屏風の経緯を書いた紙片が見つかった．そこには，次のように書かれている．

　「この洞庭湖図屏風は，私の弟の茂が，師匠の福原五岳に依頼して書いてもらったものであるが，弟の茂は，この屏風に，兄さんの友達の大阪の漢詩文の先生方に，洞庭湖の詩の賛をもらってほしいと頼んできた．そこで私は，自分の師友である，懐徳堂の先生方，あるいは混沌社の先生方に，洞庭湖の詩を作ってくださることをお願いして，安永3年，初夏の一日に，大阪北野の金氏の別業に諸先生を招待して，この屏風を広げて，先生方に詩の揮毫を願ったのである」［前掲，『懐徳』54号，p.47］

　このようにして成立した「洞庭湖図屏風」は池田に伝わり，今，大阪歴史博文館蔵となっている．

(4) 福原五岳の人物像
① 福原五岳の墓

　福原五岳の墓は，大阪市天王寺区下寺町の源聖寺に無縁仏として存在している（**写真1**）．平成30年4月に筆者は源聖寺を訪問し，住職の案内で，この墓に出会うことができた．墓の正面には，「雄譽英山五岳居士」と「眞明清壽信女」

写真1　福原五岳の墓

出所）筆者撮影．

と刻まれており，五岳夫婦の墓であることがわかる．右側面には，「香含童子，離環童子，秋眠童子」とあり，夭逝した五岳の幼子のことを示している．現地では，左側面と墓の造主が判明しなかったが，『浪速叢書第十』[浪速叢書刊行会，昭和4 = 1929年]所収の『大阪訪碑録』に，「福原五岳墓」という項目があり，左側面には「芳室妙薫信女，台嶺三洞信士」と刻まれているという[前掲書，p. 498-99]．これは，五岳の後継者として期待され，画家として評価の高かった福原三洞（1777-97）夫婦のことと考えられる．三洞は21歳で亡くなっている[『大阪人物誌　正編』臨川書店，昭和4 = 1929年，p. 621]．台座には「文化乙丑十二月十七日建之　福原氏」とありといい，文化年間に画家として活躍していた五岳の末子，福原東岳（生没年不明）が，1805年に五岳の七回忌に当たりこの墓を建立したものである[浪速叢書刊会，『浪速叢書　第五』昭和3 = 1928年，p. 544]．

　三洞については，前掲の『大阪人物誌　正編』に次のように紹介している．

　　「福原氏，名は天紀，字は希文，三洞は其號なり福原五岳の男安永六年を以て浪華に生まる年十五始めて画を学ぶ精敏自ら強以て能く家法を継ぐ自ら日画を學ぶ固より書を読まざるべからずと依て務めて書を讀む孜々として倦まず人皆五岳後ありと称す然れども不幸病に罹りて年僅に廿一」[前掲書，p. 621]．三洞の墓碑は，難波元町の瑞龍寺にあり，五岳の弟子である浜田杏堂（1766-1814）の撰，同じく弟子であり，篆刻も一流だった鼎春嶽（1766-1811）の書である[前掲書，p. 622，及び大阪市立美術館編『近世大坂画壇』同朋社，昭和58 = 1983年，p. 289]．

　また，『大阪人物誌　正編』によると，当時大坂（現，中央区）に住んでいた五岳の東隣には，漢詩サークル混沌社のリーダー片山北海が住んでおり，五岳は生まれた東岳を北海の庭に捨て，北海がこれを取り上げて捨五郎と命名したというエピソードが紹介されている[前掲書，p. 622]．また，北海が，妻の実家である円徳寺の襖絵を五岳に依頼したことが知られている[多治比郁夫「片山北海の家庭生活——円徳寺あて書簡をめぐって——」『大阪府立中之島図書館紀要』第15号，昭和54 = 1979年，p. 50]．

② 福原五岳の生涯と人となり

福原五岳の先行研究としては，松下英麿「福原五岳」[『池大雅』春秋社，昭和42＝1967年]と神山登「福原五岳の人と作品」[『日本美術工芸』第504号　日本美術工芸社，昭和55＝1980年]がある．松下は，その中で，五岳が30歳頃に大雅の門に入って画を学んだと推定している[前掲書，pp.300-01]．また，神山はその論文の中で，次のような指摘をしている．

> （近世文化史上）「一方で蒹葭堂に比肩されるような業績を遺しながら，今日あまり脚光を浴びることがない在阪の文人画家がたくさん活躍していたのである．中でも，福原五岳の存在は忘却できぬ一例である[前掲書，p.24]．」

> また，大坂画壇の存在を世に知らしめた『近世大坂画壇』には，神山登「文人画―黎明と開花―五岳を中心に―」の論文がある[大阪市立美術館編『近世大坂画壇』[同朋社，昭和58＝1983年，pp.203-07]．そこでは，「大雅門の逸材であった福原五岳」とし，先述の五岳の「洞庭湖図屏風」を「大坂文人画壇にとっても初期の黎明を告げる記念碑的意義を蔵した作品である」と位置づけている[前掲書，p.204]．

直近の研究では，カラヴァエヴァ・ユリヤ「大雅の高弟――福原五岳の制作をめぐって――」の論文がある[関西大学学術リポジトリ，2017年，pp.25-40]．そこでは，以下のように五岳を評している．

> 「五岳は社交的で活発な人柄であったと伝えられ，大坂画壇においては積極的な役割を果たした．つまり彼は，人との繋がりを大事にしながら，文人的交流，特に絵画上の世界のみならず，さらに幅の広い活動を楽しんだのである．加えて五岳は，大雅から学んだ文人画の技法，そして，大雅の作風に具現された種々の特質を継承したが，それだけに止まらず，さらに多様な手法と様式を学習し続けたのである」[前掲書，p.34]

さらに，福原五岳の人物像を探るために，人名事典に当たってみることにする．五岳が掲載されているのは，澤田章『日本書家辞典　人名編』[思文閣，昭和2＝1927年]，石田誠太郎『大阪人物誌　正編』[臨川書店，昭和49＝1974年]，杉原

夷山『日本書画人物辞典』［誠進社，昭和 53 ＝ 1978 年］，『増補 日本書画骨董大辞典』［歴史図書社，昭和 54 ＝ 1979 年］，三善卓司『大阪人物事典』［清文堂，平成 12 ＝ 2000 年］等である．ここでは，『大阪人物誌 正編』の一部を紹介する．

> 「福原氏，名は元素，字は子絢，通称大助，五岳或いは玉峯と号し別に楽聖堂と号す性画を好み法を池野大雅に受けて尤も人物を描くに長す人となり風流酒落にして酒を嗜む故に客来れば必ず置酒放談詩賦を以て楽みとなす」

また，『東区史 第 5 巻 人物編』［昭和 14 ＝ 1939 年，大阪市東区（現，中央区）］には，次のような記述があり，五岳の人となりを窺うことができる．

> 「享保 15 年，備後尾道に生まれ出でて大阪に来たり善右衛門町（東区平野町 4 丁目）北渡邊町（東区本町 5 丁目）本町橋 1 丁目（東区本町 1 丁目）等に住居した．画を池大雅に受けて，最も人物を描くに長じ，世に称して彭城百川以来の人物画家であるとした．嘗て京都に在った時，師大雅と共に高野山に遊んで其の山水を寫さうと對談中，偶々頼春水が訪れたので，五岳は大いに喜び，直ちに酒を命じて彼と酌交したが，大雅は酒を嗜まなかったので，縷々出游を促したのに五岳は敢えて旅装整へず，且『樽を倒にして後止めん』と言ひ，尚も杯を旋らせて止めようとしなかった．」［前掲書，pp. 594-96］

一方，五岳の出身地・広島県尾道市の市史には，次のような記述がある．

> 「福原五岳　尾道の人．緯は玄素，後元素と改む，字は子絢又は太初，通称は大助又俊平，五岳はその号なり，又玉峯山人とも書く．幼より画をよくし，京都に出でて大雅堂に学び一家の風をなす．後大阪に住し画名高く，書を善し，詩を善す．寛政 11 年 12 月 17 日，七一にて歿す」［『新修 尾道市史 第六巻』尾道市，昭和 52 ＝ 1977 年，pp. 353-54］

なお，同市史には，五岳の弟子・平田五峯についても掲載している．また，五峯の娘・平田玉薀（1787-1855）について，地元の研究者・池田明子の次のような記述がある．

補　章 ▎社会科教師・英語教師としての礎　　**197**

　　「玉蘊は父五峯の夢を実現するため，京都に出掛けて，直接福原五岳や
八田古秀に師事していたとも伝えられている．」[池田明子『頼山陽と平田玉蘊
江戸後期の自由人の肖像』亜紀書房，1996 年，p. 44]

　そして，「松原洋一・UAG 美術科研究所」は五岳について次のように述べて
いる．

　　「京都で池大雅に学び，大坂で多くの門人を育て画壇に大きな影響を及
ぼした南画家・福原五岳（1730-1799）は，生まれ故郷である尾道にしばし
ば帰郷し，絵画の指導にあたった．尾道の豪商・福岡屋の平田五峯（1759-
1806）も弟子の一人で，五峯の二女・平田玉蘊（1787-1855），三女の玉葆も
五岳に師事した．その後，玉蘊は四条派の八田古秀に学び，菅茶山，頼山
陽，田能村竹田らと交遊，美貌の女性画家として名声を得た．亀山士綱の
娘・万女や将来を嘱望されながら早世した宮地十三郎も五岳の薫陶を受け
ている」[松原洋一・UAG 美術家研究所，「福原五岳と尾道の画人」，https://blog.goo.
ne.jp/ma2bara/e/f57166ca8607a356e6f86a2.]

　このように，五岳は多くの弟子を輩出したことで知られており，大坂画壇系
譜の画系図の中で，狩野派，写生派・森派，写生派・円山派，写生派・四條派，
写生派・長崎派，文人画系，戯画系，風俗画系，近代画家において，文人画系
に位置付けられている［中谷伸生『大坂画壇はなぜ忘れられたのか──岡倉天心から東
アジア美術史の構想へ──』醍醐書房，2010 年，pp. 220-21]．画系図からも，後述する
大坂画壇において，五岳は多くの弟子を育てた一人であることがわかる．

③ 福原五岳の交友関係

　五岳の作品を中心に，五岳の交友関係を探ることにする．「洞庭湖図屏風」
を巡っては，前述の通りである．まず，師・池大雅との関係について，松下英
麿は，五岳は「大雅より七歳下にあたるので，大雅の門人のなかでは，師にも
っとも年齢的に接近し，ほとんど友人のような関係であった」と述べている
[松下英麿『池大雅』春秋社，1967 年，p. 300]．

　18 世紀後半に制作されたとする「大坂文人合作扇面」は，木村蒹葭堂とその
周辺の画家及び漢学者 9 名の合作であるが，そこに，五岳は太湖石と竹を描い

ている. また, 寛政 8 年から 10 年 (1796-98) 制作の「諸名家合作 (松本奉時による)」にも, 中井竹山・皆川淇園・木村蒹葭堂・伊藤若冲・呉春・松本奉時らそうそうたるメンバー 23 名の中に五岳が名を連ねている [中谷伸生, 前掲書, pp. 251-55]. ここからは, 五岳の文人画家として確立した立ち位置と幅広い交友関係を見ることができる. また, 五岳の作として伝わる「曽根原魯卿叙別図」(紙本墨画一幅 75.8 × 27.2 cm 山形県本間美術館蔵) は, 酒田出身の曾根原魯卿が, 20 歳の明和 6 (1769) 年に, 病で帰郷することになり, 五岳が送別の餞として贈った作品である. 五岳の温かい人間性を感じさせる一品である.

狂歌師の仙果亭嘉律 (三井高業) が撰した『狂歌奈良飛乃岡』(安永 6 = 1777 年) に, 当時の上方を代表する画家である円山応挙・与謝蕪村・勝部如春斎・森周峯らが挿絵を描いているが, 五岳はそこにも名を連ねている [安村敏信『江戸の絵師「暮らしと稼ぎ」』小学館, 2008 年, pp. 108-09].

五岳の交友関係の中で, 忘れてならないのは木村蒹葭堂との交流である. 蒹葭堂は, 酒造業のかたわら, 書籍を収集し, 漢学, 文人画, 博物学, 蘭学等多様な学問を学びながら町年寄を務め, その活躍は「知の巨人」と称されるほどであった [大阪歴史博物館編『木村蒹葭堂——なにわの知の巨人——』思文閣, 2003 年]. 蒹葭堂の邸宅は文化サロンであり, 彼が残した『蒹葭堂日記』には 4,000 名を越す文人との交流が記録されている. その中で, 五岳の名を 36 回確認することができる [『木村蒹葭堂全集 別巻 完本蒹葭堂日記』藝華書院, 2009 年, p. 199].

日記に五岳が初めて登場するのは安永 8 (1779) 年, 五岳 50 歳の時である. 先述のように, 五岳が「洞庭湖図屏風」を描いたのは安永元 (1772) 年, 五岳 43 歳の時であり, おそらく五岳は 30 歳台後半には大坂を拠点に活動するようになったと思われる. 以降, 寛政 11 (1799) 年五岳が没するまで, 五岳と蒹葭堂は相互に訪問し合っている. その一部を紹介する.

- 天明 4 (1784) 年 4 月 10 日 　　　「五岳ニ行」
- 天明 6 (1786) 年 7 月 9 日 　　　「五岳ニ用アリ」
- 天明 7 (1787) 年 11 月 14 日 　　　「五岳来ル」
- 天明 8 (1788) 年 10 月 5 日 　　　「五嶽来 中食」
- 寛政 2 (1790) 年 8 月 26 日 　　　「五岳山人 来 酒出ス」

補　章 ▌ 社会科教師・英語教師としての礎　　199

- 寛政 5（1793）年 1 月 5 日　　　「不遇五岳ニ行 酒出ル」
- 寛政 11（1799）年 12 月 9 日　　　「五岳見廻」

　ここからは，二人の密接な関係を想像できる．また，寛政 10（1798）年の 10 月から 12 月にかけて「五岳の子」が蒹葭堂を訪問しており，この頃，五岳が病床にあり，息子・東岳が代わりに訪れたことを予想させる．

　五岳は，文人画だけでなく，漢学や漢詩，書にも造詣が深く，交友関係は多方面に及んだと考えられる．

(5) 大坂画壇の復権
① 大阪市立美術館における「近世大坂画壇」の美術展
　池大雅や与謝蕪村によって大成された文人画を始めとして多様な流派の絵画が隆盛し，人々に受け入れられた重厚な 18 世紀中葉以降の大坂の美術史は，正当な評価を受けることなく歴史に埋没し，忘れ去られていた．そこに楔を打ち込んだのが，昭和 56（1981）年 4 月 7 日から 5 月 10 日に大阪市立美術館で開催された美術展「近世の大坂画壇」である．その図録の中で，武田恒夫が「近世の大坂画壇」の論文を寄せている［日本経済新聞社，図録『近世の大坂画壇』大阪市立美術館，1981 年］．

　武田によると，大坂画壇が「18 世紀後半に入って明和・安永・天明期を中心とする形成期を迎える．」「大坂では，大雅の薫陶を受けた木村蒹葭堂が，収集をめぐる多彩な文人生活を通じ，ユニークな南画制作を行っている．」「蒹葭堂を支えた厚みのある地盤は，その後の南画発展を考える上でみのがせないものがある．さらに大雅の影響は，福原五岳（1730-99），十時梅厓（1749-1804）にも及ぶ．五岳の門弟たちは次期の大坂南画画壇に迎えられている．」この美術展の出品作の中に，五岳の「山水図」2 幅（紙本墨画 各 131.0 × 40.1 cm），「唐美人図」4 面（紙本著色 各 169.3 × 92.7 cm）と五岳や蒹葭堂ら文人画家の作品を蒐集した「明和南宗画帖」一帖が見られる．［前掲書，pp.88-90］

　そして，この成果が 2 年後に，大阪市立美術館編『近世大坂画壇』［同朋舎，昭和 58 ＝ 1983 年］に結実する．この本には，前述のように神山登「文人画――黎明と開花―五岳を中心に――」の論文がある．近世大坂画壇における文人画の

位置づけを示したこの論文では，五岳の「三仙図」と「唐美人図」を掲載し，巻頭にある「洞庭湖図屏風」について詳述している．この本の出版こそ，近世大坂画壇の復権を高らかに宣言したものである．その中で，神山は，近世文人画の黎明と開花について次のように述べている．

「池大雅（1723-76），与謝蕪村（1716-83）の時代を迎えると，先輩たちの画に顕著にみられる中国直模の域を脱して，中国文人画の境域を志向し，また濃厚にその影響を蒙りながらも次第に日本独自の題材，風趣を求めるような段階に進み，ようやく世情の文人画風に関わる受容の態度にもきわめて好意的な動向が示されるようになる．大雅，蕪村が活躍した明和・安永・天明という時期は日本の文人画が飛躍的に成長をとげた開花期であるが，この頃になると，京洛，大坂を中心として諸地方に人文画が普及する気運が増大し，尾道の福原五岳，岡山の浦上玉堂（1745-1820）といった地方出身の多くの文人画家が風雲の志を抱いて京坂に雲集し，やがて史上に名をとどめるような創作活動をみせ始めた．そして文化・文政の全盛期へと引き継がれていくのである．」〔大阪市立美術館編『近世大坂画壇』同朋社，昭和58 = 1983年，p.203〕

ここに，大坂画壇の確固たる存在を確認することができる．

② 大坂画壇の復権

大坂画壇の復権について，中谷伸生の『大坂画壇はなぜ忘れられたのか──岡倉天心から東アジア美術史の構想へ──』〔醍醐書房，2010年〕に依拠しながら明らかにしたい．中谷は，これまでの我が国の美術史研究を次のように喝破している．

「ここでいう大坂とは，現在の大阪市を中心に，かつては摂津と呼ばれた所，及びその周辺の和泉や河内を含めた地域を指している．この地域で活動した画家たちを大坂画壇の画家と呼ぶわけであるが，今日，この大坂画壇を抜きにして江戸絵画史研究は成り立たないという状況になりつつある．四条派や文人画において，数多の画家たちを輩出した大坂画壇は，これまで美術史研究において，そのほとんどが排除されてきた，といってよい．京都画壇などに対して「大坂画壇」という呼び方が用いられるようになったことさえ，1981（昭和56）年に大阪市立美術館で「近世の大坂画壇

展」が開催されて以後のことである．加えて，その時の図録を基盤にして，1983（昭和58）年に同朋舎から出版された『近世大坂画壇』［大阪市立美術館編］の基本的文献をもって，ようやく「大坂画壇」という名称が市民権を得たといってよい」［前掲書，pp. 39-40］

　では，これまで大坂画壇が忘れ去られていたのはなぜか，再び，中谷の論文から引用する．

　「一つには，明治の官僚で美術史家であった岡倉天心が口述した『日本美術史』の評価から大坂の絵画が滑り落ちたことであろう．そのために，大坂の絵画は，以後の美術史家たちの関心を呼ばなくなった．二つめには，第二次世界大戦による荒廃で，大阪経済界が没落し，古美術および近代美術を問わず，美術作品の受容者であった経済界のコレクターらが大坂の絵画の購入から撤退しことであろう．そして，第三番目には，もともと大坂の絵画が中国的・アジア的な性格を濃厚に示していたため，脱亜入欧を基軸とする前衛志向が強い近代化の流れの中で時代思潮に乗り遅れ，人気をなくすことになったからである．(中略) 天心によって嫌われた多くの文人画家たちを抱える大坂画壇の画家たちは評価を下げられることになる」［中谷伸生「『大坂画壇』は蘇るか？―『綺麗なもん』から『面ろいもん』まで」『美術フォーラム21』Vol. 17，美術フォーラム21刊行会，2008年，p. 32］

　筆者は，中谷の説の中で，特に大坂画壇を理解し支えていた大阪経済界の地位の低下に着目している．その点につて，明尾圭造の次の視点に注目したい．

　　「明治から昭和（戦前）にかけてこれらの文人画を評価し，守ってきたのは大阪や芦屋を初めとする阪神間の数寄者であった．(中略) 大雅や蕪村に伍して紹介したような作家が取引された経緯がある．最初に取り上げた四大家（池大雅，与謝蕪村，浦上玉堂，田能村竹田）に比して大坂文人画の大半が脱落してしまったのは偏にその技量によるものだけではあるまい．華やかな展覧会場は四大家の独擅場と化し，名も無き文人画は，支えてきた各家庭の展示場としての床の間がなくなったことと，作品を鑑賞する基礎的教養の後退がその凋落に拍車をかけたと言えよう．さらに，地域地元の作家を顕彰すべき美術館がその研究を等閑してきたことも大きな要因であろ

う」［明尾圭造「近世大坂文人画の魅力」（図録）『近世大坂文人画の世界――関西大学コレクションを中心に――』芦屋市立美術博物館，平成21 = 2009年，p.7］

その点，わずか人口10万人の池田市において，池田市立歴史民俗資料館が継続的に近世文人画を取り上げた特別展を開催していることは，おおいに評価できる．また，三都の中でも経済の都といわれた大坂での文人画がまっとうに評価されるためには，大阪からの発信が重要である．そして，今，求められるのは，近世大坂画壇の作品を限られた世界に閉じ込めるのではなく，作品が，幅広く，市民に届けられることではないだろうか．

③ 近世大坂画壇を対象にした美術展

そこで，文人画を中心に，近世大坂画壇の作品を取り上げた美術展の歩みを見てみることにする．

- 昭和51（1976）年大阪市立博物館第71回特別展図録『なにわの文人画―岡田米山人と半江』：「近世大坂画壇」を主張する先駆けである．
- 昭和56（1981）年大阪市立美術館『近世の大坂画壇』：五岳の「山水図」・「唐美人図」・「明和南宗画帖」（明和6年＝1769，蒹葭堂らと合作）を展示．
- 平成4（1992）年池田市立歴史民俗資料館特別展『池田文化と大阪』：五岳「洞庭湖図屏風」を展示．
- 平成4（1992）年堺市博物館秋季特別展『近世の大坂画人――山水・風景・名所――』：五岳の「洞庭湖図屏風」を展示．
- 平成8（1996）年大阪市立博物館『浪華人物誌　画人　与謝蕪村』
- 平成13（2001）年大阪府立中之島図書館特別展示『絵草子に見る近世大坂の画家』：五岳の「備後賀島記」を展示．
- 平成14（2002）年大阪市立美術館コレクション展『大阪の南画――近世から現代まで――』：五岳の「唐美人図」を展示
- 平成15（2003）年大阪歴史博物館『木村蒹葭堂――なにわの知の巨人――』
- 平成17（2005）年伊丹市立美術館『笑いの奇才・耳鳴斎！――近世大坂

の戯画――』

- 平成 18（2006）年関西大学図書館『関西大学創立 120 周年記念 大坂画壇の絵画――文人画・戯画から長崎派・写生画へ――関西大学図書館所蔵』：五岳の「酔李白図」を展示.
- 平成 18（2006）年芦屋市立美術館企画展『大坂慕情――なにわ四条派の系譜――』
- 平成 19（2007）年大阪歴史博物館『特別展示 かえるの絵描き・松本奉時と近世大坂画壇』：「雪月花書画帖」に五岳の絵も入っている.
- 平成 21（2009）年芦屋市立美術博物館『近世大坂文人画の世界――関西大学コレクションを中心に――』：五岳ら 8 人の合作である「高士観山図」を展示.
- 平成 21（2009）年大阪歴史博物館「特集展示 唐絵師・福原五岳――『洞庭湖図屏風』受贈記念――」：「洞庭湖図屏風」の他，五岳の「陶淵明図」・「秋海棠図」・「仙人図」・「呂洞賓図」，そして福原三洞「唐人物図」を展示.
- 平成 21（2009）年岸和田市教育委員会特別展図録『企画展 収蔵絵画展』
- 平成 22（2010）年大阪歴史博物館『特集展示「筆飛将軍『林閬苑』――異色の唐画師――』.
- 平成 23（2011）年池田市立歴史民俗資料館特別展『没後 200 年 呉春展』：呉春の池田の弟子である馬寅や葛野宜春齋の作品を展示.
- 平成 24（2012）年柿衛文庫特別展『柿衛没後三十年 俳画の美――蕪村・月渓――』
- 平成 24（2012）年大阪商業大学博物館『近世浪華の町人と文人趣味』：五岳の「孔子像」・「山水図」・「驟雨山水図」を展示.
- 平成 27（2015）年大阪歴史博物館『唐絵もん――武禅に閬苑，若冲も――』：五岳の「群仙図屏風」を展示.
- 平成 29（2017）年吹田市立博物館『田能村竹田展――吹田・なにわを愛した文人画家――』

『近世大坂画壇』の発刊以来，近世大坂画壇に関する美術展は着実に増えていると言える．各市に馴染みのある大坂画壇の画家たちの作品が，地

元の市民の目に触れ，味わわれることをおおいに期待したい．

　また，美術展の増加と並行して，この間，関西大学図書館が平成 9
（1997）年『関西大学蔵 大坂画壇目録』を発刊しており，その中には五岳に
関する以下の 5 点が掲載されている．

- 「酔李白図」（絹本墨画淡彩 97.9 × 32.2 cm）
- 「寒山拾得図」（絹本墨画淡彩 99.4 × 30.5 cm）
- 「巌上揮毫図・画龍点睛図」（双幅 紙本着色 各112.3 × 30.6 cm）
- 「蝦夷仙人図」（絹本着色 120.0 × 53.5 cm）
- 「文人合作扇図」（紙本墨画淡彩 17.8 × 50.5 cm）

そして，大阪市立博物館（当時）が，平成 10（1998）年から 3 年がかりで「近
世大坂画壇の調査研究」を行い，報告書を出している．

　文人画は，漢学の素養や中国の歴史や故事来歴を背景にしていることもあり，
今日の世情とは距離があると言わざるを得ない．しかし，先人の優れた遺産を
正当に評価し，継承し，その上に，新たな文化を生み出すことは，現代に生き
る我々の責務である．まずは，先人の作品に謙虚に向かい合うことが求められ
る．そのためには，公立美術館や博物館の役割が大である．

④ 大坂画壇における福原五岳の位置

　すでに，福原五岳が近世大坂画壇の先駆者であることに触れてきたが，改め
て，五岳の生きた時代を中心に，これまで五岳がどのように評価されていたの
かを見てみたい．

- 安永 4（1775）年『浪華郷友録』：五岳は儒者と画家の両部に記載され，
  文人画家のトップに紹介されている．
- 安永 6（1777）年『浪波丸綱目』：（大坂の地誌に関する書籍）「唐画師」の一
  人として五岳を挙げている．
- 寛政 2（1790）年『浪華郷友録』：画家の項のトップに五岳の名があり，
  福原東岳・福原三洞の名もある．橘保国・橘保春の名も画系として名を
  連ねる．
- 寛政 6（1794）年『虚実柳巷方言』：（洒落本）「唐絵」のうちに五岳の名が

挙がる.

- 文化 10（1813）年田能村竹田（1777-1835）『山中人饒舌』：池大雅の後を継ぐものとして五岳を挙げている.
- 文政 7（1824）年『浪華人物誌』：文人画家として岡熊嶽・岡琴嶽らとともに福原東岳の名がある.
- 天保 2（1831）年白井華陽『画乗要略』：五岳を人物画に優れ，彭城百川（1697-1752）以来の者として紹介している.
- 天保 8（1837）年『續浪華郷友録』：「画家」の項目に福原東岳の名が挙がっている.
- 嘉永 3（1850）年朝岡典頴『増訂古書備考』：『画乗要略』を踏襲している．その中に，文化 4（1807）年の「浪華書人組合三幅對」を載せ，福原東岳は「頭取」として挙がっている．また，同書の中に，谷文晁ら 3 名の鑑定になる近世の画家の番付を掲載している．そこには，五岳は「前頭」で安永年間を代表する画家として登場する．なお，『決定版 番付集成』（2009 年，青木美智男編）の「本朝近世画工鑑」には，近世全体の中で，五岳を寛政年間の代表的画家のひとりとしてあげている.
- 嘉永 6（1853）年『古今南画要覧』：「不利優劣」の項目の最上段に岡田半江（1782-1846）の記載があり，そこに，木村蒹葭堂・与謝蕪村・十時梅厓（1749-1804）らとともに五岳が名を連ねている.
- 明治 36（1903）年藤岡作太郎『近世絵画史』：大雅以後の文人画が京都よりも大坂で盛んになるとし，大雅の系統の筆頭に五岳を挙げている.
- 大正 14（1925）年手島益雄『広島県書画家伝』：画，書，詩にすぐれていると紹介している.

　以上見てきたように，福原五岳は，京都で活躍した池大雅や与謝蕪村が大成した文人画を大坂の地で広め，多くの弟子を養成し，近世大坂画壇の先駆者として活躍した．特に，安永年間から寛政年間の活躍は目覚ましいものがある．とりわけ，画業にとどまらない幅広い素養で多くの文人と交流し，おおきな足跡を残した．五岳の師・大雅が，文人画家の理想である「詩書画三絶」をきわめたように，五岳もその跡をたどったといえる．五岳の大坂での活躍の時期は，

五岳，30歳台後半から71歳で没するまでの間である．近世大坂画壇の扉を開いた五岳を，彼が生きた時代のように，まっとうに当時を代表する文人として，文人画家として評価したいものである．

(6) 近世大坂画壇の作品を市民の手に

歴史を学ぶことが，今後の我々の生き方やこの社会のあり様に生かされることが大切だと考える．近世大坂画壇の文人たちが遺した作品を正当に評価し，次代に受け継ぎ，新しい文化を創造することが必要ではないか．まず，筆者は，日々接している大学生や現場の教員との間で理解を深めたいと思う．筆者の専門は，中等社会科教育法である．学校教育，とりわけ社会科教育の中で，大坂画壇の理解が広がる手立てを模索したいと思う．そのためにも，大阪に近世大坂画壇の作品を市民や生徒がいつでも鑑賞できる常設の美術館・博物館がほしいと思う．

現代人をその時代の作品にいざなう例として，神戸市教育委員会の取組みに注目したい．神戸市立博物館は，市民のコレクターの寄贈による美術品を多数所蔵するが，その中に教科書でもおなじみの「南蛮屛風」がある．これは，大航海時代に我が国を訪れた南蛮船の母国での出港と日本での入港の場面が対になっている屛風絵である．神戸市教育委員会は，この屛風絵のレプリカを複数制作して学校に貸し出し，必要に応じてレプリカを持参する学芸員の出前授業も実施していた．2004（平成16）年11月12日に神戸市立博物館で公開された全国中学校社会科教育研究会全国大会・神戸大会での授業は，南蛮屛風とザビエル像が展示してある市立博物館のフロアで行われた．生徒は，実物の2つの美術品と対面し，意欲的に学習に取り組んだ．学芸員の効果的な学習参加も見られた［兵庫県中学校社会科教育研究会『全国中学校社会科教育研究会全国大会・神戸大会大会報告書』歴史的分野，平成16 = 2004年，pp. 1-7，16-20］．

文人画と市民・生徒を繋ぐために，改めて，行政の役割を期待したい．浮世絵のような大衆の娯楽性に富むものと違い，文人画が受け入れられるには，教育の力が必要である．近年，評価の高い伊藤若冲やとっつきやすい戯画系の作品を入り口に，現代人が文人画と出会う機会がどんどん増えることを望みたい．とりわけ，日本の将来を担う若者が近世大坂画壇の作品に直接出会う機会が望

まれる．若者に対する地元美術館・博物館へのいざない，学校教育での地元の文化遺産を活用する授業の展開が急がれる．

　その中で，当時の画家の生活や絵道具などの紹介も必要である．幸い，沼津市の植松家には，同時代の絵師・円山応挙（1733-95）の使用した筆・刷毛・絵具が伝来している．池大雅の住まいでありアトリエであった草堂とその周辺の様子を描いた作品も伝わっている［伝月峰「大雅堂旧居図」前掲『特別展図録』p.21］大雅が，妻・玉瀾のために描いた画帳『大雅堂画法』（文化1 = 1804）も刊本が伝わっており，当時の文人画家の画法の一端に触れることができる．このような画家の作品の背景にも触れながら，現代人を大坂画壇へいざないたい．

　そして，海外に流失する前に，阪神間の各自治体が，自分の市・町にゆかりのある文人画の作品を例え一点でも収集し，市民の鑑賞の機会をもってほしいと願っている．

(7) おわりに

　近世大坂画壇の復権が提起され，その草創期の記念碑的作品である福原五岳「洞庭湖図屏風」が池田に二百数十年もの間存在していた事実をしっかり受け

福原五岳　年譜

年　号	福原五岳の事績	関　連　事　項
享保 8 （1723）		池大雅生まれる
享保 15 （1730）	五岳，広島・尾道で生まれる	
元文 1 （1736）		木村蒹葭堂，生まれる 荒木李谿，生まれる
寛延 1 （1748）		荒木梅閭，生まれる
寛延 2 （1749）		十時梅厓　生まれる
宝暦 2 （1752）		呉春，生まれる
宝暦 9 （1759）		平田五峯，生まれる
	この頃，五岳，上京	
明和 3 （1766）		浜田杏堂，生まれる 鼎春嶽，生まれる
明和 6 （1769）	弟子の帰郷に際し，「曽根原魯卿叙別図」を描き与える この頃，大坂に居住	
明和 8 （1771）		池大雅「洞庭赤壁図巻」 葛野宜春齋，生まれる
安永 1 （1772）	荒木梅閭の依頼を受け，「洞庭湖図屏風」を制作	

安永2（1773）	襖4面に「唐美人図」を描く	
安永3（1774）	五岳の「洞庭湖図屏風」に14名の文人が賛を書く	
安永4（1775）	『浪華郷友録』に，五岳は儒者と画家の両部に記載，文人画家のトップ	
安永5（1776）	この頃，「池大雅像」を描く	池大雅，没
安永6（1777）	狂歌師の仙果亭嘉律が撰した『狂歌奈良飛乃岡』に挿絵を描く	
	『浪波丸綱目』：（大坂の地誌）に「唐画師」として載る	
天明6（1783）		与謝蕪村，没
天明4（1784）	木村蒹葭堂が五岳を訪問（4/10）	
天明5（17865）	二曲一双の「唐人物図」を描く	
天明6（1786）	木村蒹葭堂が五岳を訪問（7/9）	
天明7（1787）	五岳が木村蒹葭堂を訪問（11/14）	平田玉蘊，生まれる
天明8（1788）	五岳が木村蒹葭堂を訪問，昼食を共にする（10/5）	
寛政2（1790）	五岳が木村蒹葭堂を訪問，酒を共にする（8/26）	
	一幅の「夏景山水図」を描く	
	『浪華郷友録』に画家のトップが五岳，福原東岳・福原三洞の名もある	
寛政5（1793）	木村蒹葭堂が五岳を訪問，酒を共にする（1/5）	
寛政6（1794）	『虚実柳巷方言』（洒落本）の「唐絵」の項に五岳の名	
寛政8（1796）	松本奉時による「諸名家合作」の23名の1人（〜寛政10）	
寛政11（1799）	木村蒹葭堂が五岳を見舞う（12/9）	
寛政11（1799）	五岳，没（71歳）	
享和2（1802）		木村蒹葭堂，没
文化1（1804）	浪華書人組合三幅對」に福原東岳は「頭取」として挙がる	
		十時梅厓，没
文化3（1806）		平田五峯，没
文化4（1807）		荒木李谿，没
文化8（1811）		呉春，没
		鼎春嶽，没
文化10（1813）	田能村竹田『山中人饒舌』に池大雅の後を継ぐものとして五岳を挙げる	
文化11（1814）		浜田杏堂，没
文化14（1817）		荒木梅閣，没
文政2（1819）		葛野宜春齋，没
文政7（1824）	『浪華人物誌』に文人画家として岡熊嶽・岡琴嶽らとともに福原東岳の名	
天保2（1831）	白井華陽『画乗要略』で五岳を人物画に優れた彭城百川以来の者とする	
天保8（1837）	『續浪華郷友録』に「画家」の項目に福原東岳の名	
嘉永6（1853）	『古今南画要覧』の「不利優劣」項目に五岳の名	
安政2（1855）		平田玉蘊，没

出所）筆者作成.

補　章 ▌ 社会科教師・英語教師としての礎　　209

止めたいと思う．近世池田文化の存在が，五岳の作品を池田にもたらしたのである．そして，池田市立歴史民俗資料館が，この間，継続して近世の文人画の特別展を開催してきたことに敬意を払いたいと思う．そして，その取組みが，今後，学校教育と結びつく日の来ることを期待したい．

　今後の福原五岳研究の課題は，五岳の尾道時代・京都時代の姿を解明することである．

　最後に，本稿に対する諸兄のご批判やご教示をお願いするとともに，福原五岳そして大坂画壇との出会いを導いていただいた福原操氏に感謝申し上げる（2018 年 8 月 26 日）．

② 英語教師としての礎
──海外研修，国際交流で学ぶ英語教育──

(1) 文部科学省派遣・イギリスの大学への短期留学
① 2004（平成 16）年度「夏期教員海外研修講座」グループリーダーとしての抱負
海外研修への動機

　筆者の勤務している大阪教育大学附属池田中学校は，オーストラリアのクイーンズランドに姉妹校がある．筆者が公立から転勤してきた 9 年前から交換留学が始まり，毎年夏休みに 20 名の 2，3 年生を引率してゴールドコーストに 2 週間滞在し，姉妹校のキーブラパーク・ステイト・ハイスクールに通っている．そこでのホームステイの経験や教員どうしの交流から学んだことは計り知れない．

　また，附属池田中学校では，現在，英国のホーリークロス校とテレビ会議を通じて異文化交流をおこなっている．これは選択教科「ドラマ科」の授業の一環で，定期的に本校の生徒とホーリークロス校の生徒がチャリティーコンサートをおこなったり，テーマを決めて話し合ったりする．5 月 19 日には "Women in Society" というテーマでプロジェクト学習をおこなった．帰国生徒を中心に英語でコミュニケーションをとる絶好のチャンスである．

　昨年，筆者は文部科学省「中学校英語担当教員海外研修」で英国を訪問した．

この時が初めての英国留学であり，筆者の人生のなかで長い間夢見た念願がやっとかなった7週間であった．イギリス文学を専攻していた学生のころから，一度は英国を訪問したいと思っていたのだが，内容の濃い経験ができた．英語力を向上させるためにはまだまだ長い道のりがあるが，現実に英国に住む人と出会って，意見を聞き，ここでの生活を体験できたことは英語教師として必須のことだと改めてこの時に実感した．

学校内外での，このような経験を生かして，今度は自分が海外研修のリーダーとしてこれから研修を受けようと考えておられる先生方のお手伝いをしたいと考えた．勤務先の校長も快く内諾して下さっている．ここに2005年の海外研修で学んだ内容を簡単に紹介したい．

Marjon 大学での研修

The College of St Mark and St John で，吸収できることはなんでも吸収しようと決意して研修に参加した．研修前は，果たして研修内容についていけるかどうか心配もあったが，始まってみると講義内容を十分に理解することができた．また，自分なりに発信もできたのではないかと思う．私たちのアンケートを基に研修内容が組み立てられていたので，学びたいことを学ぶことができた．

研修の時期は9月1日から10月10日であり，内容を大きく分けると，English Language Development が70時間，Teaching Methodology が40時間，School Study Visits が1週間であった．

授業は午前9時から12時半まで，2レッスン，2時から夕方5時まで2レッスンとかなりハードであった．講義の内容を紹介すると，

Katy の授業は英語教授法と，我々3人が共同でテーマを決めて調査探求する「プロジェクト学習」である．そのテーマを "National Trust" とした．ナショナルトラストのメンバーになるためにはどうすればよいかなどたくさんの質問を出し合い，実際に現場へ出かけて調査し，その結果を画用紙にまとめるという宿題を出された．本格的な「プロジェクト学習」について学んだのは，Tracey の授業であった．テーマ設定，アンケートの取り方，発表準備，口頭発表と日本における総合学習のプロセスを英語で行うことは，絶好の訓練となっ

補　章 ▍社会科教師・英語教師としての礎　211

写真2　サルトラムハウス
出所）筆者撮影以下同．

た．私は「ガーデニング」をテーマとし，パワーポイントを使って発表した．発表後に Tracey は一人ひとりと面談を行い，発表の内容や方法について丁寧なアドバイスをしてくださった．

　また Ian の授業では，「イギリスの新聞の比較」についてコンピューターを使った調べ学習とディスカッション，新聞記事を使ったイギリスの交通事情に関する語彙力のトレーニングとディスカッションを学んだ．Paul の授業では「英語学習に関する新たな見解」，「自分自身のスタイルにあった英語学習活動をどのように選択するか」などのテーマでアンケートに答えた後，上記の内容の論文を読み，お互いの意見を出し合った．Mike は年配の先生で，「イギリスのナショナルカリキュラムと教育制度」について歴史的な経緯も踏まえながら現状の問題点などを掘り下げた講義を受けた．Kathryn の授業では，主に language skill を磨き，さまざまな実践的コミュニケーション活動のアイディアを知ることができた．実際に我々が生徒になってコミュニケーション活動を行い，スピーキングやライティングのトレーニングをした．期間の後半は Michel からこの目的で授業を受けた．

　筆者にとって最も役立つ講義は Teaching Methodology であった．この授業を通して，語彙力を増やすことができたし，英国での教授法の理論を知ることもできた．特に Katy の講義は次に何を学べるのかとわくわくして受けることができた．その内容は task-based learning, assessments, drama などであった．どの授業も受身ではなく，対話形式で我々3人の意見を引き出してくれるので，日に日に英語力をブラッシュアップできているのが実感できた．

授業以外にも社交プログラムが用意されていて，バスツアーで National Trust に指定された Saltram House（**写真 2**）という屋敷を訪問した．ここは 18 世紀に建てられたもので 500 エーカーの広大な庭園をもつ屋敷である．映画の舞台にもなった．

マージョン大学で知り合った先生方や友人は私にとっては貴重な存在である．今後も連絡を取り合っていきたいと思う．

個人研修旅行

楽しみでもあり，少し不安でもあった研修旅行は，英国の歴史と自然，文化を知る旅であった．行き先，宿泊先，乗る列車とすべて自分の力で切り開いていかなければならない．そのための方法を調べ，コミュニケーションをとることは，自分にとっての大きなプロジェクト学習であった．

実際に経験してみて，自分への自信となってかえってきた．宿泊先については前日に電話で予約を入れれば可能であることがわかった．乗る列車はインフォメーションで尋ね，プラットフォームで駅員さんに確認し，さらに座ってからも車掌さんに到着時間などを聞いてチェックした．その時の印象は大変親切であるということだ．実際，リンカーンに行く際に乗った列車が乗換駅で止まらなかったため，ピーターバラまで行って引き返すという失敗もあった．

学校訪問
◇英国の教育システム

学校訪問の報告の前に，Marjon 大学教授，Mike 先生の授業で学んだ英国の教育システムについて簡単にまとめておきたい．

英国では 1998 年に教育改革法ができ，以下のような改革が行われた．

① 初等中等教育についてはすべての児童生徒に一定の学力水準を確保するために，それまでに国としての基準がなかった教育課程について，保守党のサッチャー政権の時代に「全国共通カリキュラム」を導入した．これが National Curriculum である．これにより学校間の競争や生徒，保護者による学校選択の拡大が図られた．

② Compulsory education（義務教育）は Primary school（5〜11 歳まで）と

補　章 ▎社会科教師・英語教師としての礎　　213

Secondary school（11〜16歳まで）を指し，年齢によってKEY STAGE1-4
の4段階に分ける．また，それぞれの段階で学習内容を定めて学力テス
トが実施される．
③ 英語，数学，科学を重視し，産業面での競争力を強めている．
④ 学校が地方教育庁を経由せずに直接補助金を受け取ることができる制
　度を創設．この学校はGMSと呼ばれる．

　Primary schoolとは5〜11歳までの児童が通う小学校で，教師は学級担任
として宗教も含めて全教科を教える．
　Secondary schoolは11〜16歳までの生徒が通う中学校のことでCompre-
hensive school, Grammar school, Specialist school, Independent schoolがある．
　16歳でSecondary schoolを卒業した後，大部分の生徒はGCSE（General
Certificate of Secondary Education）という試験を受ける．これは義務教育終了学力
証明となり，科目ごとに学校で実施される．結果はA〜Gの記号で表される．
この数字は教育新聞で公表され，受験者何人中，Aが何人ということが学校評
価を決めることになる．英国では義務教育であっても親や子供は行きたい学校
を自分で選べるので，この数字を見て自分に合った学校を選ぶ．
　学校にはスクールバスで通っている．

　　・Comprehensive school：総合中等学校（11〜18歳の生徒を教育する）：能力
　　　に応じて分けられたgrammar schoolの弊害を避けるため設立され，現
　　　在英国の公立中等学校の大部分を占める．入学試験はない．
　　・Grammar school：全国に約4000あるSecondary schoolのうち，約160
　　　校が進学校とされるグラマースクールで，入学試験がある．この種の学
　　　校に通うのは全体の4.2％である．労働党の現政権は「これから新しい
　　　グラマーはつくらない」としているが，世論調査ではグラマースクール
　　　の存続を望む声が過半数を占める．
　　・Specialist school：専門学校．工業技術，言語，スポーツ，アートなどを
　　　専門に教える．「即戦力の育成」を目的に政府と産業界の後押しで1988
　　　年に生まれた当時は20校にも満たなかったが，現在では約200校に増
　　　えている．

・Independent school：公的な資金を受けず，両親の払う授業料や寄付などによって独立運営されている私立学校．イングランドには約2300校あるが，この種の学校に通うのはイングランドの子ども達のなかでもおよそ7％に過ぎない．イートン，ハロウなどの名門パブリック・スクールもこの範疇に入る．

◇学校訪問①　Tavistock College：10月6日（月），7日（火）
【学校の概要】

　Tavistock Collegeはデボン州にあるComprehensive Schoolである．生徒数は2000名を越える大規模校である．

　学年は7年生から11年生までの義務教育，さらに希望制の12年生・13年生（Six Form※）で構成されている．

　学校の起源は，10世紀のThe Abbey Schoolまでさかのぼる．1932年には男女共学のGrammar Schoolであったが，1959年に完全にComprehensive Schoolとなった．

　マージョン大学のレセプションから専用のタクシーに乗って30分走ると，Tavistock Collegeに着いた．玄関には日本語を含む4カ国語で書かれた学校施設案内版があった（**写真3**）．

　この学校は国際理解・国際交流・外国語教育に力を注いでいることが案内板を見てもよくわかる．フランス語，スペイン語，イタリア語，ドイツ語，日本語と幅広く外国語を学ぶ機会が与えられている．

　また，この3年間，Six Formの生徒のためにさまざまな国々への海外留学

写真3　学校の正面玄関

補　章 ▍社会科教師・英語教師としての礎　　215

写真 4　日本語必修授業
（7 年生の生徒達と MEXT のメンバー）

の機会が与えられている．これらの国のパートナースクールと連携して共同授業や交流活動に参加している．特にウガンダの学校とは現地との共同プロジェクト学習が行われている．日本の学校とは相互交流訪問を実施している．

※ Six form：中等学校の最上級学年，第 6 学年（義務教育最後の第 5 学年（the fifth form）（満 16 歳））終了後一般教育証明書（GCE）を取るための学年で 2 年間ある．；日本の高校 3 年に相当し，この間に GCSE, A level の試験を受ける．

【授業観察】

　1 日目 10 月 6 日（月）は「日本語」教師，クリスピンの授業を参観した．そこでは Six form の 12 年生が宮沢賢治の小説を解読していた．日本語の授業はこの学校の数ある外国語教育の中でも一番人気のある必修授業である．7 年前にクリスピンが日本語授業を始められた．当時は公立学校における日本語教育の先駆けだった．今では他の学校でも日本語教育が増えてきている（写真 4）．

　11 年生は東京の姉妹校である紅葉川高校へ交換留学をしている．この学校には日本語教師は 5 人いるが，母国語として日本語を話すスタッフを心から望んでいた．

　この日は主に日本語の授業に参加し，そこで自己紹介をしたり，授業のお手伝いをすることができた．また，学校長 Mr. J Simes と面談して学校の様子や経営ビジョンを聞くこともできた．

生徒達は人なつっこく，休み時間には我々に笑顔で「こんにちは」と話しかけてきた．11 年生までは必修の日本語も Six form では選択となる．12 年生の生徒に「どうして日本語を選択したの？」と聞くと「英語とはまったく違う言語にとても興味をもったからです．」と答えてくれた．彼らは GCSE を日本語で受けるために頑張っている．

我々 Mext のメンバーは 2 日目の 10 月 7 日（火）は下記のスケジュールに基づいて，それぞれの希望する授業を見ることができた．

◇**学校訪問②　Callington Community College：10 月 8 日（水），9 日（木）**

当初訪問する予定であった Hele's School は学校行事で授業が行われないため，急遽 Callington Community College を訪問することとなった．

【**学校の概要**】

Callington Community College はコーンウオール州にある男女共学の Comprehensive school である．Callington やその周辺の村に住む 11 歳から 18 歳までの生徒が通っている．ここはスポーツカレッジであると同時に教員養成学校でもある．各教科の授業に教育実習生が常時入り込んでいる．

【**授業観察**】

8 日は英語・歴史・宗教の合科プロジェクト学習や数学などの授業に我々 3 人は分かれて参加した．特に印象に残っているのは午後から 3 人で参加した PSHE（Personal Social and Health Education）の授業である．生徒は 1 つの大きな輪になって座り Thinking Skills を磨く授業が行われていた．最後の 10 分には 3 つのグループを作り，それぞれに我々 Mext のメンバーが一人ずつ入り，生徒が「日本」について質問をした．

この学校では日本人は珍しいようであった．各グループでさまざまな質問が出たが，生徒はとても興味を持って真摯に質問を投げかけてきた．担当教員の指示で生徒が最後に書いた感想文には「今までで一番楽しい授業だった．」と言う意見が多くあった．

2 日目（9 日）には午前中，学校を案内して頂いた．その後，我々が個々に希望していた授業を 1 時間参観し，昼食後は全員でフランス語の授業を参観した．指導者はほとんどフランス語で授業を進め，複数形を導入していた．この学校ではどの授業でも生徒はまじめに取り組んでいる印象を受けた．

補　章 ┃ 社会科教師・英語教師としての礎　　217

表1　スケジュール表

	Mieko	Hanae	Masa
Period 2	Drama Year 7 with AJS in Drama 1	History Year 9 with NZB in H3	English Year 11 With EMR in E8
	Break	Break	
Period 3	Drama Year 9 with AJS in Drama 1	Drama Year 9 with JAB in Drama 2	Maths Year 11 with DZB in M2
			Break
Period 4	English Year 7 With REB in E4	English Year 7 With JS in E5	History Year 9 with HH in H4
	Lunch		
Period 5	Drama Year 11 with AJS in Drama 1	English Year 7 With GDS in ICC5	English Year 10 With KJB in E7
		Lunch	Lunch
Period 6	R. E. Year 9 with JCT in R1	English Year 10 With SJH in E9	2.30 GO's office Sixth For block Post-18 careers

出所）「日本語」教師，クリスピン作成．

② 研修で得たもの

　この研修を通して改めて自分に誓ったことがある．英語を「学びたい」とい
う気持ちをいつまでも失わずに努力していくことである．日本にいても英語を
自分で学習する場を積極的に見つけていきたい．

　また，海外生活の体験を通して，人は変わり新しい自分と向き合えることに
も気づいた．

　筆者は，英語学習を通して生徒の自尊感情を育てたいと考えてきた．それは，
外国文化を知ることによって，より一層，自国の文化のすばらしさに気づかせ
るということだ．今回の研修によって知った英国文化を授業の中で日々紹介す
ることが，その一助となればと考えている．実際に，筆者自身が日本に帰国し
てから少し違った目で日本を見ることができるようになった．現在，勤務校に
戻って授業を進めているが，研修に行く前と大きく変わったことは，生徒に伝

◇週末に訪れた場所

写真5　カーディフ城

写真6　リーズ城

写真7　ウインザー城

写真8　イートン校

写真9　ストーンヘンジ

写真10　ワーウイック城

補　章 ▎社会科教師・英語教師としての礎　　**219**

えるメッセージの中身である．それは英国の文化・自然・歴史・人に触れて味わうことができた感動を少しずつでも生徒に伝えることである．

　最後に，この貴重な研修の機会を私に与えて下さった文部科学省，快く送りだしてくれた大阪教育大学教育学部附属池田中学校の教職員，研修中お世話になった全ての皆様に心より感謝の意を表したい［『平成 15 年度（2003）文部科学省国立大学・学部附属学校英語担当教官海外研修講座報告書』］．

(2) 附属池田中学校での姉妹校との交流
——ビーンリー・ステイト・ハイスクールを訪問して——
① 海外研修の目的と経緯

　本校は 1993 年より国際学級設立構想のもとに，国際理解教育を推進している．そのため国際交流の一環としてオーストラリアのクイーンズランド州，ゴールドコーストにある姉妹校と交流を始めて 10 年が過ぎた．1995 年から相互交流が始まり，毎年夏休みに 2，3 年生，20 名がゴールドコーストに滞在し，1 週間姉妹校に通っている．ちょうど筆者が公立中学校から転勤してきた年に第 1 回目の交流が始まった．そして過去 2 回，キーブラパーク・ステイト・ハイスクールを訪問した．この研修に参加するのは 3 度目となるが，ホームステイの経験や教員どうしの交流から学んだことは計り知れない．

　特にこの研修の大きな特徴となっているのが，20 人の本校生徒がバディの生徒と共同で 1 つのテーマについて取組み，最終日に発表をおこなう国際共同学習である．この国際共同学習が始まったのは 1998 年からであり，今年で 8 年目となる．ただの観光旅行ではなく，日本とオーストラリアの国際交流の架け橋となる生徒を育成することが主な目的である．

　2003 年より，第 2 の姉妹校としてビーンリー・ステイト・ハイスクール (Beenleigh State High School) とのコンタクトが始まった．キーブラパーク・ステイト・ハイスクールで毎年ホームステイ先を確保するのが経済的な事情で難しくなってきたからである．そこでクイーンズランドの教育省を通して紹介された公立学校がビーンリーであった．

　海外研修を希望する生徒は年度当初に国際共同学習の企画書を提出する．その後，担当教員と面談を行い，その選考をもとに 20 人に絞り込む．2005 年度

写真11　7月25日文化祭で披露されたダンス　　写真12　附中生が歌った「桜」

は60名以上の生徒が応募した．その中から決定した20名は前期教科間選択授業で「国際共同学習」を選択し，海外研修の準備を進めている．

また，その一方で初めて海外旅行をする生徒が大部分であるため，パスポートなどの取得についての説明会を3回開催した．この説明会には保護者にも出席していただいた．第1回は5月，第2回は6月，第3回は出発直前の7月である．旅行社JTBの担当者からもその都度具体的な準備についての連絡がなされる．

出発は1学期が終了したすぐ後の7月24日であり，準備もあわただしく旅立つことになる．

② Beenleigh State High School の概要

ビーンリー・ステイト・ハイスクール（BeenleighState High School）は，広大な牧場を保有する学校である．場所はゴールドコーストとブリズベンの中間地点にある．ゴールドコースト中心部に滞在した私は，校長先生，JTBの若井さんとともにタクシーでネラング駅まで行き，駅から列車で20分ほどのビーンリー駅で降りた．学校は駅の側にある．中高一貫校で，8年生から12年生までが通っている．8，9年生が中等教育，10〜12年生が高等教育を受ける．

また，人種・民族もさまざまで，初日に参加した文化祭（Multiculture Day & welcome Ikeda Junior High）では，南太平洋の島々のダンスを鑑賞した．一カ月半も練習を積んで披露された本格的なダンスは観るものを圧倒した（写真11）．

ダンスは，マオリ，サモア，トンガ，クック島の伝統的な踊りでバラエティ

写真13　5つのケアーグループの旗

に富んだものだった．そしてこの国々はビーンリーに通う生徒の出身国を示す．およそ20%強の生徒が他民族であるが，自国の伝統的なダンスを発表できる場があるのはすばらしいと感じた．この文化祭を計画し，1カ月以上もの練習を指導したのは，この研修旅行を全てコーディネイトしてくれたメアリーアン先生である．文化祭が無事終了した後もホッとされたものの，非常に疲れておられた．しばらくはダンスの音楽が頭の中で鳴っているとおっしゃっていた．

③ Beenleigh State High School の学校カリキュラム

　ビーンリーは4学期制である．1月24日〜3月24日が1学期，4月5日〜6月17日が2学期，7月5日〜9月9日が3学期，9月26日〜12月9日が4学期となっている．12年生の卒業は11月18日であり，10年生，11年生は11月25日に終了する．

　8年生の必修教科は，英語，数学，理科，社会，体育，ドイツ語，家庭科，美術，農業化学，音楽，美術，コンピューター技術である．9年生，10年生は，英語，数学，理科もしくは農業化学，地理，歴史，または市民科を中心として他に2つの選択教科を取る．高校生（10〜12年生）は教育省公認の教科を提供される．つまり国家資格を取得できるような職業訓練教育が受けられるのだ．他にも英語や英語コミュニケーションなどの6つの教科を学習する．卒業後，およそ20%の生徒が大学に進学するそうだ．

　校則については細かく決められている．例えば，アクセサリーについての制限，化粧の禁止，また，頭髪，靴，靴下についても規制がある．

　生徒はスケジュール帳を渡され，親，教員，学部長などの点検を受ける．こ

のノートを通して教員と保護者が生徒の様子についてコミュニケーションを取っている．附中の生徒も全員このノートを頂いた．

日本のようなホームルーム教室はなく，その代わりに，地区ごとに学年が縦割りになった「ケアーグループ」がある．これは5つのグループで，丁度ハリーポッターにも出てくる結束の強い寮生どうしのグループと似ている．講堂には，その5つのグループの色を表す旗が掲げられてあった（**写真13**）．

④ Beenleigh State High School の学習サポート教育

中でもシステムとしてすばらしいと思ったのは，「学習サポートセンター」が設置されていることだ．ここでは，一般学級において学習の困難な生徒のための特別のプログラムが用意されていた．彼らが社会に出て独り立ちできるようにということを目的にした社会参加実習（職業訓練ネットワーク）もカリキュラムの中に組み込まれた，きめの細かい指導がなされていた．特に感銘を受けたのは，担当の教師が私たち日本人の訪問者に，生徒一人ひとりの状況を丁寧に説明してくださり，彼らの卒業後の職業や夢についても語って下さったことだ．1時間の授業の中で何度も厳しい指導の声が飛んだが，その根底に生徒への愛情が伝わってきた．厳しく叱った後，生徒がその指導に従うと，教師は「ありがとう」と声をかける．簡単な言葉なのに，自分は果たして言えているだろうか．

学校にはいろいろな生徒が通っている．集団行動になじまない生徒も当然いる．そんな生徒達が安心して，個々に応じた教育を受ける機会があり，見守ってくれる指導者が，時には厳しく，時には暖かく接してくれるシステムは日本にも必要ではないかと思う．メアリーアン先生に，このシステムはすばらしいと伝えたところ，「私の学校にはどうしても必要なのだ」と語ってくれた．ただ教科の学力をつけることだけではなく，自立するためのスキルをつけることに力を注いだ教育があるのは，生徒達のニーズにも適応しているのだ．

⑤「ドラマ科」の様子

筆者がビーンリーで興味を持って参加したいと思っていた授業の1つは「ドラマ科」であった．イギリス教育の影響を大きく受けているオーストラリアにはきっとドラマ科があるに違いないと思い，メアリーアン先生に「どの授業を

補　章 ▎社会科教師・英語教師としての礎　223

見学したいですか？」と聞かれたとき，この選択教科を選んで2回授業参観を
した．1つは創作ダンスをグループで考えさせて毎時間練習を進めている授業
だった．音楽は共通の曲なので，かかっているその曲を使ってペアーやグルー
プで繰り返し練習していた．本校の生徒もバディーと一緒に振り付けを教えて
もらいながら楽しそうに踊っていた．2つめは，シナリオをもとにして本格的
な芝居を稽古していた．あるシーンの登場人物が教室の真ん中で演じる．それ
を見ていた生徒が，こうすればもっとよくなると厳しいコメントを入れる．真
剣なやりとりを通してドラマが好きで選んだ生徒たちの気持ちが伝わってきた．
　本年度後期には，選択ドラマ科を開講する．この教科を通して，附中生が将
来表現力豊かにコミュニケーションをし，国際社会で活躍してくれることを願
っている．

⑥ 国際共同学習

　国際共同学習とは附中生が提案したテーマに沿って，バディとなるビーンリ
ーの生徒が自国の文化と対比させながら，共同で1つのものを創りあげていく
学習である．創作ダンスあり，制作あり，パフォーマンスや，レポート発表な
ど，発表はバラエティーに富んでいる．
　ビーンリーには日本語を学ぶ授業がないこともあって，生徒達はとても興味
深くそして熱心に日本のことを学ぼうとする意欲が感じられた．
　附中生は，自分のテーマを苦心してバディの生徒に伝えるのであるが，現地
に来るまでに，英文，絵，ビデオ，制作物などを準備して授業に臨む．共同学
習の内容についてビーンリーの生徒にいくら説明してもなかなか理解してもら
えないこともある．お互いに異文化を理解する創造力が必要である．その上難
しいのは，オーストラリアは建国200年にも満たない若い国であることから，
歴史の長い日本の習慣や作法などがこの国にはない．文化を比較をすること自
体にかなり苦労する．それでも各チームは折り合いをつけながら，とても興味
深いストーリーを生み出している．生徒達のしなやかな発想には感心する．
　附中生の中には，自分が日本で考えてきた内容をバディに伝えたところ，
「やりたくない」と言われて，二人とも泣きそうになっていた．他のペアと共
同でダンスを踊るという内容だったので，「彼女にできることをみんなで考え

て無理のないようにやってみたらどうか」とアドバイスしたところ，練習を重ねるうちに，いやがって目に涙をためていたその子がだれよりも生き生きとダンスを踊っている姿を見ることができた．彼女は来年（2006年）本校にやって来るそうだ！〔『2005年度オーストラリア異文化体験学習報告書 Vol.10』大阪教育大学附属池田中学校』〕

写真14　ビーンリーの先生たちと共に

索　引

あ

アクティブ・ラーニング　1, 4, 5, 8
アントレプレナーシップ教育　91, 94, 95, 99
いい学校　83
生きる力　21
池大雅　190, 197, 200, 205
伊藤若冲　198
ヴィゴツキー　2, 30
英国の教育システム　212
NIE　13, 15
大村はま　8

か

解放教育　161, 168, 173, 189
学習科学　5, 12
学習指導案　117, 118
革新的授業　116, 121, 122
梶田叡一　18, 19
学級通信　87
学級目標　111
学校協議会　107
学校評議員　107
木下百合子　23, 27, 66, 73, 75, 117, 120
木村蒹葭堂　190, 197, 198
キャリア教育　91, 93, 99
教育コミュニティー　107
教育目標　169
教科書の再構成　11
教材観の転換　77
教室の事実　24
協同学習　73
協同的な学び・協同的学び　2, 9, 17, 24, 26,
　28, 30, 37, 38, 62, 63, 65, 71, 72, 118
共有の課題　7, 118

さ

近世大坂画壇　195, 199, 201, 202, 204-207
クラスミィーティング　37, 87
グループ学習　8, 62
ケア　8, 71
経験主義　2, 138
形成的評価　18, 19, 21
系統学習　137, 139
ケース会議　85
国際共同学習　219, 223
呉春　198
個人作業の協同化　9
子ども観の転換　77
コの字　6, 23, 27, 29, 32, 38, 55, 60
コメニウス　75, 77

作業的・体験的な学習　19, 137-140
佐藤雅彰　23, 26, 28, 33, 40, 58, 70, 87
佐藤学　23, 24, 30, 33, 70, 72, 116, 122
座布団型　20
実践的コミュニケーション活動　211
シティズンシップ　15, 31
社会科の教科目標　3, 4
社会科の見方・考え方　12
ジャンプのある学び　12
シャンプの課題・ジャンプ課題　7, 31, 118
集団主義　163
授業観の転換　76
授業カンファレンス　30, 72, 119
授業研究会　37
授業検討会・授業協議会　23, 26, 28, 29, 117,
　119
授業デザイン　25, 117
主体的・対話的で深い学び　1, 8, 11, 15
小中一貫教育　52, 85

職場体験学習　93-96
ジョン・デューイ　2, 30, 138
進学指導　149, 157
真正な学び　12
進路学習・進路指導　134, 149, 157
生活ノート　87
選択履修・選択学習　102, 122-126, 129-131,
　133
総合的な学習・総合学習　101, 103, 105, 122,
　124, 131-134

た

体験的な学習　134, 139, 142
対話的コミュニケーション　15
つぶやき　9
Teaching Mthodology　211
適切な課題を設けて行う学習　135, 137-139,
　141
デボラ・マイヤー　6
伝統的授業　76, 116, 118
洞庭湖図屏風　192
同僚性　23, 26, 32, 34, 63, 64
同和教育・人権教育　87, 162, 173
ドラマ科　222

な・は

ネーム版　16
π型　20

板書の機能　15
班ノート　87
ビデオカンファレンス　30, 56, 66, 68, 73
福原五岳　190, 191, 193, 195, 196, 199, 200,
　204, 205, 209
父母の戦争体験　184, 187
プログラム型　121
プロジェクト型・プロジェクト学習　17, 50,
　121, 210, 215, 216
平和教育　168, 181, 187, 189
平和登校日　172, 183, 184, 189

ま・や・ら

学び合う関係　12
学びの共同体　23, 24, 28, 29, 31, 32, 33, 35, 36,
　65, 72, 116
学びの作法　9
学びの専門家　23
学びの転換　77
円山応挙　198, 207
メディアリテラシー　76
問題解決的な学習　137, 138, 142
問題解決能力　21
問題発見の能力　20
与謝蕪村　190, 198, 200, 205
4人グループ・4人班　6, 7, 8, 23, 27, 29, 38,
　40, 49, 53, 55, 58, 59
リレー日記　37

《著者紹介》

丹 松 美 代 志 (たんまつ みよし)【第1章1, 2, 3, 4, 5, 第2章, 第3章, 第4章, 第5章, 補章1】

1950年, 鳥取県若桜町生まれ. 大阪教育大学卒業. 大阪教育大学附属池田中学校・池田市立池田中学校・細河中学校教諭, 池田市教育委員会養護教育係長・指導主事, 池田市立渋谷中学校教頭, 同校・細河中学校・石橋中学校校長を歴任. 全日本中学校長会会計監査, 近畿中学校校長会会計監査, 大阪府公立中学校校長会会計監査・管理委員長, 大阪教育大学社会科教育学会副会長, 全国中学校社会科教育研究会副会長, 近畿中学校社会科教育研究会会長, 大阪府中学校社会科教育研究会会長を歴任.

大阪府同和教育研究協議会常任委員, 豊能地区事務局次長, 池田市学校同和教育研究協議会事務局長を歴任.

文部科学大臣表彰 (学校としてのキャリア教育部門), 大阪国税局長表彰 (租税教育), 大阪府功労者, 池田市功労者表彰.

現在, おおさか学びの会会長, 学びの共同体研究会スーパーバイザー, 大阪教育大学・大阪成蹊大学・武庫川女子大学非常勤講師 (中等社会科教育法, 生徒指導論・キャリア教育論, 教育課程論を担当).

学校法人宣真学園理事. 大阪教育大学附属平野中学校・高等学校学校評議員. 池田トスボール協会 (ボランティア団体) 会長.

主要業績

「幕末〜明治期における一豪農の行動とその思想——鳥取県弓原村, 岩本廉蔵の場合——」『大阪教育大学附属池田中学校 研究紀要』第19号 (1974年).

「池田中学校の平和教育」『畿内地域史論集』(舟ケ崎正孝先生退官記念会, 1981年).

「地域学習から地元校育成へ」『信貴山研実践報告集』(大阪府同和教育研究協議会, 1985年).

「国連・子どもの権利条約」『研究収録いけだ』第4号 (池田市教育委員会, 1992年).

「豊かな学びをつくり出す地域教材を活用した選択・総合学習」『総合的な学習のための地域教材をつくる』(教育開発研究所, 1999年).

「中学校選択学習から『総合的な学習』を展望する」『総合的な学習で人生設計能力を育てる』(ミネルヴァ書房, 2000年).

「得意技を究める選択学習との関連を意識した単元づくり」『「総合的な学習」単元BEST50』(教育開発研究所, 2002年).

「教育コミュニティの核としての学校づくりをめざして」『中等教育資料』No. 795 (文部科学省, 2002年).

「学校経営　教頭の仕事——これだけは」『総合教育技術』(明治図書，2005 年 5
　　月号より 10 回連載).
「地域と協働する学校づくりからキャリア教育の構築へ」『部落解放研究』No. 167
　　(部落解放研究所，2006 年).
「『荒れ』の克服から『いい学校』づくりへ」『きょういく eye』Vol. 3-02 (開隆堂
　　出版，2009 年).
「大阪府における中学校社会科教育研究の現状と展望」『社会科教育研究』No. 9
　　(大阪教育大学社会科教育学会，2010 年).
「『日本教育新聞』の社説から見た日本の教育の今日的課題」(私家版，2011 年).
「教師養成塾の取り組み」『教育 PRO』2012 年 7 月 3 日号 (株式会社 ERP，2012
　　年).
「中一ギャップの解消」『新版　生徒指導のフロンティア』(晃洋書房，2013 年).
「一度指導を受けたことを繰り返す子の指導」『新版　生徒指導のフロンティア』
　　(晃洋書房，2013 年).
「授業力アップをめざす先生のための社会科 ABC」『社会科 NAVI』(日本文教出
　　版，2016 年の Vol. 13 より連載中).

丹 松 美 恵 子（たんまつ みえこ）【第 1 章 6，補章 2】

1958 年，岡山県倉敷市生まれ．天理大学卒業．池田市立細河中学校，渋谷中学校，
　　大阪教育大学附属池田中学校教諭を歴任．池田市立北豊島中学校指導教諭．
文部科学省派遣英国短期留学．武庫川女子大学非常勤講師（生徒指導論・キャリ
　　ア教育論を担当）．
現在，池田市立北豊島中学校教諭．

主要業績

「附中生のオーストラリアにおける学校生活」『オーストラリア異文化体験学習報
　　告書』（大阪教育大学附属池田中学校，1996 年）．
「二度目のオーストラリア，深まった絆」『オーストラリア異文化体験学習報告
　　書』Vol. 4（大阪教育大学附属池田中学校，1999 年）．
『1999 年度 地域に学ぶ総合学習——「池田スタディーズの取り組み」——』（編
　　著）（大阪教育大学附属池田中学校，2000 年）．
『平成 15 年度 文部科学省 国立大学・学部附属学校英語担当教官海外研修講座報
　　告書（2003.8.28～10.15）』（共著）（2003 年）．
「JTE と ALT の協働による異文化理解のカリキュラムづくり」『大阪教育大学附
　　属池田中学校研究紀要』第 44 集（2004 年）．
「実践的コミュニケーション能力を育む英語教育——ドラマ科との有機的な連携
　　を中心に——」『平成 16 年度 研究開発実施報告書（資料編）』（大阪教育大学
　　附属池田中学校，2005 年）．
『オーストラリア異文化体験学習報告書——自分探しの国際共同学習——』
　　Vol. 10（編著）（大阪教育大学附属池田中学校，2005 年）．
『オーストラリア異文化体験学習報告書——日豪相互訪問による国際共同学習
　　——』Vol. 11（編著）（大阪教育大学附属池田中学校，2007 年）．
「実践的コミュニケーション能力の基礎を培う英語学習指導——小集団を活用し
　　た個に応ずる活動場面を通して」『平成 18 年度 中学校教育研究会要項』（大
　　阪教育大学附属池田中学校，2007 年）．
「授業形態を見直す」『英語教育』Vol. 61，No. 4（大修館書店，2012 年）．
「授業中に私語をする子の指導」『新版 生徒指導のフロンティア』（晃洋書房，
　　2013 年）．
「男女交際の指導」『新版 生徒指導のフロンティア』（晃洋書房，2013 年）．

教えるから学ぶへ
──協同的学びとの出会い──

2019 年 5 月 1 日　初版第 1 刷発行	＊定価はカバーに 表示してあります

著　者	丹 松 美 代 志 © 丹 松 美 恵 子
発行者	植 田　　実
印刷者	田 中 雅 博

発行所　株式会社　晃 洋 書 房

〒615-0026　京都市右京区西院北矢掛町 7 番地
電　話　075 (312) 0788 番㈹
振 替 口 座　01040-6-32280

装丁　クリエイティブ・コンセプト　印刷・製本　創栄図書印刷㈱
ISBN978-4-7710-3199-9

JCOPY 〈(社)出版者著作権管理機構委託出版物〉
本書の無断複写は著作権法上での例外を除き禁じられています.
複写される場合は，そのつど事前に，(社) 出版者著作権管理機構
(電話 03-5244-5088, FAX 03-5244-5089, e-mail:info@jcopy.or.jp)
の許諾を得てください.

相馬伸一 著
しょうせつ教育原論202X
A5判 366頁
定価2600円(税別)

天野正輝 著
教育的かかわりの探究
A5判 150頁
定価1900円(税別)

石村卓也・伊藤朋子・浅田昇平 著
社会に開かれたカリキュラム
――新学習指導要領に対応した教育課程論――
A5判 264頁
定価2900円(税別)

石村卓也・伊藤朋子 著
教職のしくみと教育のしくみ
――教育制度論――
A5判 246頁
定価2800円(税別)

楊川 著
女性教員のキャリア形成
――女性学校管理職はどうすれば増えるのか?――
A5判 184頁
定価5500円(税別)

石村卓也・伊藤朋子 著
教育の見方・考え方
――教育の思想・歴史――
A5判 222頁
定価2700円(税別)

石村卓也・伊藤朋子 著
チーム学校に求められる教師の役割・職務とは何か
A5判 240頁
定価2800円(税別)

伊藤良高・冨江英俊 編
教育の理念と思想のフロンティア
A5判 120頁
定価1300円(税別)

大津尚志・伊藤良高 編著
新版 教育課程論のフロンティア
A5判 132頁
定価1400円(税別)

布川あゆみ 著
現代ドイツにおける学校制度改革と学力問題
――進む学校の終日化と問い直される役割分担のあり方――
A5判 376頁
定価7200円(税別)

晃 洋 書 房